大眾運輸規劃

▶▶ 理論與實務

沈龍利、許浚嘉・著

Acknowledgments

謝誌

獻給我內人羅曉圓及我的家人，感謝他們默默地支持
再感謝我任教的佛羅里達國際大學，及在 2008-2009 年在國立交通
大學交通運輸研究所擔任客座教授時所受到的禮遇及幫助

L. David Shen　沈龍利

獻給我的父母親及我的妻子張曉玲，以及我們 2 個可愛的寶貝。
感謝他們的支持及幫助使得不可能的事變可能
再感謝沈教授對我的支持和信任及開南大學和運科系的學生們
對本書的協助

Jiun-Jia（JJ）Hsu　許浚嘉

因為目前在台灣並沒有輕軌及單軌電車，
所以本書大部分的數據資料因其取得的方便性及可及性，
均來自美國系統

目次

圖目次

表目次

第一章　大眾運輸系統概論

第一節　定義

　　大眾運輸或公共運輸系統是結合各種交通運輸工具以提供一般民眾使用，通常有收費。最常見的大眾運輸系統包含公車、輕軌 *(圖1.1)*、街車、捷運（地鐵、重運量）及通勤鐵路等。如以更廣義的定義則包含渡輪（Ferries）*(圖1.2)* 及其他軌道系統 *(圖1.3、1.4)*，如單軌電車 *(圖1.5)*、自動導軌運輸（無人駕駛中運量）及纜車 *(圖1.6、1.7、1.8)* 等。並不包含長程鐵路或商業用客機。更嚴格來說大眾運輸是持續提供乘客共乘的運具，因此計程車並不包含在此範疇內。（如*表1.1*）

表 1.1　大眾運輸系統之特性

系統	應用	路權	運量 (每小時每方向 運送人次)	平均速度 (每小時 英哩)	平均每英哩 造價（2009 年百萬美元)
公車	都市間	混合車流	1,000～3,000	5	非常低
公車捷運	都市間	保留式路權	2,000～10,000	10～45	3～25
有軌電車	都市間	混合車流	2,000～10,000	5～10	16～45
輕軌	都市間	混合車流或 保留式路權	2,000～20,000	10～35	40～80
捷運	都市區域	完全獨佔式路權	10,000～80,000	25～35	200～500
通勤鐵路	都市區域	保留式路權	3,000～60,000	35～45	4～80
高速鐵路	都市區域	完全獨佔式路權	2,000～20,000	125～150	75～150
自動導軌運輸	都市間	完全獨佔式路權	2,000～30,000	20～35	100～200
單軌電車	都市間	完全獨佔式路權	2,000～20,000	15～30	40～100
個人捷運系統	都市間	完全獨佔式路權	1,000～6,000	15～30	35～50
磁浮列車	都市區域	完全獨佔式路權	2,000～20,000	30～200	170～340
纜車	都市間	保留式路權	1,000～3,000	5	10～20

圖 1.1　巴爾的摩的輕軌車輛

圖 1.2　香港的渡輪

圖 1.3　佛羅里達邁阿密的自動導軌系統（無人駕駛中運量）

圖 1.4　台灣的高速鐵路（新竹站）

圖 1.5　內華達州拉斯維加斯的單軌電車系統

圖 1.6　美國加州舊金山纜車

圖 1.7 紐約市羅斯福島的空中纜車

圖 1.8 香港山頂纜車

　　公車捷運是一種擁有專有或保留路權並有經常或連續的運輸服務系統，*(如圖 1.9)*。專有路權並不一定是指完全獨佔式路權和立體化路權。公車捷運雖然稱作捷運但其速度一般來說並不會比地鐵（捷運、重運量）的平均速度快。

圖 1.9　台北公車捷運之公車專用道

　　大部分使用大眾運輸系統的乘客主要往返於當地或區域內的家中、工作地點、購物區或學校。世界上有許多城市及鄉鎮正大力的宣導使用大眾運輸系統讓大眾運輸系統能吸引更多的人使用。如果經由適當的規畫及整合計畫區的土地使用，大眾運輸在中、高密度人口區將可提供更便利的交通服務。

　　許多在汽車發明後新興的美國城市幾乎沒有大眾運輸系統的存在。除了紐約、波士頓、芝加哥、費城、舊金山及華府特區外，私人轎車已為主要的交通工具，大眾運輸只佔非常小的一部分。在美國大眾運輸約佔通勤總旅程的百分之六，而在香港其大眾運輸幾乎約佔總旅程的百分之九十[1]。香港和美國是大眾運輸系統使用的兩個極端。目前世界上大部分國家的大眾運輸系統使用率均在美國與香港之間。

表 1.2　2006 年美國部份城市上下班的大眾運輸使用量[2]

城市	上班人數	大眾運輸使用量%	獨自開車%	平均開車時間（分鐘）
紐約市	3,597,547	54.24%	23.58%	39.0
芝加哥	1,209,122	25.38%	52.57%	33.4
費城	550,988	26.43%	50.75%	31.4
洛杉磯	1,721,778	10.97%	67.28%	29.2
華盛頓特區	284,007	38.97%	35.43%	29.2
舊金山	394,646	30.29%	40.47%	29.0
巴爾的摩	258,373	19.55%	57.94%	28.2
波士頓	286,969	31.60%	39.39%	27.7
休士頓	953,116	5.22%	72.32%	26.4
達拉斯	556,494	4.39%	73.68%	25.3
西雅圖	318,402	17.79%	55.15%	25.2
丹佛	272,493	7.44%	69.95%	23.8
波特蘭	276,465	12.64%	60.61%	23.2
聖地牙哥	623,801	4.10%	74.67%	22.4
奧斯丁	379,540	4.20%	72.95%	21.9

　　美國 2006 年的資料顯示，美國東北部的城市如紐約、波士頓、舊金山及華府特區，其搭程大眾運輸工具往返工作的旅程均超過百分之三十（*表1.2*）。目前全美只有紐約市是唯一有超過一半的人口沒有擁有私人汽車[2]。在紐約市擁有私人汽車的費用（包含保險及停車費用）遠比搭乘方便的大眾運輸工具的費用高許多，因此許多紐約市的人寧可不買車而使用大眾運輸系統。而住在紐約都會區的人佔美國全國所有公共交通工具使用比率的三分之一，並且紐約都會區的人佔美國全國所有軌道運輸工具使用比率的 2/3。紐約地鐵（捷運）共有 468 個車站為全世界最大的捷運系統。在 2008 年每一工作天約有 520 萬人搭乘紐約地鐵。此外，每一工作天約有 80 萬人搭乘通勤鐵路，以及約有 240 萬人搭乘紐約市公車[3]。

　　正如*表1.2*所示紐約市是全美使用大眾運輸工具最多的一個城市，將近百分之五十五的旅程都是由地鐵（*圖1.10*）、通勤鐵路（*圖1.11*）及公車所完成。紐約市是美國人口密度最高及最多高樓大廈的城市，紐約市是以大眾運輸發展建設最為成功的例子之一。另一方面，許多亞洲城市有比大多數的美國城市擁有較高的人口密度且多數的城市甚至能與紐約市匹敵。如東京、首爾及香港等被視為與紐約市相當的大城市。其大眾運輸工具的使用率的確扮演著一個非常重要的角色，如香港、東京、首爾、紐約及巴黎等大城市，若沒有地鐵，則整個城市將會癱瘓（paralyze）。*表1.3* 為部分亞洲城市運具選擇的分佈[4]。

圖 1.10　佛羅里達邁阿密的重運量捷運系統

圖 1.11　佛羅里達邁阿密的通勤鐵路

表 1.3　部分亞洲城市的運具分佈 [4]

城市	私人轎車	捷運，鐵路及輕軌	公車	機車或三輪車	腳踏車	徒步	其他含船、計程車、動物拉車等
印度，邦加羅爾（Bangalor）	11%	7%	38%	18%	11%	16%	0%
錫蘭，科倫坡	4%	4%	71%	13%	0%	6%	2%
香港	8%	34%	53%	0%	0%	0%	5%
澳洲，墨爾本	55%	40%	2%	1%	1%	1%	1%
韓國，首爾	20%	32%	29%	N/A	N/A	N/A	19%

N/A – not available

第二節　競爭對手

　　汽車長久以來代表著個人自由及行動力的象徵（圖 1.12）。汽車使住在郊區的人可以往返城市中賺得更高的薪資。駕駛者可以在任何時間駕著汽車到自己想去的地方不需擔心公車或火車的時刻表及其他的限制。再加上政府對汽車製造商的高規格對待，汽車製造商享受著比一般產業更擁有優渥、更保護的工作及生產環境。從美國到澳洲，從英國到巴西，汽車的發明及使用大大的改變人的生活世界。中國及印度近年來私人汽車的大量成長，是造成 2008 年全球石油價格高漲的主要原因之一。

　　汽車的發明可謂本世紀對人類追求自由最大的動力。汽車受歡迎的因素可能有下列因素；汽車的產量充足、購買方便、早期的低價格汽油、居民往郊區遷移離開大眾運輸系統較方便的都會區及最重要的一點是汽車提供了方便、彈性及速度符合現今社會的需求（圖 1.13）。目前全球已有八億輛汽車，在不久的將來第十億輛車將出現。汽車帶來人們的自主、行動力、可以自由選擇住的地方及跟誰做鄰居。

　　美國是一個非常重視「行」的國家，根據美國交通部的統計，美國人每年平均旅程為 17,500 英哩（28,000 公里），而其中 90% 是

由汽車或小卡車所貢獻[5]，*(圖 1.14)*。美國總駕駛里程數超過 4.5
兆英哩，交通運輸的耗油量約占全國的百分之七十 *(如圖 1.15)* 汽
車的耗油量約占進口油量的一半，大約占全美四分之一的二氧化碳
排放量。這樣沒有管制的汽油使用將帶給美國在國家安全及生活品
質上產生相當不利的影響。

圖 1.12　世界第一汽車由德國建造

圖 1.13　邁阿密西向的 836 快速道路週末流量

圖 1.14　德國賓士博物館展示一流的跑車

　　目前全球有六十億的人口及八億輛汽車，這些車子所排成的長度足以繞世界 100 週，美國的運輸系統約有 96% 使用石化燃料[6]。全世界的石化燃料約有四分之一，在過去的十年被消耗。內燃機及其所產生的溫室氣體是世界主要的污染源。溫室氣體已對全球氣候造負面的影響及全人類關心的暖化問題。

　　預估中國將在 20 年後與美國擁有相同的汽車數量[7]。在北京每天約有 1,000 輛新車上路，同時印度的車輛也以飛快的速度成長中。2009 年「Nano」在印度以每輛 $2500 美元開始銷售，這款小型車有可能改變全球的汽車市場。在中國及印度經濟的快速成長，預計在 2020 年之前全球的第十億輛車將會出現。屆時平均全世界每 6.5 個人就有一輛車，這數字比起現在多出四分之一[8]。

　　汽車的大量增加只會造成更多的道路壅塞，也將帶來世界對石油的強烈需求、更造成大量的二氧化碳廢氣排放。駕駛者將面對高油價及更壅塞的問題，這也迫使汽車製造商必須面對如何製造更省油、低污染及符合環保規定的車子。現階段使用石化燃料的運輸系統並無法符合環保規定。我們必須開始投資更環保的綠色運輸以減少溫室氣體的排放，以逆轉負面的氣候成長及全球暖化對地球的不利影響（*圖 1.16*）[9]。建設大眾運輸系統將符合 21 世紀的需求，而大眾運輸系統也可以有效減緩全球的氣候變化及維持我們的生活品質。

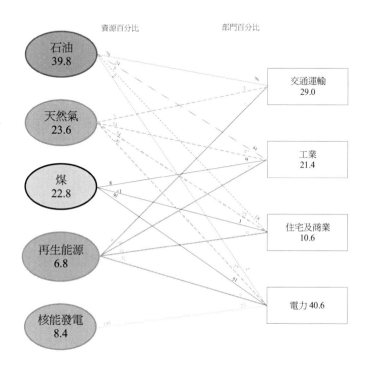

圖 1.15　美國能源的供應與需求 [6]

　　中國及印度擁有龐大的人口，想像一下這些國家的發展如美國一樣，每人將擁有一輛車，全球石油供應將迅速消耗殆盡。由於經濟的蓬勃發展，亞洲的新興中產階級將有更多的財富可以購買私家汽車。許多中國及印度家庭有時一次買兩輛汽車。例如中國北京的汽車數量以每天 1,000 輛的新車成長率邁進，在印度自從 1991 年至今已成長三倍約六百四十七萬輛，自從封閉經濟改為開放性經濟，其消費能力在十年後依然不減反增[10]。

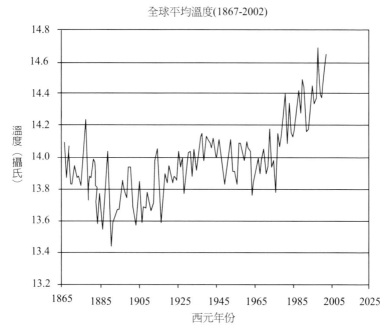

全球平均溫度(1867-2002)

圖 1.16　過去 135 年全球的平均溫度[9]

　　預估全球第十億輛車約在 2020 年前誕生。到時平均全世界每 6.5 個人就有一輛車，這數字比起現在多出四分之一[7]。更多的車輛只會增加交通的擁擠、對石化燃料的需求及排放更多的溫室氣體。汽車製造商將面對如何發明更省油的汽車、汽車所造成之環境汙染及相關法規的管制。

　　長期來看，第十億輛車的出廠將令人深思的，思考汽車在人類社會中的地位。汽車長期在發展中國家，是身份地位及財富的象徵。政府及汽車製造商當然希望有汽車商製造更多私人汽車，更多的汽車代表更多的稅收、消費及收入。但是更多的汽車將產生兩個相當重要的影響，汽車使用內燃機所消耗的能源增加及其產生的溫室氣體（溫室效應）。

運輸交通事業也遵守供應與需求的原理,更多的車輛代表更多汽油的需求。從 2005 年 5 月到 2008 年 5 月,短短的三年內石油價格的飆漲,使得美國人每禮拜必須多花費將近 40 億美金將汽車油箱加滿[11]。2008 年 5 月世界的油價如*表1.4*所示。

表 1.4　2008 年五月部分國家的汽油價格 [11]

國家	每加侖美元
沙烏地阿拉伯	$0.45
蘇聯	$3.06
美國	$3.79
英國	$8.28
荷蘭	$9.52

國際原油從 2001 年 9 月 11 日前的每桶$26 美金,上漲到 2008 年 6 月每桶原油$138 美金,導致美國人加滿汽車油箱每年得多花 2 兆多的美金。沙烏地阿拉伯所生產的原油在 2008 年約值市價 2.6 兆美元。因此美國(小)布希前總統於 2008 年 5 月訪問沙國並要求增加原油產量,但都被拒絕。沙國回應如果要增產就要付錢,限於有限的國際原油供應量,有些經濟學者預估在未來,每桶原油價格將可能升至$200 或$225 美元的時代將要來臨。

減少未來對進口原油的依賴,是美國政府應該面對的重要課題之一。每個人打開早報都可以發現一件事,那就是美國人須要減少對進口原油的依賴,而中東產油國也希望能繼續向美國出口原油,使美國更依賴他們。所以可以將原油價格慢慢提高,但這種做法是相當危險的,數據顯示,大約三分之二的油品用於交通運輸業,如果此時需要另一種交通工具來解決交通的問題,那大眾運輸將是用來解決此一課題的重要工具。

公車是比較環保及減少溫室氣體的大眾運輸工具之一,而軌道運輸系統由於使用電力也是一種綠色運輸工具,能減少都市地區溫室氣體的排放及交通的擁塞。

第三節　都市化

　　美國在 1950 年代，全國總人口數約有一億五千一百萬人，其中約有百分之五十六的人口不是住在市區就是住在大都會區中。到了 1990 年代，美國全國總人口數達到兩億四千九百萬人，其中居住在大都會區的人口增加超過了 77.5%，而市區人口的成長也達到 128 個百分點[12]。都會地區生活品質的改變可由交通的擁塞及環境的污染看到，大眾運輸系統絕對是維持美國生活品質不可缺少的工具。

　　都市化的風潮不僅在美國快速的成長，也在已開發、開發中及第三世界的國家迅速發展，台灣也不例外。在過去的 50 年，在世界各地都市區域的人口成長將近四倍，從 1950 年的 7.32 億到 2006 年的 32 億人口。聯合國 2007 年的世界人口展望報告指出，2008 年世界上有一半以上的人口住在城市之中，較少開發的區域，在 2020 年之前預計將有一半的人口住在城市之中。預估在 2025 年左右，約有 2/3 的世界人口住在城市中，中國將有超過 160 個都市人口會超過 100 萬，同時美國也會有 30 個以上的城市其人口超過 100 萬。

　　在 2030 年世界人口在都市分佈的比例預估將會達到 60%，(如圖 1.17)。在已開發國家中其城市人口的成長將會從 2003 年的 75%提升至 2030 年的 81%，而未開發及開發中的國家其城市人口數將從 44%提高至 56%[13]。世界的城市人口將會從 33 億成長至 2030 年的 49 億，愈來愈多人搬進城市，那麼城市的交通也只會愈來愈差（擁擠）。

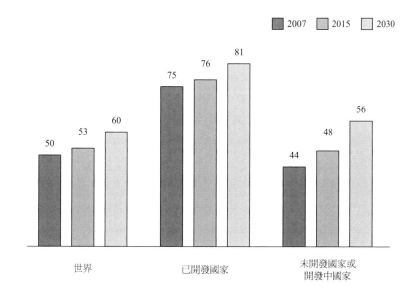

圖 1.17 世界（都市）人口分佈趨勢：2007，2015，及 2030[13]

　　大眾運輸系統可以有效且快速的解決都會區的交通問題，平均都市地區汽車的耗油量是公車的兩倍，是輕軌運輸的 3.7 倍，約是地鐵（捷運）的 6.6 倍[14]。大眾運輸，尤其是電力的軌道型運輸工具，是解決現今交通問題的方案之一。

第四節　通勤者

　　美國在 1983 年約百分之 4.6 的工作旅程是由大眾運輸工具所完成，1990 年上升 0.5% 為 5.1%（約 10% 的成長），城市與郊區間的交通問題逐漸增加，在有限停車位及昂貴的停車費的狀況下，不斷增加的人口及工作區域，行動力也愈來愈受到限制。現有的道路能做的改善有限,所以大眾運輸系統漸漸變成吸引交通運輸規畫師對大都會區改善交通的一個主要方案。

根據 1993 年美國公共運輸協會(APTA)的計算,每天 10 英哩約 16 公里的單程上班路程,徒步到車站搭乘大眾運輸工具約耗費$2.00 美元,自行開車(油耗、輪胎及車子維修$1.68 美元、停車費$5.00 美元)約耗費$6.68 美元,開車到車站停車轉乘大眾交通工具(油耗$0.32 美元、輪胎及車子、維修$0.18 美元、車票$2.00 美元)約耗費$2.50 美元[15]。

一項對於美國的大眾運輸及石化燃料節約的研究中指出[16],使用大眾運輸系統對一個雙薪家庭的差異每年約可省下$6,251 美元,其結果如圖 1.18。

絕大部分在美國的停車位不是免費就是很便宜,除非現有的停車政策有大的改變,大眾運輸是絕不可能將汽車完全取代的。同樣的情況亦在台灣發生,所不同的是,在台灣機車取代汽車,大部分機車停車都是免費的。私人汽車提供舒適、方便及可負擔的價格,(comfort、convenience and cost)而這正是大眾運輸工具無法提供的,然而如果空氣污染及交通堵塞的代價也加入考慮,加上在政府鼓勵的狀況下大眾運輸工具在大都會區就變得更有競爭力。除此之外,高漲不下的汽油價格也促使通勤族選擇較經濟的大眾運輸工具,因為每加侖汽油超過$4.00 美元這使得 2008 年前半年,搭乘公共運輸的旅客大增。

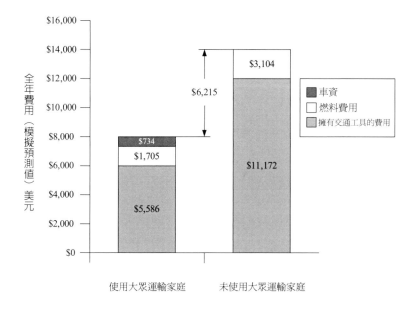

圖 1.18　預估大眾運輸服務對雙薪家庭的影響 [16]

　　另一個重要的考量因素的是美國的人口密度很低，低人口密度是對大眾運輸系統的一大挑戰，美國的人口密度約為荷蘭（Netherlands）的 1/10，約為德國的 1/7。根據美國在 2006 年的普查[12]，在美國約有 5%的工作通勤者使用大眾運輸工具，因為人口密度低，不到 20%的家庭能方便進出公車站或是捷運站，要將大眾運輸工具的搭乘率提升到 2 位數將是非常困難的，除非生活型態有重大的改變和土地使用的改變，促使並鼓勵捷運站旁高密度的發展，*表 1.5* 顯示高人口密度到低人口密度的國家或地區[17]。

　　駕駛汽車是一個非常有壓力的工作，特別是在繁忙市區開車。開車像是打戰，馬路如虎口。美國每年死於交通事故的人約有近 4 萬人。統計上來說，在美國的開車是一個非常緊張的工作，平均每個駕駛開車要經歷到下列幾項挑戰：

表 1.5　部分國家的人口密度[13]

國家／地區	人口	面積（平方公里）	密度（人／平方公里）
摩納哥	32,671	1.95	16,754
新加坡	4,588,600	707.1	6,489
香港	7,040,885	1,099	6,407
台灣	22,894,384	35,980	636
南韓	49,044,790	99,538	498
荷蘭	16,423,431	41,528	395
比利時	10,419,050	30,528	341
日本	128,084,700	377,873	339
印度	1,103,371,000	3,287,263	336
英國	60,776,238	242,900	246
德國	82,689,210	357,022	232
義大利	58,092,740	301,318	193
瑞士	7,252,331	41,284	176
中國	1,323,324,000	9,596,961	138
丹麥	5,471,590	43,094	127
歐聯	494,070,000	4,422,773	112
法國	60,495,540	551,500	110
澳大利	8,189,444	83,858	98
西班牙	45,200,737	506,030	89
墨西哥	107,029,400	1,958,201	55
世界（土地）	6,717,605,569	148,940,000	44.69
美國	301,140,000	9,629,091	31
瑞典	9,041,262	449,964	20
紐西蘭	4,028,384	270,534	14.9
挪威	4,751,236	385,155	12.3
加拿大	33,390,141	9,970,610	3.2

1. 每秒有 10 個以上的交通狀況。
2. 每分鐘有 30 到 120 個駕駛動作。

3. 每分鐘有一次的駕駛失誤。

4. 每 6 年有一次的碰撞事故。

5. 每個月有一次至兩次的接近碰撞事故。

6. 一生中駕駛通過一百萬個十字路口。

　　由以上的統計數字來看，開車並不是一件簡單或輕鬆的事，如果有可行的替代方案，大部分的開車族將會放棄開車上下班，而轉用其它的運輸工具。美國擁有四通八達及完善的高速公路網，但交通卻愈來愈糟。交通擁擠造成美國人每年損失 80 億個小時，在邁阿密地區交通擁擠而造成每年 6,000 萬個小時的損失，平均每個在邁阿密開車的駕駛每天將因交通的擁塞而浪費損失 12 分鐘。

　　美國在 1975 年，40%城市道路有交通擁塞的問題，而這個問題到了 1990 年約增加到 75%。造成這些問題的一個重要因素，自從 1960 年代美國地區成長約有 2/3 是在郊區（市郊），而這些郊區的道路設計並沒有設法符合當地人口的快速成長因此造成嚴重的擁塞。有研究顯示，到 2010 年 95 號州際公路（I-95）將要拓寬為 37 線道，才有辦法配合南佛州的人口成長，不只此項工程耗費龐大，且其所須徵收拓寬所須的土地更是不可能完全徵收。目前在美國有 30 個城市正在建設新的或延長改善其大眾運輸系統，因為投資大眾運輸系統是正確的，不但可以賺錢而且還賺的理所當然。而且提供五贏的機會，使用者贏，社會贏，國家贏，經濟贏，環保贏。

　　您可能會發現加拿大為低人口密度國家但也有相當高的大眾運輸使用率（大眾運輸非常受歡迎），這主要是因為加拿大的人口大部分集中在東部的兩個大城市（多倫多及蒙特婁 Montreal）及西部的兩個大城市（溫哥華和卡加麗 Calgary）。這也顯示加拿大的土地使用政策對大眾運輸發展非常有利，也成為大眾運輸系統成功發展的典型。

　　當交通量集中在幾個主要地區時，尤其是在許多城市（或城郊）地區時，大眾運輸系統將較高速公路（Freeway）更有效率，大眾運輸的發展進程及相隨的技術發展日期將在此節討論，如*表 1.6*。

美國高速公路（Freeway）及各式大眾運輸工具的運量比較如下：

項目（單向）	運量（每小時每方向運輸人次）
一線高速公路車道	3000（以每輛車 1.25 人計算）
一條輕軌軌道	15,000（相當於 5 線高速公路）
一條自動導軌運輸軌道	25,000（相當於 8 線高速公路）
一條通勤鐵路軌道	30,000（相當於 10 線高速公路）
一條地鐵（捷運）軌道	40,000（相當於 13 線高速公路）

表 1.6　運輸系統發展史

年	地點	事件
1662	巴黎	首次城市公共巴士，公共運輸，馬車動力
1825	英格蘭－斯托克頓達靈頓	首次的鐵路開通
1826	法國南特	首次的馬車公車運輸
1832	紐約	首次的街車（馬力拉車）路線
1838	波士頓	首次的搭乘鐵路收費路線
1838	倫敦	首次的郊區鐵路服務
1863	倫敦	首次地下捷運
1868	紐約	首次第一條高架捷運
1873	舊金山	發明纜車（哈利代）
1881	柏林	第一台有軌電車（西門子）
1882	德國哈林斯	示範第一台無軌公車（西門子）
1888	維吉尼亞州理奇蒙	首次成功的主要有軌電車線（Sprague）
1890	倫敦	首次捷運使用電力
1897	美國	發明多節列車控制（Sprague）
1897	波士頓	第一個街車隧道
1899	英國	首次的內燃機巴士
1901	德國伍珀塔爾	首次成功的單軌鐵路
1901	法國楓丹白露	首次無軌公車線路之營運（Lombard-Gerin）
1902	德國 Bielatal	使用高架電線營運的電力公車（Schiemann）
1904	紐約	首次 4 條軌道捷運的快速服務
1920	美國	使用充氣輪胎的巴士
1927	英國諾丁漢	介紹柴油發動機的巴士

表 1.6　運輸系統發展史（續）

年	地點	事件
1936	紐約	首次 PCC 街車服務
1955	杜塞爾多夫	第一代連結式有軌電車（街車）並促進輕軌的發展
1955	克利夫蘭	首次擴大捷運停車轉乘系統
1956	巴黎	首次膠輪捷運
1964	日本東京	第一條高速鐵路「新幹線」
1971	佛州坦帕	第一條在機場使用無人駕駛中運量系統
1981	溫哥華	第一個城市使用無人駕駛中運量系統（輕捷運）
1986	邁阿密	第一條在市區使用無人駕駛中運量系統
1988	雪梨	第一條在市區使用單軌電車系統
1998	巴黎	第一條全自動無人駕駛中運量系統（捷運線）
2003	上海	第一條商業營運的磁浮列車系統

第五節　軌道運輸系統的特性

　　有固定軌道的大眾運輸工具將在此節簡介，及其特性將在*表 1.7、1.8 及 1.9* 列出。以下表格僅列出部份（最）重要的特色及特性，而這些特色及特性通常是最優先考慮使用相關運具的因子。

表 1.7　軌道運輸系統之特性

型態	應用	特殊限制	車尺寸及容量	最大速度（英哩／小時）	相對價格
輕軌	都市都市間	電氣化路權可共用／高架	大中運量	65	低－中
重運量捷運	都市都市間區域間	路權一定要分離通常使用第三軌電力	大高運量	75	高
街車（軌道）	都市	電氣化，與道路共用	中低運量	35	低
纜車	都市	欄繩拉力，與道路共用	中低運量	20	低
通勤鐵路	都市間區域間	平交道須有保護設施動力車頭／車輛	大高運量	80	低－中

附註
1. 輕軌由 1 到 4 節車廂組成，人工駕駛。車廂底盤有高有低。列車駕駛時可能與使用部分街道。
2. 重運量系統約由 2 到 10 節車廂組成，可人工駕駛或自動控制。
3. 通勤電車系統約由 3 到 12 節車廂組成，人工駕駛。由柴油，柴油電力或汽油渦輪機為動力。一般行駛於既有之鐵道路權。

表 1.8　自動（無人駕駛）導軌運輸系統

型態	應用	特殊限制	車尺寸及容量	最大速度（英哩小時）	相對價格
自動軌運輸	市中心（主題中心）	高架，專有路權	中中運量	50 mph	中-高
個人捷運系統	市中心（主題中心）	高架，專有路權	小小運量	35 mph	中-高

附註
1. 自動軌道運輸包含 6-8 人做的小車廂到可容納 100 人站立的車廂。列車可由 1 到數節車廂組成。車站位置有時為離線車站。系統包含先進車輛，懸吊系統及軌道。一般為自動控制但也可轉換為人工操作。
2. 個人捷運的車廂約可乘載 3 到 6 人。所有的車站均為離線車站。為全自動控制及隨叫誰到的服務。一路到底，具隱密及直達的服務。

表 1.9　高速軌道運輸系統

型態	應用	特殊限制	車尺寸及容量	最大速度（英哩小時）	相對價格
高速鐵路	區域間	高品質鋼軌	大高運量	200	高
磁浮列車	城市間區域間	特製軌道	大中、高運量	200-300	非常昂貴

附註
　高速鐵路在升級的車廂及軌道的情況下可在傳統的鐵道上行駛其時速可達每小時 200 英哩。為達到時速每小時 200 英哩車廂需要特殊的設計，軌道及懸吊系統。列車可為自動控制或車上的人工駕駛。

　　大眾運輸規畫中，對於相關運具的特性及了解，將決定此項公共投資及政策的執行與否，所有的交通運輸系統都遵守「供給與需求」（Supply & Demand）的原理。大眾運輸或公共運輸也不例外，運量的需求估算可藉由已有執行多年的城市交通規畫的程序，這也

就是四步驟規畫過程：trip generation（旅次產生），trip distribution
（旅次分布），modal split（運具選擇）及 traffic assignment（旅次
分配）。在此書並不對需求加以陳述，因為此部分已有相當多的書
籍及報告。這本書將只對「供給」及「表現特色」（performance
characteristic）的大眾運輸系統加以陳述，討論其中包括：

運量（capacity）
速度（speed）
價格（costs- 建造及營運）
環境保護。

供給（運量）的需求會依照各國之風俗民情有所不同，因為
每個國家或地區可接受的服務水準（Level of service--LOS）不盡
相同，當運量 capacity 是以每人每軌每方向每小時來做計量
（person per track（line）per hour）其中對「每人（person）」的尺
寸每個國家或地區也不相同，其中以香港，日本，及美國為例，
香港及日本的乘客身材尺寸就較歐美地區的身材尺寸略小。另外
日本的地鐵（subway）是以擁擠聞名，通常在尖峰時間每班車都
有如擠「沙丁魚」罐頭般的現象。這種擁擠程度在歐美國家是很
難接受的。

在美國及加拿大，地鐵（捷運）擁擠的像「沙丁魚」罐頭的現
象絕不可能被接受或發生，大體來說，亞洲的大眾運輸系統相較美
國的系統是可以乘載較多的人，相同的系統在不同的國家其運量也
不大不相同，因為每節可搭乘的人數不同而這些運量的差異有可能
相差 20%至 30%。亞洲系統可能較美洲的系統多 20%至 30%的運
量，當然服務水準（LOS）及舒適程度也將不同。

在美國及加拿大，最大人數運量（Person Capacity）在不同的
運輸系統如表 *1.10*。其中因假設的車節數，各站的停靠時間等因
素，才有上下範圍的出現。軌道運量以每人每小時每軌道為單位
（person per hour per track）而共乘專線（HOV）則假設共同搭乘
的汽車（car pool）在此表所顯示的運量上限是北美洲可接受的最

高上限，*表 1.11* 展示各運輸系統典型的駕駛速度及運量。行駛速度（travel speed）包括停（stop）；速度的範圍（Speed range）包含不同的平均停車距離（average stop spacing），停車時間（dwell times），路徑（route geometry characteristics），交通擁塞及其它因素等。

　　系統速度（system wide speed）由實際營運哩程及營運時間計算所得。營運哩程（Revenue miles）不含非正常營運的載客哩程數如回維修機場，而美國的系統速度如*表 1.12* 所示[19]。建築費用更是依各國各地的生活水準及國民所得而有所不同。*表 1.13* 為日本的大眾運輸系統建築費用[20]。而美國大眾運輸系統所消耗的能源有如*表 1.14* 所示[19]。

表 1.10　北美洲大眾運輸系統運量之比較[18]

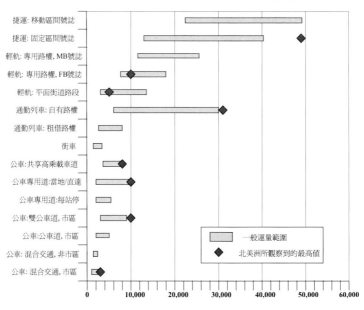

乘客運量 (尖峰方向人次/小時)

表 1.11　典型運輸速度及運量的比較（北美洲）[18]

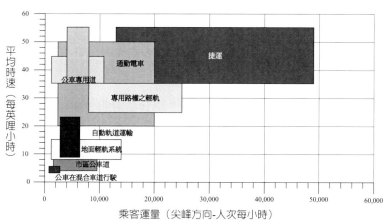

表 1.12　軌道運輸系統的平均速度[19]

	系統速率　每英哩小時（MPH）		
	低	平均	高
重運量（地鐵）（12）	15.8	22.5	29.0
輕軌（12）	8.9	12.0	23.3
通勤電車（9）	27.6	30.1	36.5

第六節　規畫過程（Planning Process）

　　一個有效率的大眾運輸系統，須結合不同型態的運輸工具。構成路網硬體的要素包括運輸系統的串聯及點到點連接，以增加其服務路網（Network）。一個有效率的大眾運輸系統是要將轉接其他運輸工具時所造成之不便降低並增加其機動性（Mobility）以及減少轉運中的阻礙。除了有關政策及組織的議題外，利用及技術的取捨對成功的執行與經營是重要的，而這也將影響系統的運量及乘載狀況。

　　現今大部份的大眾運輸系統漸漸的向低人口密度區域發展，其運量的需求不如在城市都會區大。現今在低人口密度發展的大眾運輸系統，雖然運量需求較小但也必須能夠提供方便、快捷、可靠以取代汽車獨占的低人口密度區域（郊區）。

　　科技的日新月異也促使已開發的科技技術必須修改以符合更新更有效率的挑戰。為了加速了解規畫設計及評估複合式運輸系統（Intermodal System），本書也將做相關的說明，在整合各類的大眾運輸工具上，實為將多種不同的科技及技術在最有效率及營運，降低都會區交通擁擠並提供乘客另一個選擇的運輸模式。

　　在 20 世紀大眾運輸系統的技術已有新的發展及更新，較先期的技術如 19 世紀開發的公車（buses），街車（tram ways）和纜車（cable cars）也漸漸地與新發展的科技（技術）如個人捷運系統（person rapid transit）*（圖 1.19）* 及磁淨列車（maglev）*（圖 1.20），* 相互結合以提供更快更便捷的運輸服務。

圖 1.19 符合美國無障礙法律規定的個人捷運車輛

圖 1.20 上海浦東機場的磁浮列車到達龍陽站

表 1.13　大眾運輸系統的建設成本[20]

型態	建造成本（含車廂）每公里百萬日圓	營運速度（每公里小時）	最大運量（每方向每小時人次）	一般營運下的營運費用（每年每公里百萬日圓）	收支平衡所需旅客人次（平均車資每人 150 日圓）（每天每公里人次）
捷運	25,000 到 30,000	32	64,000	666	12,200
公車	大約 0	12	2,500	41	700
輕軌	大約接近軌道公車	20-25	14,000	113	2,100
單軌電車	控制系統：3,000 到 7,000　建造：3,500 到 7,500	30	26,000	221	4,000
自動軌道系統	控制系統：3,000 到 6,500　建造：3,500 到 10,000	27	18,000	233	4,300
較小的線型馬達捷運	20,000 到 21,000	34	3,500	與捷運系統相近	與捷運系統相近
磁浮列車	-	與捷運及線型馬達捷運相近	15,000	-	-
城市連接纜車	1,500 到 2,500	23	5,000	-	-
公車道系統	300	20	4,000	-	-
軌道式公車	3,300	20-25	4,000	-	-

表 1.14　軌道運輸的能源耗損[19]

	每千瓦小時／一千英哩營運運量 [1]		
	重運量	輕軌	通勤電車
平均	60.6	99.6	76.6
低	24.8	22.3	51.4
高	116	377	101.7

[1] Place miles（or revenue capacity miles）are calculated as revenue vehicle miles times the average passenger capacity（seated plus standing）of the active vehicles in the fleet.

　　全世界第一條營運的高速磁浮列車是連接上海浦東機場
（PUDONG）及上海市區，但在營運初期虧損連連且搭乘人數又
低。而另一個例子則是在西維吉尼亞大學的校園個人捷運系統
（Personal Rapid Transit），此一系統原本只是一個示範系統，迄今
為止大約有 30 歷史，並且仍在營運。新的科技似乎對各類的大眾
運輸運具影響並不大，如公車及地鐵（捷運）系統，並未因新的科

技而落伍，因為每一運具所配合的技術都有其特性、服務的目的及不可置換性。了解基本的供給與需求原則的重要性，將可使規畫設計者能設計出最符合當地政策的運具，以達成最有效率的運輸系統。*圖 1.21* 為基本的交通運輸規畫程序，較新的大眾運輸技術，可能較傳統的技術更不容易被運輸技術政策規畫者所接受。這主要是由於交通建設的投資動輒以百億或千億元台幣來計算。這種規模的投資項目必須使用已證實並且成熟的運輸系統，以避免公共投資的浪費。在大眾運輸系統運具的選擇方面，「新」並不是唯一的考慮因素，實用性及營運費用皆必需仔細考慮。

　　本書的主要目的是想藉由解說大眾運輸系統運具的基本功能及其特性，藉此提供各主管機關及交通設計規畫師、工程師、及決策者更加了解各運具的差異，進而提高未來大眾運輸系統的規畫、建造、營運、及維修的效率，並提供大眾一個可接受便捷及舒適的大眾運輸工具。

　　本書除了介紹各類大眾運輸系統外其營運的安全性，系統的保全性（Security）及乘客使用性（Accessibility）也將討論。列車的安全性及系統的保全性將會影響運具營運時的效率、可靠性及營運價格。使用人方便進出也是另一個重要的考慮議題之一，美國 ADA 法案（無障礙空間法案），對大眾運輸有非常大的影響，其中包括設計施工及上流製造廠的儀器及設備等。本書也將提供各運具為符合（無障礙空間）的政策及案例。

　　美國公共運輸協會（APTA）在 2007 年年底宣佈，根據統計美國人在 2007 年的前半年較 2006 年同期多了七千八百萬人次的公共運輸使用量。這表示在過去這六個月中有超過 50 億人次的大眾運輸系統的使用量，較 2007 年的第二季約增加 2.3%及較 2007 年的第一季約增加 1.1% [21]。

　　在 2006 年全年約有 100 多億（10.1 billion）人次的大眾運輸系統的使用量，是過去 49 年來的新高，美國公共運輸協會（APTA）

的米拉（Millar）總裁所示，如此新高的公共運輸旅程是一個非常好的消息，不論是因為高油價、交通堵塞或是新建（擴建）的運輸系統而使更多人選擇搭乘公共運輸系統。

2008 年的第一季因為高油價使得使用公車及大眾捷運系統又達到另一高峰，在 2008 年 6 月的 USA Today（今日美國）的報導指出本季 1 月至 3 月公共運具的旅程已達 26 億人次（2.6 billion），較去年同期增加 3 個百分點以上，輕軌運輸（Light Rail）有最顯著的增加約 1.1 億個旅程約 10%的提昇，米拉（Millar）總裁指出，在四月的報告中如果石油價格接近每加侖$4.00 美元則公共運具的旅程將再創新高[22]。

高漲的油價是許多人使用公共運輸工具的主要原因，而這些搭乘者願意繼續使用公共運輸工具的主要原因是其所提供的服務及方便性，正如南佛州橫跨三郡的通勤鐵路（Tri-County Commuter Rail）其服務區域為邁阿密-羅德岱堡及棕櫚灘（Palm Beach），其搭乘率也有將近 3 成的成長（2008 年 4 月初之統計）[22]。

由於次級房貸（Sub-Prime Mortgage）的風暴，也影響佛州的房屋買賣市場，由於佛州主要稅收來自於房屋稅，因此房價下跌則許多州郡政府的預算也因稅收不足而刪除或降低，南佛州地區交通機關（South Florida Regional Transportation Authority）也必須裁員及減少發車班次。這次的風暴也使各州郡政府必須採取相關裁徹措施，這也是美國公共交通運輸系統必須面對的一個嚴重問題。

高油價也帶給大眾運輸一個發展良機，這也提供各地大眾運輸系統改進營運的一個機會，如何使乘客繼續使用而將汽車放在家中。但營運經營者表示，大眾運輸系統的預算不足，尤其是在經濟不景氣的時候，預算愈會遭到刪除的命運。要如何使社會有營運良好的大眾運輸系統，與不願意多付稅的納稅義務人取得一個平衡點是交通事業人員的一大挑戰，希望本書可提供交通規畫或設計者挑選更安全、更舒適及更有效率的公共運輸工具。

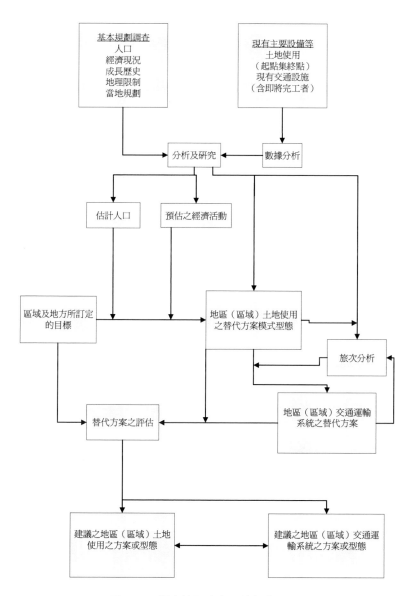

圖 1.21　都市地區大眾運輸規畫流程圖

第七節　總結

　　本書將從第一章的概論、第二章起至第十章介紹各種不同的大眾運輸系統共九章（9 種不同的大眾運輸系統），各章的介紹包括系統的簡述、基本技術、營運的模式、現今的應用與發展及其他相關的資料。第十一章將列出相關系統之造價分析。第二章到第十一章各章的主題如下：

第二章　公車與公車捷運／系統
第三章　輕軌
第四章　捷運
第五章　通勤鐵路
第六章　自動導軌運輸
第七章　單軌電車
第八章　高速鐵路
第九章　磁浮列車
第十章　個人捷運
第十一章　軌道運輸系統建設分析

　　了解各種運輸系統及其運用科技的優缺點是非常重要的。如捷運（地鐵）系統具有非常高的運載量但其所需之造價也是非常的昂貴，以洛杉磯地鐵系統為例，其每英哩之造價約為 3.3 億美金（1993年造價）。2010 年預估造價每英哩約為 5 億美金（160 億新台幣），即每公里約造價為 100 億新台幣。而輕軌系統（中運量）的造價相對少很多，但輕軌並沒有（全線）專用路權且可能與其他交通工具分享路權有安全性的考量。建一公里捷運的費用可建造約九公里的輕軌，但捷運的運量是輕軌運量的四倍左右。解決城市交通問題，需要採取不同大眾運輸系統的組合，相輔相成，沒有一項大眾運輸工具可以解決所有的運輸交通問題。常用大眾運輸系統優勢和劣勢之比較在*表 1.15* 中討論。

　　大眾運輸系統規畫沒有所謂的萬靈丹。但兩種以上的大眾運輸工具（技術）如能良好的配合（如地鐵（捷運），通勤鐵路或公車），將這些運具作有效的規畫及整合一定可以將因汽車所造成的交通問題降到最低。紐約市是最好的例子，紐約市的地鐵（捷運）、公車、與通勤鐵路皆屬於紐約市都會區大眾捷運總局。本書將會敘述或列出各運具的理論及應用的例子，使讀者能更加了解在最經濟實惠的情況下，配合當地的需求使用最適合的大眾運輸工具發揮其最大功能。另外本書也希望能提供運輸規畫師或交通工程師相關的技術參考，進而幫助他們來減輕各大城市及都會區越來越嚴重的交通（擁擠）問題。

表 1.15　大眾運輸系統優勢和劣勢之比較

系統	應用	優勢	劣勢
公車	都市間	1. 成本低 2. 實施迅速 3. 適用於大、小城市	1. 低行駛速度 2. 低運量 3. 安全紀錄較低
公車捷運	都市間	1. 成本較低 2. 實施迅速 3. 適用於中、大型城市	1. 服務水平較差 2. 低、中運量 3. 安全紀錄較低
有軌電車	都市間	1. 無污染綠色交通 2. 服務水平較好 3. 適用於城市中心區	1. 成本較高 2. 低、中運量 3. 安全紀錄較低
輕軌	都市間	1. 無污染綠色交通 2. 服務水平較好 3. 適用於中、大型城市	1. 成本較高 2. 中運量 3. 安全紀錄較低
捷運	都市區域	1. 無污染綠色交通 2. 行駛速度高 3. 高運量、安全紀錄高	1. 建設成本非常高 2. 施工時間長 3. 經營成本高
通勤鐵路	都市區域	1. 成本較低 2. 滿足通勤乘客需求 3. 適用於中、大型城市	1. 週末服務時間較少 2. 候車時間更長 3. 安全紀錄較低
自動導軌運輸	都市間	1. 候車時間很短 2. 行駛速度較高 3. 中運量、安全紀錄高	1. 建設成本非常高 2. 有專利權問題 3. 經營成本高
單軌電車	都市間	1. 無污染綠色交通 2. 行駛速度較高 3. 中運量、安全紀錄高	1. 緊急疏散困難 2. 變換導軌較為困難 3. 建設成本較高
個人捷運系統	都市間	1. 服務水平較高 2. 候車時間很短 3. 無污染綠色交通	1. 建設成本較高 2. 有專利權問題 3. 低、中運量
磁浮列車	都市區域	1. 無污染綠色交通 2. 行駛速度高 3. 低噪音	1. 建設成本非常高 2. 有專利權問題 3. 電磁污染

第二章　公車與公車捷運系統

第一節　簡介

　　公車是最普遍的大眾運輸工具，也是全球最為廣泛使用的公共運輸系統，幾乎在世界所有的城市裡都有此系統。公車可由最簡單的傳統柴油引擎車輛所構成，或是最現代化的的氫氣動力車輛。就像是一般的汽車一樣，具有多元性及不同的裝置。公車可以是中小型城市的單一公共運輸系統或者也可以配合捷運、輕軌及通勤鐵路成為一個完備的大眾運輸系統。這些例子可以在倫敦、巴黎、富蘭克福（Frankfurt）、舊金山、波士頓及費城等看見。公車是最基本的大眾運輸工具並且可以在世界各大、中、小城市中均可見。公車也是任何城市的大眾運輸系統中，最根本和最不可或缺的一部分。

　　公車是最受歡迎及最具彈性的運輸系統。只要條件允許它可以快速的被運用於大城市中或小城鎮裡。公車也可以是用在主幹線營運、地區性的運輸系統或短距離的接駁系統。香港是使用大眾運輸最成功的城市，其中百分之九十的旅程均使用公共（大眾）運輸工具。香港也有地鐵、輕軌、街車及通勤電車，但公車的使用率仍佔大多數。倫敦的地鐵（Underground）系統是世界上數一數二的，每天有超過 3 百萬的旅客使用。但倫敦 6500 輛的公車，每日運載超過 540 萬的乘客，其運量約為地鐵的 1.8 倍[23]。

　　城市間的公車（*圖 2.1*）大多為兩車軸，兩個門（前門及後門）。公車上的座位數量固定，大部分的空間是為提供沒有座位的乘客。並沒有提供可放置大型行李的隔間，城市公車可能是低底盤的設計，提供乘客較容易上下車。雙層巴士（*圖 2.2*）及聯接式公車（*圖*

2.3）通常使用於較繁忙之都會路線，公車的大小從一般的公車（巴士）到中型、小型公車，一切均配合需求來決定。另外較大型的公車如倫敦的雙層巴士或是長型聯接式公車在北京、華盛頓特區及邁阿密均可發現它們提供的多樣化服務。

　　世界上的小巴士（小型公車）因地而異，小巴的定義為乘客巴士較小的尺寸及運載客量，引擎位汽車前方，一般可運載 25～30 個人（沒有大型行李），約 15～20 個人加上大型行李（在機場使用）。一般來說小巴也較常用於私人包車。*圖 2.4-2.6* 為美國佛州邁阿密的小巴士。

　　公車系統是美國最普遍使用的大眾運輸工具，它們遍佈各城市及郊區。在 2005 年約有 80 萬 7 千輛的公車。相比較之下，地鐵加上輕軌車輛數約為 1 萬 3 千輛，加上約有 6 千個通勤電車的車輛提供服務，即使在美國，公車數量是所有軌道車輛總數之 40 倍。公車的運量低而且成本較低，但較具服務彈性[24]，相較於軌道運輸無法提供低人口密度且成本較高的缺點，公車（巴士）通常可以克服上述的困境。事實上美國的公共運輸總量公車佔 3 分之 2，為最主要的大眾運輸工具。但有一個缺點是其營運速率（Operating Speed），因為公車在一般的道路行駛，這造成公車無法與汽車競爭。如果不是因汽車禁止行駛部份路段，加上高停車費用或沒有足夠的停車位，且購置汽車的成本高，則公車更加沒有競爭力。

圖 2.1　美國伊利諾州芝加哥的公車

圖 2.2　新加坡的雙層巴士

圖 2.3　費城的聯接式公車

圖 2.4　佛羅里達邁阿密的小巴士

圖 2.5　佛羅里達邁阿密的小巴士

圖 2.6　佛羅里達邁阿密小巴士內部有 17 個座位

　　一般公車約 40 呎（12.1 公尺）長，8.5 呎（2.6 公尺）寬，約 10.75 呎（3.3 公尺）高，空車重（empty weight）約 2 萬 8 千 5 百磅（1 萬 1 千 6 百公斤），其總重（gross weight）約為 3 萬 6 千磅（1 萬 6 千公斤），迴轉半徑約為 51 呎（15 米 6），公車的尺寸如*表 2.1*。*圖 2.7* 為典型的台北市公車。*圖 2.8* 及 *2.9* 為台北公車的內裝設計，此設計是以增加最大運量為主。小巴士較一般巴士小，一般使用於較小的街道，因為小巴士可的迴轉半徑較小，另外小巴士也使用在運量較小的郊區運輸及接駁系統。在歐洲和美國，較昂貴的低底盤公車也漸漸成為公車系統的主流，其方便性及較簡易上下車如*圖 2.10*。德國慕尼黑低底盤連接式公車如*圖 2.11*。

　　速度慢是公車最大的缺點，因為大部份的公車必須與其它的車種一起行駛在相同擁擠的道路上（混合車流），其次在所有的大眾運輸工具中公車擁有最長的旅程時間（平均速度最低），公車在不同的地區行駛的時間組合如**表2.2**。如果有預留或專有路權（Right-of-Way），公車的行駛速度將有相當的改進，公車捷運系統（Bus Rapid Transit）即是公車行駛在專用或保留路權上而增加其營運速度。

　　除了公車的營運速度較慢外，公車是最方便（Accessible）的運輸工具，因為公車站的設置簡單而且它幾乎可以在街道的每個角落停靠。一般在都會區的車站幾乎是每一個街道都有，但也增加了公車的全體營運時間。影響公車的速度因素如**表2.3**。

圖 2.7　台北市的公車

圖 2.8　台北市的公車──典型座椅的排列方式

圖 2.9　台北公車內部的一般佈置

圖 2.10　法國巴黎戴高樂國際機場的低底盤公車

圖 2.11　德國慕尼黑低底盤連接式低底盤公車

表 2.1　一般公車的尺寸[25]

特性	大小　英制（公制）
長	40'（12.2 m）
寬	8'6"（2.6 m）
高	10'9"（3.3 m）
前遮	7'4"（2.2 m）
後遮	9'5"（2.9 m）
內彎半徑	30'（9.1 m）
外彎半徑	47'（14.3 m）
外彎半徑含後遮	51'2"（15.6 m）
車梯離地	1'5"（0.43 m）
前門開門淨空	2'6"（0.76 m）
後門開門淨空	2'2"（0.66 m）
空重	25,480 磅（11,558 公斤）
淨重	36,640 磅（16,620 公斤）
軸距	23'9"（7.2 m）

表 2.2　一般公車在尖峰時間所花時間的組成[26]

（每分鐘英哩）

組成	市中心	城市	郊區
交通眈擱的時間	3.00	0.90	0.70
車站停車	3.00	1.20	0.50
行駛	5.50	3.90	3.00
總計	11.50	6.00	4.20
速率（每英哩小時）	5.2	10.0	14.3

表 2.3　車站及交通眈擱時間對公車速率的影響[26]

每站停靠時間（秒）	站距	速率（每英哩小時）		
		每英哩眈擱 0.0 分鐘（無交通眈擱）	每英哩眈擱 0.7 分鐘（一般郊區尖峰時間）	每英哩眈擱 3.0 分鐘（一般市區尖峰時間）
0	2	25.0	19.4	11.1
	4	18.3	15.1	9.6
	6	14.0	12.0	8.2
	8	11.3	10.0	7.2
	10	8.6	7.8	6.0
20	2	22.0	17.5	10.5
	4	15.3	13.0	8.8
	6	11.3	10.0	7.2
	8	9.0	8.1	6.0

表 2.3　車站及交通耽擱時間對公車速率的影響[26]（續）

每站停靠時間（秒）	站距	速率（每英哩/小時）		
		每英哩耽擱 0.0 分鐘（無交通耽擱）	每英哩耽擱 0.7 分鐘（一般郊區尖峰時間）	每英哩耽擱 3.0 分鐘（一般市區尖峰時間）
	10	6.9	6.4	5.1
30	2	19.5	15.9	9.9
	4	13.0	11.3	7.9
	6	9.5	8.6	6.5
	8	7.5	6.9	5.5
	10	5.8	5.4	4.5

　　每一輛公車都需要一位駕駛。公車因使用聯結式（articulated）或雙層巴士（Double-decker bus），其運量可從低運量提升到中運量的運輸系統（Low to Medium Capacity Transit）。座位及立位的安排會影響到公車的整體運量，一般來說，提供較多的座位將會降低公車的整體運量（立位減少）。各種類的公車運量如**表 2.4**。

表 2.4　一般公車容量[27]

公車型態	長（英呎）	寬（英呎）	公車運量		
			座位	站位	總合
小型公車（小巴士）	18-25	6.5-8.0	15-25	0-15	15-40
一般公車	30	8.0	36	19	55
	35	8.0	45	25	80
	40	8.5	53	32	85
聯接式巴士	55	8.5	66	34	100
	60	8.5	73	37	110

　　市內電動公車的動力是經由高架電線而來，因此這種公車僅能行駛在已有高架電線的線路，其建造成本遠高於傳統的柴油公車但電車不會排放溫室氣體（Greenhouse Gases）。但高架電線使得市內電車的建設及營運成本增高。市內電車的營運成本如**表 2.5**所示。如果營運的路線龐大則工資及營運成本將會大幅提昇，這些成本因素在已開發的國家中更為顯著。所以在已開發的國家中以市內電車公作為主幹線服務的系統較發展中國家為少。

　　大部份的柴油引擎公車排放溫室氣體。但其改善的方法可以改用污染較少的燃料如天燃氣或氫氣（Hydrogen）。市內公車也因較低的溫室氣體排法量，而愈受歡迎。

表 2.5　公車營運的單位成本[28]

系統 System Size	每營運車輛里程	每營運車輛小時
柴油公車（363）	$3.09	$42.70
電動公車（5）	$5.77	$60.97

　　公車在速度的性能（Performance）相較於其它運輸工具為低，因為起步及減速較慢而且行駛於一般混合車流的道路上 *（圖 2.12-2.13）*。一般公車的速度性能如*表 2.6* 所示。公車最大的優點是能在街道的每個角落讓乘客上下車。但其缺點也是因為經常的停靠而降低其整體的營運速度（Overall Speed）及延長其行駛時間。*表 2.7* 為美國一般公車乘客上下車所須的時間，縱使公車捷運系統（BRT）在預留或專有路權上行駛，但其營運速度仍不及其它的軌道運輸系統，因此公車系統較不受到已開發的工業國家居民所喜歡。因此在美國有一種看法，只有窮人才乘坐公共汽車。

圖 2.12　台北的公車在尖峰時段行駛於混合車流中

圖 2.13　香港九龍雙層公車行駛於混合車流中

表 2.6　一般公車之性能[25]

英制單位	
加速度（每秒每小時英哩）	
0-10 英哩／每小時	3.33
10-30 英哩／每小時	2.22
30-50 英哩／每小時	0.95
一般減速度（每秒每小時英哩）	2-3
最高速率（每小時英哩）	65
公制單位	
加速度（每秒每小時公里）	
0-16 公里／每小時	5.36
16-48 公里／每小時	3.57
48-80 公里／每小時	1.53
一般減速度（每秒每小時公里）	3.2-4.8
最高速率（每小時公里）	105

　　公車的事故發生率相較於其它的運輸工具高出很多，因為公車必須行駛在擁擠的道路上而且必須經過許多有號誌控制或沒有號誌控制的十字路口。但是這些問題可以因新發展的公車捷運系統（BRT）所改善。公車專用道（Dedicated Bus Lane）是可以提高公車速度及降低事故發生率的一個有效方法。台北及其它許多城市均有使用公車專用道，所須的成本比專有路權（exclusive right-of-way）低很多且費時不多。

　　公車所需之資金及維修費較其它的運輸工具為低，單較費用來說公車是花費最少的，購買公車的費用是佔所有成本（Capital Cost）中最重要的一部份。**表2.8** 及 **表2.9** 為高運量公車及小巴士（Small/Mini Buses）的價格。一個全新的地鐵系統，每英哩約需四億美元（$400 million）來建造，而公車系統與其相比只佔其中的一小部份。在開發中的國家，其勞工薪資較低公車捷運系統（BRT）通常是其第一或唯一的大眾運輸系統選擇解決都會區的交通問題。巴西的古提巴市（Curitiba, Brazil）及哥倫比亞的波哥大是公車捷運系統最成功的例子。公車捷運的舒適性自然比不上捷運系統，但在開發中國家它是在價格上最具有競爭性的大眾捷運系統。

表 2.7　乘客上下車時間（每人每秒）[27]

下車旅客	
隨身行李或包裹，少轉乘	1.5-2.5
手提行李，多轉乘	2.5-4.0
大型行李（長程城市間運輸）	4.0-6.0
上車旅客	
無上車付票	1.5-2.5
單一硬幣或代幣付費至投幣箱	2.0-3.0
現金付費	3.0-4.0
區間預收及上車購票	4.0-6.0
區間收費、現金、上車購票	6.0-8.0

表 2.8　公車的價格（1990 dollars）[29]

公車型態	購買數	公車總購買數	巴士平均價格	每輛巴士價格範圍
60 呎聯接式 60'	2	30	$279,900	$193,000-297,000
40 呎郊區 40'	1	162	$228,400	
40 呎公車 40'	9	686	$178,000	$160,000-201,000
35 呎公車 35'	2	45	$174,700	$172,000-196,000
30 呎公車 30'	2	43	$170,900	$150,000-174,000

表 2.9　小型公車（小巴）價格（1990 dollars）[30]

型態	車淨重（磅）	價格範圍
輕型（卡車式底盤）	9,500-12,500	$30,000-60,000
輕型（汽車房屋式底盤）	14,500-18,500	$45,000-75,000
中型（後引擎式底盤）	16,500-20,500	$65,000-110,000
重型（一體成形底盤）	22,500-26,000	$125,000-175,000

　　公車專用道路（Busway）是另一方個可以解決問題的方法之一，公車專用道路有時可以解釋為高乘載保留之道路，如在高速公路上的公車，共乘之小客車、中型車等。因此公車專用道也可視為快速運輸（Rapid Transit）的一種，因為有專用的路權（公車道或高乘載車輛）。如果有專用道路，公車的營運時速可達到每小時 55 英哩或 90 公里。這也大幅降低旅行的時間，增加公車的吸引力。自從 90 年代公車捷運系統這個新名詞也就是在描述公車在其專有、專用的路權上行駛。公車專用道路及更多的公車道將於下列各章節做介紹。（*圖 2.14～2.15*）

圖 2.14　洛杉磯聯合車站低底盤公車

圖 2.15　洛杉磯聯合車站低底盤公車

第二節　公車專用道路的特性

公車專用道路類似輕軌（Light Rail System），差別在公車使用的是道路，公車專用道路一般有兩線（雙向、雙線），每一路線約 12 英呎寬（約 3.66 公尺）（最小寬度 10 英呎約 3 公尺），加上每邊 10 呎的路肩（路權許可範圍內）。公車專用道上的車站距離可能較一般的公車車站為長，因為較長之站距可以使公車專用道提供較快速的服務。

一般公車約 35 到 60 呎長，而 40 呎長的公車為都會區較常用之標準公車長度，*表 2.10* 為美國一般的公車特性。公車可以行駛最陡的坡度約 19%，一般的公車速度最高可達到每小時 80 英哩，但實際的營運速度則會因不同路權及速限而有所不同。公車在尖峰時間其速度約為每小時 5 到 9 英哩，離峰時間約為每小時 9 到 12 英哩。在公車專用道路上行駛之公車平均時速為 28 英哩，這大幅改善了公車在一般道路上的行駛速度。

　　目前大部份的美國公車使用柴油引擎但由於美國之空氣清淨法（Clean Air Act）的規定及都會區空氣污染的考量，替代性能源也慢慢的被使用以代替柴油，這些替代性能源（含實驗中）包括電池、高壓天然氣、液態天然氣等。其成本如*表2.11*。有些被稱做雙能公車（Dual Mode Buses），是為公車用了兩種不同的動力來源，一般為柴油與其它能源（電力）配合。如西雅圖的公車在隧道時使用電力為其動力來源，而一出隧道則改用柴油為其動力來源。這是因為封閉的地下隧道中的排氣不良所必須做的改善。

表 2.10　標準公車之技術資料

聯接式	尺寸（英呎）		車軸數	輪胎數	容量		最高速率（每英哩小時）
	長	寬			座位數	總位數	
否	35～40	8～8.5	2	6	47～53	68～80	80～113
是	55～60	8.2～8.76	3	8	64～72	96～104	88

表 2.11　公車成本（公車車隊為 100 輛，2007 資料）[35]

單位：美元

公車形式	CNG 天然氣	ULSD 超低硫柴油	生質柴油（B20%）	柴油電力混合車
車輛成本	$342,366	$319,709	$319,709	$533,005
排氣設備費用	$0	$1,434	$1,434	$0
修護站修改費用	$8,750	$0	$0	$1,400
加汽、油站費用	$20,000	$0	$0	$0
總成本	$371,116	$321,143	$321,143	$534,405

第三節　北美公車專用道路現況

　　在 1990 年代初期有 3 個北美城市有公車專用道路，在匹茲堡（Pittsburgh）有兩套系統，分別於 1977 年及 1983 年開通。另一個在渥太華（Ottawa）於 1993 年起營運，而邁阿密的公車專用道則於 1995 年起營運（*圖 2.16-2.20*）。另一個公車專用道在西雅圖，其系統約有 1.3 英哩，通過西雅圖繁忙的市區地底下。*表2.12* 為這些城市公車道的重要特性。過去幾年，美國有十六個新的城市舖設公車專用道，除了邁阿密與匹茲堡外其它十六個城市包括： 夏洛特市、拉斯維加斯、阿爾巴尼、克里夫蘭、奧勒岡州的 Eugene、維及尼亞的 Dulles、鳳凰城、加州的 Alameda 及 Santa Clara、洛杉磯、康乃迪克州的 Hartford、檀香山、芝加哥、肯達基州的 Louisville、波士頓及馬里蘭州的 Montgomery County。

圖 2.16　邁阿密南戴德郡公車專用道

圖 2.17　邁阿密南戴德郡公車專用道起點位於捷運（高架）終點站

圖 2.18　邁阿密南戴德郡寬闊的公車專用道

圖 2.19　邁阿密南戴德郡——公車專用道之停靠站

圖 2.20　邁阿密南戴德郡公車專用道車站的站牌

　　1977 年營運的匹茲堡南段的公車專用道路，全長約 5.3 英哩（8.4 公里），連接市區到其南部郊區，全線有 11 站，這條公車專用道路，使用原有的電車隧道（Trolley Tunnel），輕軌路權及部份的新建道路，此公車專用道路避開擁擠的 Liberty Bridge 及隧道的瓶頸路段，為一南郊區的環狀系統，這條公車專用道路約節省 20 分鐘的旅行時間。

　　1983 年開通的匹茲堡東段的公車專用道路，提供通勤者往返市區及 Wilkisburgh 之間快速的服務，全長約 6.2 英哩，有 6 個車站且在市中心（Downtown）與輕軌系統相接，目前有 26 條公車路線使用在此公車專用道路。全線與 Conrail 貨車鐵路平行，僅有 0.25 英哩的高架路段。聯結式的公車（Articulated）約每 4～6 分鐘一班，從 Wilkisburgh 郊區到市區只須 13 分鐘，在此公車專用道路完工之前，行駛相同的路線須花 45 分鐘。公車到達市區之後也是公車專用道路的終點，開始使用市區路段服務。

　　邁阿密公車專用道路位於南戴德郡（South Dade）於 1997 年 2 月 3 日開通，全線約 8.2 英哩與邁阿密地鐵最南站連接。這兩線道的公車專用道與聯邦第一號公路（Federal Highway USA）平行建造，在十字路口有號誌控制（公車可優先通過）。車站約 20 呎寬、60 呎長，約 18 分鐘可以將全程走完，約省下 10 分鐘的時間，第一年的搭乘量為每天 1 萬 2 千人次，其預估到 2015 年會達到每天 2 萬 7 千人次，而且捷運系統在公車專用道路開通的第一年增加約 4 千個旅次。

　　西雅圖市區的運輸隧道於 1990 年使用，主要用於舒解市區非常擁擠之交通，隧道約 1.3 英哩長，從（King Dome）體育館到市中心並連接州際公路 5 號及 90 號，沿線共有五站，三站為地下車站。有 35 條公車路線在尖峰時刻使用此隧道，約佔百分之 75% 的市區公車旅次。此公車使用獨一無二的雙動力系統，一為柴油引擎使用於一般路面，另一為高架直流電使用於隧道內。

　　有別於這四個公車專用道路，另一個高架車道位於德州大學東南醫療中心，（University of Texas South Easter Medical Center）此公車專用道路主要連接教職員停車場到北校區。公車道約 0.5 英哩長 32 英呎寬，包括兩線道及一個 8 英呎的行人道，中間有一停靠站，每天從早上 7 點到晚上 7 點共兩班車提供 12 小時的服務，第三輛隨時待命，每輛車約可搭乘 25 個人且為無障礙空間之設計，這條公車專用道路是考量過許多方面，在最符合預算及建築限制所做出最佳的替代方案[31]。

　　德州大學的案例提供了公車也可以成為主要活動中心的運輸替代方案而非只有自動軌道系統（APM）。如果可以發展更乾淨的替代燃料可以讓公車使用則公車專用道路在運輸工具上將更具有競爭力。

第四節　公車專用道路的性能（Performance）

　　公車在公車專用道路的運行相對於市區的營運好很多，因為公車專用道路的設計使得公車得以在專用路權上行駛，其平均營運速度為每小時 30 英哩，而在市區中營運的平均速度尖峰時速為每小時 5～9 英哩，離峰時速為每小時 9～12 英哩。其服務可靠度因交通擁擠而沒有相對增加許多，因公車專用道其能源消耗也相對降，因為公車不再停停走走，且因交通堵塞減少，安全性而改善。

　　因為無法取得公車專用道路的營運數據，所以公車專用道路之營運模式，公車專用道路降低了交通擁塞的狀況而使其營運速度加快並減少公車燃料的使用，儘管其建造成本較高，但其整體營運成本應較低。

第五節　公車專用道路的建造成本（Capital Cost）

　　公車專用道路的投資成本適中，因為路權的要求較低，只須一般的道路即可且其車站之設計也較為簡單，一般只是幾張長條椅及簡易的遮陽擋雨的車站屋頂，要求較低。新建的道路約為 1～2 百萬美金，而其價格會因當地的土質、地型、特殊的建物，如隧道、橋樑、擋土牆等而有所不同。例如邁阿密的公車專用道路沿著 US1 建造只須一般的道路及在十字路口的號誌儀控即可，其土壤條件不差，地勢平坦，僅需少數的植被即可，路基之準備簡單，例如西雅圖的市區隧道，因施工及特殊要求其建造價格非常昂貴。

　　匹茲堡南段的公車專用道路須建造 2 條長橋及約 1 英哩長的車道為車軌混合使用的一段路程，而東段的公車專用道路因地型及地物的影響則須將現有的鐵道改變及重建。（見*表 2.12*）

　　西雅圖的市區隧道由 2 個 20 英呎直徑長的隧道，中間段的 5000 英呎為淺質施工，頭尾兩段為明渠施工，隧道從 1986 年 11 月起施工直到 1989 年 12 月完工，這 5000 英呎的隧道耗資約$44.2 百萬美元[32]，每英哩平均約為$46.7 百萬美元。因公車雙動力引擎可使用於隧道中，所以購車的成本約佔總資本的 22%約為$99.9 百萬美元。

表 2.12　北美五條公車專用道之建造成本

城市	匹茲堡		邁阿密	西雅圖	渥太華
	南段	東段			
通車時間	1977	1983	1995	1990	1993
總長（英哩）	4.0	6.2	8.2	1.3	14.5
車站數	11	7	n/a	5	n/a
建造成本（百萬美金）	27.0	113.0	47.6	450.0（435）	n/a
每英哩建造成本（百萬美金	6.8	18.2	5.8	346.2	n/a
施工成本（百萬美金）	n/a	n/a	11.8	n/a	n/a
每英哩施工成本（百萬美金）	n/a	n/a	1.5	n/a	n/a

　　公車的售價從 1971 年的每輛 3 萬 7～4 萬美金一輛，到最近的 25～30 萬美金一輛（一般 40 尺的車輛）。公車如果再添加一些配，像冷氣設備、自動傳動系統、動力方向盤及輪椅起降機，則價格將會上漲許多。在西雅圖的雙動力公車約有 236 輛其總購車金額為 $136 百萬美金。*表 2.13* 為 1990 年代部份公車的價格。一般及低底盤公車（*如圖 2.21 及 2.22*）。

圖 2.21　芝加哥，美國伊利諾州的公車

圖 2.22　密蘇里州聖路易斯市之低底盤公車

表 2.13 公車之購買及價格[34]

日期	數量	公車價格（美元）	購買者	製造商
1987 四月	94	$156,400	檀香山	Saab-Scania
1988 六月	491	$174,284	芝加哥	Transport Mfg. Corp.
1988 十月	150	$180,000	洛杉磯	Flexible Corp.
1988 十一月	200	$175,000	波士頓	Transport Mfg. Corp.
1989 五月	77	$148,182	克里芙蘭	Transport Mfg. Corp.
1990 一月	103	$162,500	洛杉磯	Transport Mfg. Corp.
1990 一月	120	$201,726	匹茲堡	Bus Industries of America
1990 二月	79	$189,639	埃爾巴索	Transport Mfg. Corp.
1990 二月	174	$193,000	特區	Flexible Corp.
1990 四月	300	$193,000	休士頓	Ikarus
1991 七月	162	$228,000	達拉斯	Motor Coach Industries
1994 四月	250	$217,600	波士頓	Transport Mfg. Corp.

第六節　公車捷運系統（Bus Rapid Transit）BRT

公車捷運系統（BRT）相較於傳統的大眾運輸系統是較新的名詞，在大眾運輸的應用上「Rapid Transit」代表捷運，一般指系統擁有專有路權而且沒有平交道，並能提供快速的服務,但公車捷運系統是唯一的特例[33]。公車捷運系統有保留（Reserved）路權但也可能有相交的十字路口，一般來說公車捷運系統定義為在改善交通設施，車輛及其行程後，使公車能提供較普通公車更高的服務品質。在中國大陸，BRT 被翻譯成「快速公交」，是一個比較精確的翻譯。

公車捷運系統一詞主要是強調公車的多功能性及有較快的速度，行駛在專有或獨用（Exclusive）的路權情況下。公車捷運系統也是未開發及開發中國家，在尚未有足夠的資金建造更昂貴的地鐵或輕軌前的另一個替代方案，換句話說公車捷運系統可以是資金不豐沛國家的地鐵或輕軌，這種作法在巴西及哥倫比亞都有非常好的效果。即使它的服務水準是不如捷運，公車捷運仍然可以運送大量的乘客。

　　每一個公車捷運系統有不同的改善方案,而這些不同的改善方案都是每一個公車捷運可分享使用的,這些主要的目的在於可以接受到「相似」於輕軌(LRT-Light Rail Transit)的服務水準但只有公車系統的花費。公車捷運系統嚴格來說,其服務的品質與運量當然趕不上地鐵或輕軌,因而有人稱公車捷運為開發中國家負擔得起的捷運(窮人的捷運)。

　　公車捷運系統主要用於北美洲、歐洲及澳洲,而南美洲及亞洲也漸漸地增加,在最初期的情況下通常被稱作為公車專用道路(Busway),而公車專用道路在美洲的成功也造成公車捷運系統(BRT)更被重視,成為可以成為另一種大型公共運輸工具的應用。

　　公車捷運系統其中「捷運」系統是用來描述高運量(High Capacity Rail)捷運系統擁有獨用路權,通常其路線不是高架就是隧道,而通常有數節車廂,其班距(Headway)約為 2～5 分鐘,由於公車捷運與捷運的名詞有許多相似的連想,因此公車捷運系統一詞也漸漸的被開始蛻變成許多型式及狀態,而公車捷運系統在美國、加拿大及澳洲的應用特色列於**表 2.14**。

表 2.14　美國、加拿大及澳大利亞的公車捷運系統特性 [35]

城市	市區人口(百萬)	系統簡介	專有車道	車站	方便上下車	非車上收票	智慧運輸系統	頻繁的,整天服務
美國、加拿大								
1. 波士頓	3.0	隧道,道路	X	X	X	X	X	X
2. 夏洛特市	1.1	高速公路公車專用道	X	X				
3. 克里芙蘭	2.0	主幹道分隔島公車專用道	X	X	X		X	X
4. 尤金	0.2	主幹道分隔島公車專用道第一階段(東西向)	X	X	X	X	X	X
5. 哈特福特	0.8	公車專用道	X	X			X	
6. 檀香山	0.9	混合式車道	X	X	X			X
7. 休士頓	1.8	高乘載車道	X	X				
8. 洛杉磯	9.6	高乘載車道,公車專用道,混合式車道	X	X	X		X	X
9. 邁阿密	2.3	公車專用道	X	X				X

表 2.14　美國、加拿大及澳大利亞的公車捷運系統特性 [35]（續）

城市	市區人口（百萬）	系統簡介	專有車道	車站	方便上下車	非車上收票	智慧運輸系統	頻繁的，整天服務
10. 紐約市	16.0	公車逆向道，有限的主幹道停靠	X	X				X
11. 渥太華	0.7	公車專用道及公車道	X	X			X	X
12. 匹茲堡	1.7	公車專用道	X	X				X
13. 西雅圖	1.8	公車專用道（隧道）	X	X	X			X
14. 溫哥華	2.1	混合式車道		X	X		X	X
澳大利亞								
15. 阿德萊德	1.1	公車專用道		X				X
16. 布利斯班	1.5	公車專用道	X	X			X	X
17. 雪梨	1.7	公車專用道	X				X	

　　在 2007 年，美國為配合節能減碳、提高能源使用效率及鼓勵再生能源的運用，將公車內燃機的排放標準改變以配合新的再生能源技術為未來公車的公車推進系統做一重大改變。*表 2.1*[35]為目前部份使用的動力系統（技術）成本。下列為技術運用於 40 呎低底盤公車：

-液化天然氣（Compressed Natural Gas-CNG）（見*圖 2.23*）

-傳統柴油（含超低硫柴油 Ultra Low Sulfur Diesel-ULSD）

-20%的生質柴油（B20 biodiesel）與 80%超低硫柴油

-柴油電力複合動力（Diesel Hybrid）

表 2.15　每輛公車成本（系統超過百輛公車者──2007 資料）

單位：美金

公車類型	CNG 天然氣	ULSD 超低硫柴油	B20 生質柴油（B20%）	柴油電力複合動力
車輛成本	$342,366	$319,709	$319,709	$533,005
排放設備	$0	$1,434	$1,434	-
維修基地整修	$8,750	-	-	$1,400
加氣、油站	$20,000	-	-	-
總成本	$342,366	$319,709	$319,709	$531,605

圖 2.23　洛杉磯使用天然氣的低底盤公車

公車捷運系統的最高服務水準是公車行駛在全封閉獨立路權或高架路權，有專用的進出口匝道，這種應用公車捷運系統也可有離線車站而車站之距離也可延長，匹茲堡的公車專用道路就是一個很好的例子。在較低服務水準的公車捷運系統中只有專用的公車道但沒有公車路口優先號誌，台北市的公車專用道就是此種應用 *（圖2.24～2.26）*。

圖 2.24　台北公車捷運之公車專用道

圖 2.25　台北市公車捷運系統所使用的公車專用道

圖 2.26　台北市公車捷運系統所使用的公車專用道的標誌

　　根據 Transit Cooperative Research Program（TCRP）第 90 號報告的定義，公車捷運系統（BRT）是一種具彈性，膠輪式的捷運系統其包括車站、車輛、服務、車道及智慧型運輸系統的新元素所組成[36]。公車捷運系統的應用可以依不同的地點、地形、建物的限制及路權的型式，為一最具彈性及多功能性的大眾運輸工具。

　　簡單來說，公車捷運系統是一個整合的設備，根據公車捷運的特性，所有的服務及環境都是要提昇公車之速度、可靠性[36]。在許多觀點公車捷運系統可視為膠輪的輕軌系統,較輕軌系統更具營運彈性及較低的建造成本及營運成本,公車有路就能行駛,但輕軌必須要有軌道,相關城市公車道的路權分佈見*表 2.16*。一般來說,相對少的投資成本使用在公車專用道上(Dedicated R/W)就可以提供比在公車在一般傳統行駛較佳的服務。

如前所述,公車捷運包括了不同的型式,如先前之快速公車(Express Bus),限制性公車道路(Limited Busway),捷運公車(Rapid Bus)及法國的(Bus à Haut Niveau de Service-BHNS)。諷刺的是,公車捷運並不是針對公車的速度,一般公車捷運系統的公車速度為每小時 12 到 30 英哩(約每小時 19 到 48 公里)而與輕軌運輸的比較如*表 2.17*,而公車捷運的「捷運」一字是相對的,而絕不是如地鐵捷運般的快速捷運。*圖 2.27 及 2.28* 就是較不同的公車專用道的設置。

圖 2.27　美國加州洛杉磯公車捷運系統所使用的高速公路公車專用道

圖 2.28　台北市公車捷運系統使用的公車專用道（最基本）

表 2.16　公車捷運之路權[35]

地點	公車隧道	公車專用道（分離路權）	高速公路上之公車道	主幹道分隔島之公車專用道	公車道	混合交通
北美	波士頓西雅圖	夏洛特市哈特福特邁阿密渥太華匹茲堡	休士頓洛杉磯紐約	克里芙蘭尤金	渥太華匹茲堡溫哥華	檀香山洛杉磯溫哥華
澳大利亞	布利斯班	阿德萊德雪梨				
歐洲		朗科恩			羅恩	里茲
南美				貝羅奧里藏特波哥大古里提巴愉港基多聖保羅		

表 2.17　公車捷運之營運速率 [35]

高速公路-公車道		每英哩／小時
	・直達	40-50 每英哩／小時
	・每站停	25-35 每英哩／小時
主幹道		
	・快速，波哥大，古里提巴	19 每英哩／小時
	・洛杉磯，梵圖拉大道	19 每英哩／小時
	・洛杉磯，威薜爾大道	14 每英哩／小時
	・每站停-分隔島公車道，南美	11-14 每英哩／小時
	・限制停靠車站-紐約市	8-14 每英哩／小時

　　在北美洲及澳洲，美日運客量從夏洛特市的 1 千人次到洛杉磯、西雅圖、澳洲的阿德萊德及布利斯班 4 萬人以上[36]。而每日搭乘在渥太華（Ottawa）及南美的城市均超過每天 15 萬人次，*表 2.18* 為尖峰及尖峰方向之公車捷運例子，這些乘載量有的相當於或超過美國及加拿大的輕軌系統，甚至接近地鐵的運量。但有一點必須注意的是，紐約的林肯隧道從新澤西到曼哈頓的乘載量可能會使人誤解，因為有許多不同的公車路線使用林肯隧道，從哈得遜河河底穿越而進入紐約市的曼哈頓，而不是只有單一條公車捷運系統，因為它是唯一從新澤西州到紐約市的隧道，林肯隧道本身長度並不長。有兩個開發中的國家如巴西及哥倫比亞其乘載量非常的高，但其服務的水準是相對較低的，如此低的服務水準，在工業化的先進國家中，如美國和加拿大是不可能被接受的。

表 2.18　公車捷運在尖峰小時、尖峰方向的乘客流量 [35]

超過 每小時 20,000 人	紐約（林肯隧道） 哥倫比亞波哥大 巴西愉港 巴西聖保羅
每小時 8,000-20,000 人	加拿大渥太華 厄瓜多爾基多 巴西古里提巴 澳洲布利斯班

　　有報告顯示，因為公車捷運路網的擴充，提供較一般公車高的服務品質，降低旅行的時間，改善設施及人口的成長是有助於乘客的增加，一個能降低旅行時間的運輸系統，通常可吸引更多的人使用，如自行開車或共乘旅客，下列為幾個主要城市其旅客增加的實例[36]：

- 在美國的休士頓有 18%到 30%的新旅客（使用者）。
- 美國洛杉磯有 20%到 30%的旅客增長，其中 1/3 是新的乘客。
- 加拿大溫哥華新增 8000 名新旅客，其中 20%為原本使用汽車的新旅客，其中 5%為第一次使用。
- 澳大利亞的阿德萊德新增了 76%的旅客。
- 澳大利亞的布里斯本（Brisbane）新增了 46%的旅客。
- 英國的利思（Leeds）有 50%的新增旅客。
- 美國的匹茲堡有 38%的新增旅客。

　　公車捷運的設施成本依地點、形式及施工的複雜度而有不同，公車隧道的建造成本之中位數（Median cost）平均每英哩（共有 2 個系統）約為$2.72 億美金，每英哩建造公車道（共有 12 個系統）約為美金 750 萬，在主要幹道的分隔島建造公車道的成本每英哩（共有 5 個系統）約美金 660 萬，軌道式公車的營運（Guided Bus Operations）每英哩（共有 2 個系統）約需要美金 470 萬元，每英哩約需要美金 1 百萬元修建一般車道使其變為公車專用道（共有 3 個系統）。營運成本反應在使用人數上，使用何種道路（Running Way）路權及營運環境。公車捷運與輕軌的營運做比較，公車捷運的營運成本相等或少於輕軌。一般來說，有較高的搭乘率通常其營運成本較低，但是比較公車捷運及輕軌必要考慮到系統的容量及乘客舒適度（相同的比較特性），不然就是拿橘子和蘋果相比。而一個由美國國會總審計局所做的報告就是個錯誤的比較，因其只考慮到費用，而沒有把運量與服務水準加進去，這就像用只有 5 個座位豐田轎車的成本來比較 50 座位灰狗巴士的成本，*表 2.19*。

表 2.19　部份公車捷運及輕軌案之成本——2001 年數據[36]

種類	有此設施的系統	每英哩造價	
		價格範圍（百萬美金）	平均造價（美金）
公車專用道	9	$7,000,000～$55,000,000	$13,500,000
高乘載道路	8	$1,800,000～$37,6000,000	$9,000,000
主幹線	3	$200,000～$9,6000,000	$680,000
輕軌	18	$12,400,000～$118,800,000	$34,800,000

第七節　公車捷運系統的主要特性

　　公車捷運系統有許多不同的組成型態，從高速公路上特有保留路權專用車道（如渥太華的 Transit way 或匹茲堡 MLK 東段公車專用道）到使用高速公路高乘載車道如夏威夷的城市快捷（City Express）到使用現有道路等。一般來說，使用專有路權的公車捷運其營運速度自然最高，建築成本相對來說也會較高。

　　一般公車捷運系統要有下列的特性：

◆　公車保留、高架或平面專用路權。公車捷運系統主要的特性是要有專用道路。因此公車之行駛速度較快，再加上所有使用此路權者都是專業司機，邁阿密的公車專用道就是一個好的例子，還有一個好處就是低建造成本所須符合之設計數值可以較寬鬆，但還是維持基本的安全，因為所有的駕駛者都是專業級的，且公車專用道並不開放供一般民眾使用，這點類似輕軌系統之保留路權營運。

- 此種路權可以高架，在少數的情況下，可由鐵道路權來代替。
- 公車街道（Bus Street）或大眾運輸保留街道可以在市中心建造，並規定只有公車才可以進入。
- 只要低的建造成本改進公車進出入口及公車上下月台，便可增加公車之行車速度及可靠度。

◆ 完整的網路，使用公車專用道外，公車還可以使用一般的道路，而這些一般道路已有相當的完整網路，再加上公車優先號誌後公車的服務將更省時更有可靠度。

◆ 提供全天的服務（相對短班距）給不同收入的乘客，一個完整的公車捷運系統可提供不同層次的乘客從出發地至到達目的地。如果這種班次多又可靠，將會提昇服務水準，如此的作法需要政府的高度補助及作業上的支持，缺一不可，如台北的公車信義路的逆向道行駛就是一個很好的例子。

◆ 公車優先公車道（Bus Lanes），公車優先可藉由在十字路口延長公車綠燈秒數來做，行駛在公車道上的公車在十字路口優先通過可幫助公車在擁擠的交通車陣中快速通過，如洛杉磯的公車捷運系統就是一個很好的例子。

◆ 車站收票：一般傳統的收票方式為上車收票，但是此種做法將會造成上車速度降低，有時不同的路程收費不一或者是優待票與非優待票的票價都不同，所以建議在進出車站時收票，先付票後進入車站後直接上下車，這種方法可使乘客同時上下公車，巴西的古里提巴市就是公車捷運系統是最成功的例子之一[15]。

◆ 公車車廂的設計和電車相似，目前的科技可發展出雙聯接公車（Bi-Articulated）如 *（圖 2.29）*。
 - 改善搭乘品質，如軌道式公車由電子操控其行車較平穩。
 - 增加運量（使用聯接或雙層公車）。
 - 降低營運成本（油電共生之電動公車）。

　　所需注意的是此種大型聯接公車由於車體較重，其所行駛路面需要特別興加強，否則會造成公車道路面的嚴重損毀。

圖 2.29　洛杉磯橘線聯接式公車

◆　車站：

　　公車捷運車站也可成為封閉式月台，如增加月台玻璃柵門，有
人服務的收票處及客服中心，也可增設入站或出站付票的設備及提
供乘客可以無障礙上下車設施，這種型態的車站大部份在搭乘量較
大的南美洲城市如巴西及哥倫比亞。如此的車站設計才有辦法使公
車捷運系統符合如此高搭乘量的狀況，將地鐵車站的設計模式運用
於公車系統上。

　　絕大部份的北美系統由於人工成本過高而較傾向使用開放式
車站，簡易月台的設計如洛杉磯的橘線。如果使用市內電動公車
（Trolley-Buses），則公車捷運系統將更能被改善，因為較低的耗
油量及噪音排放。高架電纜可能在建置初期的成本較高但以長遠來
看，其所消耗的能源及所產生的溫室效應的氣體將大幅減少。尤其
在最近高漲的油價下，市內電車（Trolley）可能有不錯的發展。

　　反對公車捷運系統的原因可能是公車捷運在運量與服務水準
上並無法有效地取代輕軌或地鐵系統，這是一個合理的論點。如果公車捷運要達到最高效益，則獨立路權是必要的，如此必須加購更多的土地而增加較高的建造成本，然而如此將較最簡單的公車捷運系統所需的成本高出很多，而接近輕軌運輸系統的成本。一般的公車與其他的車輛使用相同的道路，如果公車捷運系統也使用相同的路權，則公車捷運也如一般的公車有相同的路況，受混合車流影響導致行駛速度不高的缺點。此外，號誌的優先系統是唯一與一般服務公車與公車捷運系統的不同，其中最有名的例子為之洛杉磯的（Metro Rapid BRT）系統，如此的做法有可能造成主幹道的交通嚴重的堵塞，但最主要的是公車系統能夠提供的容量和服務水準及其所提供的服務是否舒適或方便。

　　另外反對 BRT（公車捷運系統）的論點是此系統只是將旅次重新分配，而並非減少，而非原本使用 BRT 設計最主要的原因。換句話說，許多輕軌系統也利用優先號誌系統及鐵路平交道的柵門（使用較長的號誌時間）以加速列車的通過，所以在同一時間，公車捷運及輕軌均可運輸較多的人。從以上的比較來看，公車捷運及輕軌的設計非常相似。如果加上社會及環保的成本來看，最有效並最低成本解決交通擁塞的方法是不鼓勵汽車的使用，及使公車在十字路口優先通行，再加上將部份道路轉換為公車獨用之專有道路，這將幫助達到解決社會、交通及環保的問題。

　　有一點必須強調，公車捷運系統及輕軌並不是相互競爭而都有相同的一點，那就是共同解決都會區的交通問題，對於已開發的工業國家有更多選擇，更高的運輸系統的服務水準吸引更多的「有選擇」的乘客（Choice Rider），因這些國家的工資較貴，如果預估需求量為每小時每方向超過五千到一萬人次，則輕軌將是較好的選擇。但每個國家的國情不同，適合一個國家的運輸系統，另一個國家可能負擔不起，或抱怨其服務水平太差。

　　反之，在開發中的國家因其工資較低且其人民可容忍的服務水準（LOS）較低，公車捷運將是比較便宜解決交通問題的方法之一。在一些第三世界國家，公車捷運系統之運量幾乎可達到輕軌及捷運的容量。有些系統曾經有乘載過每小時每方向約 20,000 人以上的容量。見*表 2.18*。

表 2.20　波哥大之公車捷運系統（TransMilenio）與美國鐵道運輸計畫之比較[38]

系統\位置	型態（路權）	長度（英哩）	成本（2003 年）（百萬美金）	每英哩成本（2003 百萬美金／英哩）	（平均）平日搭乘量	（平均）每英哩平日搭乘量
聖巴勃羅快捷-加州歐克蘭	BRT（共用）	14	$ 3.2	$ 0.23	6,100	436
拉斯維加斯 MAX-內華達州拉斯維加斯	BRT（保留道）	7.5	$ 20.3	$ 2.7	6,300	840
第一期銀線-麻州波士頓	BRT（保留道）	2.3	$ 27.3	$ 11.9	14,000	6,087
捷運橘線-加州洛杉磯	BRT（獨立保留道）	14.0	$ 350	$ 25.0	21,000	1,500
TransMilenio（第一期）-哥倫比亞波哥大	BRT（獨立保留道）	25.6	$ 340.0	$ 13.3	792,000	30,907
TransMilenio（第二期）-哥倫比亞波哥大	BRT（獨立保留道）	25.6	$ 625.0	$ 24.8	468,000	18,281
南北走廊-猶他鹽湖城	LRT（平面）	15.0	$ 397.3	$ 26.5	20,000	1,333
Hiawatha 走廊-明尼蘇達，明尼阿波里斯市	LRT（平面+隧道）	11.6	$ 612.6	$ 52.8	25,000	2,155
紅線-加州洛杉磯	地鐵（地下）	16.5	$ 5,557.3	$ 337.6	96,000	5,832
捷運-華盛頓特區	地鐵	112.0	$ 16,300.0（預估）	$ 145.5	956,000	8,536

第八節　總結

　　公車是一個最具多功能性的運輸工具，它是一個可以快速實施的低運量大眾運輸工具，當需求增加時，傳統的公車系統不再能配合其需求時，能提供較高運量的公車捷運系統將可取代之。公車捷運系統主要是結合軌道運輸系統（專有及保留路權）的班次密集服務及準點特性，加上公車系統的彈性（低建造成本、低維修及快速的興建時效）。與一般的公車系統相比，公車捷運系統有保留及專有路權，因而增加其平均行駛速度將可成為一個更有效率的系統利用相同的車輛數及人員，此系統將吸引更多被困在一般道路上使用一般公車系統的乘客。公車是世界上最通用的大眾運輸系統，它廣泛用於全球 100 多個國家。同時，公車也是最好的捷運接駁系統，它擴大捷運系統的服務範圍。因此，在所有有捷運系統的國家，也都擁有公車系統。我們可以說，人們可以找到一個城市沒有捷運系統，但人們不能找到一個城市沒有公車。（*圖 2.30～2.39*）

圖 2.30　新加坡公寓車站附近的高架行人天橋

圖 2.31　新加坡重運量系統高架車站之公車轉車處

圖 2.32　新加坡重運量系統旁的公車站

圖 2.33　倫敦地鐵車站上的公車轉車處

圖 2.34　倫敦地鐵車站上的公車轉車處

圖 2.35　倫敦地鐵轉車處外的雙層巴士

圖 2.36　法國里爾地鐵站外車站

圖 2.37　法國里爾地鐵站外公車站

圖 2.38　佛羅里達州邁阿密地鐵站外的公車站

圖 2.39　德國法蘭克福火車站外的公車站

第三章　輕軌

第一節　簡介

　　1975 年在美國第一次全國輕軌研討會中定義輕軌為一種城市交通工具，主要使用保留路權（Reserved Right-of-Way），但不一定是高架式路權。這種保留路權只能提供輕軌使用，但此種路權並沒有障礙物阻止其它車輛或行人進入，此種運輸工具可由電力發動，可以單獨一節車輛或數個車輛（一列車）行駛，輕軌能在合理的價格內可提供不同運量的需求*（見圖 3.1～3.5）*。輕軌系統的運量可從每小時每方向兩千人次到兩萬人次，是一種中運量系統。

　　1988 年 TRB（Transportation Research Board）重新定義輕軌。定義為輕軌是大都會區電動軌道系統，可以單節或用較短的列車行駛在平面、高架、地底的獨立路權，或有時在一般道路上行駛。此外，輕軌系統的另一個這特性就是可以在除了車站外的路面上下車[38]。

圖 3.1　巴爾的摩的輕軌車輛及車站

圖 3.2　巴爾的摩的輕軌車輛及車站

圖 3.3　巴爾的摩的輕軌車輛及車站

圖 3.4　奧勒岡州波特蘭市之輕軌系統

圖 3.5　奧勒岡州波特蘭市之輕軌系統

第二節　輕軌的分類

輕軌運輸系統可分成三類：第一類、第二類及街車（Streetcars）（*圖 3.6～3.7*）。第一類及第二類主要的差別在於平均營運速度（Average Operating Speed）。第一類輕軌系統的平均速率高於或等於每小時 15 英哩，第二類輕軌系統其平均速率低於每小時 15 英哩。街車屬於第二類。第一類的系統有較快的速度，因為它們大部份提供主幹線的服務，其服務的主要路線較長，此類的路網較廣且較第二類的系統密集。第二類主是服務市區內其網路較短且其服務地點人口密集。*表3.1* 列有在 2006 年美國與加拿大的 25 個輕軌系統，22 個在美國，3 個在加拿大[39]。

圖 3.6　美國賓州費城之街車

圖 3.7　加州舊金山之街車

　　有少數的輕軌系統稱為輕軌捷運系統（Light rail rapid transit-LRRT）或輕捷運（Light Rapid Transit）。這些小型的捷運系統（Rapid Transit），是輕軌車輛在專有路權上行駛與捷運一樣，沒有經過任何的十字路口。目前只有很少的系統在營運，如費城的諾尼思鎮線（Norristown line）及瑞典鈞倫堡（Gothenburg）的第 8 線為代表。因為大部分輕軌系統為高架路權與祇有少數幾個平交道，因此其行駛速率較高，這種型態的系統如果有全自動化的設備則將有很大的影響[40]。台中市第一條捷運路線目前即選用高架的輕軌捷運。

第三節　輕軌的特性與性能

　　輕軌是由高容量及相對安靜的車輛所組成。這些車輛通常為聯接式（articulated）車廂具有 6 個或 8 個車軸（axle），可以由一個到數個車輛組成列車，一般一列車最多四節車。每節車約可搭乘 160 人到 220 人，約有百分之 20～30 的人有座位。如果提供較少的座位及可容忍較低的服務水準（較擁擠），輕軌車輛則可搭乘更多的人（*圖 3.8～3.11*）。

表 3.1　部分的輕軌系統 [39]

城市－系統	預留路權 R/W	平均車站間距 公里	平均車站間距 英哩	雙軌 %	服務路線	車軸數 4 車軸	車軸數 6 車軸	平均速度 每小時公里	平均速度 每小時英哩
巴爾的摩－中央走廊	100%	1.6	1.0	61%	2	0	53	35	22
波士頓，綠線及麥特潘	97%	0.5	0.3	100%	5	11	211	22	14
水牛城，MetroRail	100%	0.8	0.5	100%	1	27	0	20	12
克里芙蘭，藍、綠線	100%	0.8	0.5	100%	2	0	48	30	19
達拉斯，輕軌–a	100%	2.1	1.3	100%	2	0	95	34	21
丹佛，輕軌	100%	1.3	0.8	98%	2	0	31	23	14
休士頓，MTA	100%	0.8	0.5	100%	1	0	18	23	14
紐澤西，輕軌	100%	1.0	0.6	100%	3	0	45	28	17
洛杉磯，藍、綠、金線	100%	1.8	1.1	100%	3	0	121	34	21
明尼阿波里斯市,捷運	100%	1.3	0.8	100%	1	0	24	32	20
紐奧良，街車	91%	0.3	0.2	100%	2	41	0	15	9
費城，城市郊區	33%	0.3	0.2	91%	7	141	0	18/26	11/26
匹茲堡，南邱	63%	0.5	0.3	91%	4	0	55	26	16
波特蘭，MAX	100%	1.1	0.7	99%	2	0	78	30	19
波特蘭，街車	0%	0.3	0.2	100%	1	7	0	16	10
沙加緬度，輕軌捷運	92%	1.1	0.7	77%	2	0	56	34	21
聖路易士，MetroLink	100%	1.4	0.9	97%	1	0	65	43	27
鹽湖城，UTA 輕軌	100%	1.4	0.9	99%	2	0	33	40	25
聖地牙哥，電車	100%	1.4	0.9	99%	2	0	123	30	19
舊金山，Muni	59%	0.2	0.1	100%	6	39	136	18	11
聖荷西，VTA 輕軌	100%	1.1	0.7	96%	3	0	50	32	20
西雅圖／塔科馬	100%	0.6	0.4	～50%	1	3	0	20	12
美國總數					55	269	1242		
卡拉利，C-Train	100%	1.0	0.6	100%	2	0	99	29	18
艾德蒙頓，輕軌	100%	1.3	0.8	100%	1	0	37	30	19

表 3.1　部分的輕軌系統 [39]（續）

城市－系統	預留路權 R/W	平均車站間距 公里	平均車站間距 英哩	雙軌 %	服務路線	車軸數 4車軸	車軸數 6車軸	平均速度 每小時公里	平均速度 每小時英哩
多倫多,街車	11%	0.2	0.1	100%	10	196	52	15	9
加拿大總數					13	196	188		
美國、加拿大總數					68	465	1430		
a-在 2003 年一輛輕軌車輛改為 8 軸雙聯接車體並配有低底盤中間車輛									

　　現在的輕軌車輛有較快的加速及減速的功能（1.0～2.0 公尺／秒，緊急煞車 3.0 公尺／秒），輕軌車輛（Light Rail Vehicle-LRV）行駛具彈性，可以通過半徑較小的彎及陡坡，其最大速率為每小時 55 英哩（90 公里），但速率高低依其所需行駛路權狀況各系統不一，影響營運速率的有站距、車輛設計速率及其路權狀況，一般平均的營運速率在每小時9～18 英哩之間。*表3.2* 及 *表3.3* 為輕軌系統之特色[39]。

班距（Headway）表現

　　輕軌的平均班距為 15 分鐘（尖峰時間）及 30 分鐘（離峰時間及假日）。有些較繁忙的系統其班距可以小到為 5 分鐘（尖峰時間）。在一些更為先進的輕軌系統配有部分或全部自動化的號誌，其為班距可以縮減為 1～3 分鐘。

　　許多運輸的主管機關都在擔心輕軌所能提供的服務水準（LOS）。其中班距是服務水準的重要指標之一。對乘客來說，班距為等待列車的時間（方便性）。號誌對輕軌系統來說是決定班距最主要的因素，號誌的設計通常低於系統所要求的及低於其路權所允許的。北加州舊金山的（Muni Metro）其號誌系統已相當的先進，但已達到其號誌系統的極限，現已逐漸被更新的技術取代。反之，新澤西（New Jersey）的紐阿克市（Newark）的地鐵可以使 PCC（Presidents' Conference Committee）的列車在 15 秒的最小班距中營運，因為軌道旁的自動閉塞號誌（Wayside Automatic Block Signals）[41]，這是一個特殊的情況，PCC 有軌電車行駛在獨占路權的地下隧道。

　　當系統容量快達到極值或須快速轉向（turnaround）以維持行車班表時，轉向會限制最小班距的達成。費城及洛杉磯的輕軌系統就遇到這種問題。共用單一軌道也是影響的因素之一，費城（Media and Sharon Hill）線及巴爾的摩（Baltimore）就有此問題。波特蘭，沙加緬度（Sacramento）及聖地牙哥已減少共用軌道的路段，變為雙軌道。*表 3.4* 為 18 個城市提供影響班距因素的總結。其它的限制因素，如費城所回報的電子收費系統[41]。

圖 3.8　科羅拉多州丹佛市之輕軌系統座位的排置

圖 3.9　俄勒岡州特波蘭市之輕軌系統座位的排置

圖 3.10　麻州波士頓之輕軌系統座位的排置

圖 3.11　德國法蘭克福之低地板輕軌車輛內座位的排置

表 3.2　輕軌系統之績效指標 [39]

城市-系統		路線長度		車輛數	每車		上班日		服務表現,每旅客	
		公里	英哩	車	公里	英哩	乘客,(000s)	線(公里)	線(英哩)	車
巴爾的摩－中央走廊	d	47	29	53	1.1	1.8	24.7	525	852	466
波士頓,綠線及麥特潘	b	41.5	25.6	222	5.3	8.7	237.4	5719	9273	1069
水牛城,MetroRail	a	10.4	6.4	27	2.6	4.2	22.6	2178	3531	837
克里芙蘭,藍、綠線	b	25	15.4	48	1.9	3.1	15.1	605	981	315
達拉斯,輕軌	d	73	45	95	1.3	2.1	59.1	810	1313	622
丹佛,輕軌	d	25.3	15.6	49	1.9	3.1	40	1581	2564	816
休士頓,MTA	d	12.2	7.5	18	1.5	2.4	32.8	2697	4373	1822
紐澤西,輕軌	e	24	14.8	73	3	4.9	41.9	1746	2831	574
洛杉磯,藍綠金線	d	90.3	55.7	121	1.3	2.2	113.3	1255	2034	936
明尼阿波里斯市,捷運	d	19.5	12	24	1.2	2	30	1542	2500	1250
紐奧良,街車	b	14.1	8.7	66	4.7	7.6	14.1	1000	1621	214
費城,城市郊區	b	68	42.5	159	2.3	3.7	100	1451	2353	629
匹茲堡,南邱	b	38.6	23.8	83	2.2	3.5	26	674	1092	313
波特蘭,MAX	a	71.3	44	105	1.5	2.4	97	1360	2205	924
波特蘭,街車	d	4.9	3	7	1.4	2.3	7.8	1604	2600	1114
沙加緬度,輕軌捷運	a	60.2	37.1	76	1.3	2	60	997	1617	789
聖路易士,MetroLink	d	60.8	37.5	83	1.4	2.2	46	757	1227	554
鹽湖城,UTA 輕軌	d	30.8	19	40	1.3	2.1	52	1688	2737	1300
聖地牙哥,電車	a	85.1	52.5	134	1.6	2.6	100	1175	1905	746
舊金山,Muni	c	49.8	30.7	165	3.5	5.7	164	3299	5349	938
聖荷西,VTA 輕軌	a	68.4	42.2	100	1.5	2.4	23	336	545	230
西雅圖／塔科馬	d	2.6	1.6	3	1.2	1.9	3	1156	1875	1000

表 3.2　輕軌系統之績效指標 [39]（續）

城市-系統		路線長度		車輛數	每車		上班日		服務表現，每旅客	
		公里	英哩	車	公里	英哩	乘客，（000s）	線（公里）	線（英哩）	車
美國總數		923.5	569.6	1761	1.9	3.1	1310	1418	2300	744
卡拉利，C-Train	a	44.6	27.5	115	2.6	4.2	220	4934	8000	1913
艾德蒙頓，輕軌	a	13.1	8.1	37	2.8	4.6	42	3198	5185	1135
多倫多，街車	b	79.3	48.9	248	3.1	5.1	307.1	3873	6280	1238
加拿大總數		137	84.5	400	2.9	4.7	569.1	4154	6735	1423

a-1977 年新建，b-從 1977 年後更新重建,c-從 1977 年後街車升級為標準輕軌系統
d-從 1990 年後新建系統，e-澤西城-d，紐華克-b

表 3.3　北美各輕軌系統之路權比較 [39]

城市／系統	各路權公里數				各路權英哩數				%
	A	B	C	總和	A	B	C	總和	A or B
巴爾的摩－中央走廊	0.5	46.2	- -	46.7	0.3	28.7	- -	29	100%
波士頓，綠線及麥特潘	28.6	11.4	1.1	41.1	17.8	7.1	0.7	25.6	97%
水牛城，MetroRail	8.4	1.9	- -	10.3	5.2	1.2	- -	6.4	100%
克里芙蘭，藍、綠線	11.3	13.5	- -	24.8	7	8.4	- -	15.4	100%
達拉斯，輕軌－a	8.5	63.9	- -	72.4	5.3	39.7	- -	45	100%
丹佛，輕軌	14	11.1	- -	25.1	8.7	6.8	- -	15.5	100%
休士頓，MTA	- -	12.1	- -	12.1	- -	7.5	- -	7.5	100%
紐澤西，輕軌	6.9	16.9	- -	23.8	4.3	10.5	- -	14.8	100%
洛杉磯，藍綠金線	36.7	52.9	- -	89.6	22.8	32.9	- -	55.7	100%
明尼阿波里斯市,捷運	5.6	13.6	- -	19.2	3.5	8.5	- -	12	100%
紐奧良，街車	- -	12.7	1.3	14	- -	7.9	0.8	8.7	91%
費城，城市郊區	4	18.5	45.8	68.3	2.5	11.5	28.5	42.5	33%
匹茲堡，南邱	3.4	20.9	14	38.3	2.1	13	8.7	23.8	63%
波特蘭，MAX	24.5	46.2	0.1	70.8	15.2	28.7	0.1	44	100%
波特蘭，街車	- -	- -	4.8	4.8	- -	- -	3	3	0%
沙加緬度，輕軌捷運	9.5	45.3	4.8	59.6	5.9	28.2	3	37.1	92%
聖路易士，MetroLink	15.6	44.8	- -	60.4	9.7	27.8	- -	37.5	100%

表 3.3　北美各輕軌系統之路權比較 [39]　（續）

城市／系統	各路權公里數				各路權英哩數				%
	A	B	C	總和	A	B	C	總和	A or B
鹽湖城，UTA 輕軌	- -	30.5	- -	30.5	- -	19	- -	19	100%
聖地牙哥，電車	17.2	67.2	- -	84.4	10.7	41.8	- -	52.5	100%
舊金山，Muni	10.8	18.1	20.4	49.3	6.7	11.3	12.7	30.7	59%
聖荷西，VTA 輕軌	15.8	52.1	- -	67.9	9.8	32.4	- -	42.2	100%
西雅圖／塔科馬	- -	2.6	- -	2.6	- -	1.6	- -	1.6	100%
美國總數	221.3	602.4	92.3	916	137.5	374.6	57.5	569.6	90%
卡拉利，C-Train	3.2	41.1		44.3	2	25.5		27.5	100%
艾德蒙頓，輕軌	5.2	7.9		13.1	3.2	4.9		8.1	100%
多倫多,街車	1.3	7.2	70.2	78.7	0.8	4.5	43.6	48.9	11%
加拿大總數	9.7	56.2	70.2	136.1	6	34.9	43.6	84.5	48%

路權（R/W）種類：　A：　專有路權。B：　僅於十字路口混合使用，其餘為保留路權。C：　混合路權。

表 3.4　18 個輕軌系統之班距限制因素

限制	系統數目	%
號誌	11	61
迴轉	2	11
單軌	5	28
車站停靠時間	5	28
其他	2	11

其它輕軌的特性

　　一般輕軌的動力來源為高架電線，並有自由進出的簡易車站及單人駕駛的輕軌列車。輕軌大部份在專有或保留的路權上行駛，有時高架。保留路權（Reserved ROW）一般約佔全路線的 85%～100%，有些系統其專有路權只佔全長 40%或者 90%。一般的施工作法是，先將最重要的路段通常在市區內或擁擠的主要幹道上加以分隔，所以絕大部分的施工將在阻力最小的情況完成。因此，大部份的輕軌系統利用隧道來通過這些擁擠的路段。洛杉磯輕軌藍線就是一個很好的例子（市中心區地下化）。

　　輕軌的路網在市中心有不錯的服務範圍，支線可以延展出到更多的小支線形成放射狀的路網，站距約為 0.1 到 0.6 英哩，主要吸引中短途的旅客。大部份的輕軌是都市大眾運輸系統中的一環，因此如何方便的把輕軌的旅客轉換到其它運輸系統是很重要的。在整體設計規畫中，可將乘客由輕軌系統轉運到另一運輸工具，這些運輸工具可以為地鐵（重運量、捷運），通勤鐵路及最普遍的公車系統。

輕軌的搭乘量（Ridership）

　　在北美，輕軌所服務的人數約佔所有軌道系統的百分之九。這比通勤鐵路的 6.5%及自動導軌運輸（AGT）的 3.4%還多。地鐵（重運量）約佔 80.8%的使用率。輕軌的運量（搭乘率）預估將會持續增加，因更多的新系統如丹佛（Denver）及聖路易斯（St. Louis）系統的加入營運。而現有輕軌支線的延伸使輕軌的搭乘率上昇，現在愈來愈多的城市正在改善其輕軌的舒適度以增加輕軌的搭乘率。在市區主要的複合式車站提供乘客更方便的轉運服務也將吸引更多的乘客，之前的*表 3.2* 也提供了北美 25 個輕軌系統上班日的搭乘率。*表 3.5* 為北美輕軌營運中車輛的部份資訊[39]。

表 3.5　北美營運中的輕軌系統[39]

城市/系統	車種	製造商	車輛 數目	加速度 每秒/每秒/公尺	加速度 每秒/小時/英哩	最大時速 每小時/公里	最大時速 每小時/英哩	長度 公尺	長度 英尺	重量 英噸	重量 公噸	每列車輛數	容量	自動列車系統
巴爾的摩－中央走廊	LRV-6-ADac	ABB/Adtranz	53	1.3	3	88	55	29	95	50	55	3	84/174	No
波士頓，綠線及麥特潘	LRV-6-ADac	Boeing, Kinki, Breda²	222	1.3	3	80	50	22	72	38	42	3	50/130	No
水牛城，MetroRail	LRV-4-RDac	Tokyu	27	1.3	3	80	50	20	67	17	19	3	51/121	Yes
克里夫蘭，藍、綠線	LRV-6-ADac	Breda	48	1.3	3	88	55	24	80	40	45	2	80/144	Part
達拉斯，輕軌－a	LRV-6-ADac	Kinki Sharyo	95	1.3	3	105	65	28	93	50	55	3	76/160	?
丹佛，輕軌	LRV-6-ADac	西門子	49	1.3	3	88	55	24	80	37	41	3	64/144	No
休士頓，MTA	LRV-6-ADac	Siemens	18	1.3	3	106	66	29	96	44	48	18	72/120	?
紐澤西，輕軌	LRV-6-ADac	Kinki Sharyo	73	1.3	3	80	50	27	90	45	49	2	68/160	?
洛杉磯，藍綠金線	LRV-6-ADac	西門子、Nippon Sharyo	121	1.3	3	88	55	27	89	43	47	3	76/160	Yes
明尼阿波里斯市,捷運	LRV-6-ADac	龐巴迪	24	1.3	3	88	55	29	94	48	52	3	66/186	No
紐奧良，街車	VTL-4-RD	Perley Thos, NORTA	66	0.8	1.7	43	27	14	48	19	21	1	52/68	No
費城，城市郊區	LRV-4-RS/Dac	Kawasaki⁴	159	1.3	3	80	50	15/16	50/53	27	30	1	50/95	No
匹茲堡，南邸	LRV-6-ADac	西門子 & CAF	83	1.3	3	80	50	26	84	36	40	2	62/150	Yes
波特蘭，MAX	LRV-6-ADac	西門子 & 龐巴迪	105	1.3	3	88	55	27/28	89/92	42/50	46/55	2	64-76/170	Yes
波特蘭，街車	LRV-4-ADac	Inekon-Skoda	7	1.5	3.4	70	43	20	66	29	32	1	30/90	No

表 3.5　北美營運中的輕軌系統[39]（續）

城市／系統	車種	製造商	車輛 數目	一班車輛的特性										
				加速度		最大時速		長度		重量		每列車輛數	容量	自動列車系統
				每秒／每公尺時／秒／公尺	每秒／每小時時／英哩	每小時公里	每小時英哩	公尺	英尺	英噸	公噸			
沙加緬度，輕動捷運	LRV-6-ADac	西門子-CAF³	76	1.1	2.5	80	50	24	80	36	40	4	60/144	No
聖路易士，MetroLink	LRV-6-ADac	西門子	83	1.3	3	88	55	26	86	41	45	2	72/155	Yes-Cab
鹽湖城，UTA輕軌	LRV-6-ADac	西門子³	40	1.3	3	88	55	24	80	37	41	4	64/144	No
聖地牙哥，電車	LRV-6-ADac	西門子	134	1.3	3	88	55	24	80	37	41	4	64/144	No
舊金山，Muni	LRV-6-ADac	Breda	175	1.3	3	84	52	23	75	30	33	3	60/130	Part-Cab
聖荷西，VTA輕軌	LRV-6-ADac	Kinki Sharyo³	100	1.3	3	88	55	27/28	89/92	45	49	2	75/160	No
西雅圖／塔科馬	LRV-4-ADac	Inekon-Skoda	3	1.5	3.4	70	43	20	66	29	32	1	30/90	?
美國總數			1761											
卡拉利，C-Train	LRV-6-AD	西門子	115	1	2.2	80	50	24	80	32	35	3	64/162	Yes
艾德蒙頓，輕軌	LRV-6-AD	西門子	37	1	2.2	80	50	24	80	40	45	5	64/162	Yes
多倫多，街車	LRV-4/6-R/AS	UTDC	248	1.3	3	85	53	16/23	53/75	23/37	26/40	1	46/95	No
加拿大總數			400											
美國及加拿大總數			2161											

第四節　建造成本（Capital Cost）

　　輕軌在平面的建造費用約為每英哩 1000 萬～2000 萬美金或 500 萬到 1000 萬美金每車道里程（lane mile）。因此，如果在現有或可運用的專有路權（Exclusive ROW）上建造，輕軌所能達到的容量及建造成本將是非常吸引人的運輸系統。如果輕軌系統需要高架或地下化，則其建造成本將提高很多，尤其是地下化。如匹茲堡的輕軌系統，全線僅有 9.3%的隧道，但其每英哩的平均造價增高達每英哩 2,760 萬美金。而愛德蒙呑（Edmonton）的輕軌系統也因有地下施工，其成本增加至每英哩 3 仟萬美金，因為隧道所經過的土質較佳，所以其造價雖高但尚屬合理。*表 3.6* 為部分美國[42]和加拿大輕軌系統的造價。

　　表 3.7 為細分後的各項的造價[43]。這些價格成本的分類為：軌道成本、維修（護）廠、車輛、特別情況（清除、環境衛生等）、路權及軟性的成本（如計畫管理、工程設計、測試、訓練等）。軌道約佔總成本的 24%而工程及設計有時則佔約 30%。車輛約佔 12%、車站約佔 6%及其它附屬設備為 17%。不只高架提成本，車站的整合尤其在擁擠的地區其成本因徵收土地（路權）、管線的調整等等都增加其成本，洛杉磯的軟性的成本就佔了總成本的 51%。

　　另一個計算成本的方法是將成本除以每年乘客數，這樣將可得到建造成本與依不同的城市的搭乘人數的平均值[44]。*表 3.8* 為建造成本之比較，其建造成本的範圍約為每人 2～8 元美金。就是說，一個輕軌系統的乘客越多（更成功），其每名乘客的平均總資本成本就越低。

表 3.6　輕軌系統建造成本之比較（以 2000 年幣値計算——美金）

城市	總成本（單位：美金百萬元）	系統啓用年度	總成本(以2000年幣值計算-美金百萬元)	系統總長（英哩）	每英哩之成本（以2000年幣值計算-美金百萬元）	上班日搭乘量（2000年）	每上班日每搭乘旅客之成本
加州沙加緬度	$199.00	1987,1998	$262.10	20.6	$12.70	28,800	$9,100
馬里蘭巴爾的摩	$470.30M	1992,1997	$536.50	29.4	$18.20	25,600	$21,000
密蘇里聖路易士	$348.00M	1993	$395.30	19	$20.80	31,700	$12,500
猶他鹽湖城	$312.50	1999	$320.20	15	$21.40	21,300	$15,000
科羅拉多丹佛	$292.30	1994,2000	$305.40	14	$21.80	29,400	$10,400
加拿大卡拉利	$543（CDN）	1981,1987,1990	$446.20	18.2	$24.50	187,700	$2,400
加州聖地牙哥	$776.40	1981,1986	$1,295.20	46.8	$27.70	82,600	$15,700
加州聖荷西	$725.00	1981,1999	$882.60	28.6	$30.90	31,800	$27,800
賓州匹茲堡	$540.00	1985	$780.00	25.2	$31.00	24,100	$32,400
加拿大艾德蒙頓	$310（CDN）	1978 to 1992	$319.00	7.6	$41.70	36,000	$8,900
奧勒崗波特蘭	$1,245.50	1986,1998	$1,400.40	32.7	$42.80	71,100	$19,700
德州達拉斯	$840.00	1996,1997	$909.60	20	$45.50	38,100	$23,900
加州洛杉磯	$1,675.00	1990,1995	$1,934.80	42	$46.10	81,900	$23,600
紐澤西紐澤西	$992.10	2000	$992.10	10	$99.20	22,400	$44,300
紐約水牛城	$510.60	1984	$760.50	6.4	$118.80	23,800	$32,000

Sources： Compiled from GAO-01-984 [5] and various transit agencies.

表 3.7　輕軌建造成本之分類比較

城市	土地	軌道	車站	車輛	機場，維修廠	電機設備	工程設計／管理	應急及其他費用
波特蘭	8%	37%	6%	11%	6%	8%	23%	2%
沙加緬度	10%	30%	10%	15%	3%	12%	20%	1%
聖荷西	15%	17%	1%	15%	5%	8%	37%	2%
匹茲堡	4%	20%	6%	10%	6%	10%	42%	2%
洛杉磯	7%	16%	7%	9%	5%	12%	26%	18%
平均	9%	24%	6%	12%	5%	10%	30%	5%

表 3.8 建造成本比較 [44]

系統	每年旅客所分擔之建造成本（美金）
卡拉利	$2.17
聖地牙哥	$2.05
匹茲堡	$6.10
水牛城	$7.92
波特蘭	$3.92
沙加緬度	$3.20
艾德蒙頓	$7.40
洛杉磯	$11.05

表 3.9 1992 年 12 個城市輕軌系統之營運成本數據

城市	固定軌道單軌里程數	總車輛數	車輛營運英哩數	每年旅客／英哩數	總營運花費	營運花費／車輛營運英哩數	營運花費／旅客英哩數
巴爾的摩	26.00	18	1,223,712	24,561,984	$ 12,462,864	$10.18	$0.51
波士頓	52.00	229	1,449,066	37,385,137	$ 26,109,199	$18.02	$0.70
克里芙蘭	26.70	47	1,014,757	1,667,738	$ 7,660,514	$7.55	$4.59
洛杉磯	43.20	54	2,864,348	106,352,851	$ 43,732,109	$15.27	$0.41
費城	126.70	230	2,877,585	88,803,693	$ 38,599,134	$13.41	$0.43
匹茲堡	45.20	71	2,042,492	40,164,408	$ 27,444,761	$13.44	$0.68
舊金山	49.70	128	3,874,627	106,629,838	$ 63,043,321	$16.27	$0.59
聖荷西	39.00	53	1,724,040	42,620,372	$ 19,602,424	11.37	$0.46
水牛城	12.40	27	904,537	19,467,545	$ 12,846,147	$14.20	$0.66
紐澳良	16.90	44	693,857	15,128,149	$ 5,527,149	$7.97	$0.37
沙加緬度	36.20	35	1,670,570	31,507,873	$ 15,550,646	$9.31	$0.49
聖地牙哥	41.50	71	4,432,911	111,735,458	$ 19,911,414	$4.49	$0.18
平均						$11.79	$0.84

第五節 營運成本

1992 年北美 12 個輕軌系統的營運成本見**表 3.9**，營運成本每營運車輛英哩（Revenue Vehicle Mile）為 6.5～16.5 美元之間，其

平均的營運成本為 11.26 美元。平均每乘客英哩（Per Mile）為 0.53
美元而營運成本每旅次為$2.64 美元。從**表 3.9** 可看出有些系統的
營運成本非常低也有的相當高，如巴爾的摩（Baltimore）的輕軌系
統其營運成本在營運車輛英哩（Revenue Mile）為美金$20.48 元，
每乘客英哩（Passenger Mile）為美金$1.59 元及每旅次為$13.52 美
元均非常的高。正如上述所說，巴爾的摩的輕軌就是由於造價高且
使用旅客少才造成單價偏高的結果。

第六節　低底盤的輕軌車輛

　　美國的輕軌系統在 1980 年代以前因成本的考慮，才有（相當
多）傳統式有階梯的高底盤輕軌車輛及低月台的車站被設計使用
[1]，必須使用電梯及殘障坡道（Ramp）才有辦法達成無障礙空間。
1990 年代美國的無障礙法案（Americans with Disabilities Act-ADA）
規定所有新的運輸系統必須有無障礙設計。因此，無障礙的上下車
也慢慢地被重視，但是將月台提高以配合高底盤車輛的作法將會對
市容及安全造成相當的影響，因而使用低底盤的輕軌車輛近年來在
美國大為流行。自 2000 年新澤西市第一個採用低底盤的輕軌車輛
系統後，多數最新的輕軌系統也都採用低底盤的輕軌車輛，如明尼
阿波里士（2004）、休士頓（2004）、西雅圖（2007）、夏洛特（2007）
及鳳凰城（2008）。
　　大多數的低底盤輕軌車輪採用各輪獨立運轉的方法。傳統的高
底盤車輪，轉動時必須靠著實心的車軸轉動，而新的低底盤車輪各
輪獨立運轉，車輪轉動時其車軸並不轉動只是做為車輪的支撐。低
底盤的高度無法使用傳統的車輪及車軸，其做法是將左右輪分別固
定在一實心的車軸上。位於低底盤車輛中間的車輪是不具動力的，
其最主要是在於支撐中間三節連接式（Articulated）的車身，*（見圖*

3.12 ）。前後節的車輛均有動力，新澤西的哈德遜-柏根（Hudson-Bergen）的輕軌系統是全美第一套使用低底盤輕軌車輛的系統，見（*圖 3.13～3.15*）。許多新的輕軌規畫都是利用此技術加以改進設計。美國大部份的舊系統也開始採用此種新的低底盤技術來改善舊的車輛，奧勒岡市的波特蘭市就是很好的例子。

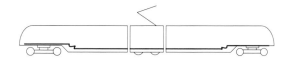

圖 3.12　一般三節式低底盤輕軌車輛

圖 3.13　紐澤西哈德遜──柏根之輕軌車輛

圖 3.14　紐澤西哈德遜──柏根之輕軌車輛（近觀）

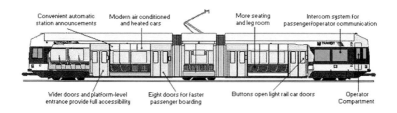

圖 3.15　紐澤西哈德遜──柏根之低底盤輕軌車輛側視圖[160]

　　首先使用低底盤的車輛最早在歐洲發展，因為要解決高底盤車輛的設計。法國的里爾（Lille）是營運低底盤輕軌車輛的系統城市之一（*見圖 3.16～圖 3.18*），雖然低底盤輕軌車輛有許多的種類，但其寬度與一般城市公車類似，速度可達到每小時 37 到 43 英哩。再者，低底盤的輕軌車輛其搭乘品質相當不錯，適合短旅程使用。

圖 3.16　低底盤輕軌車輛，法國里爾

　　在歐洲，低底盤的輕軌車輛尚無標準化設計。事實上許多相關的設計仍在進行中。雖然低底盤車輛提供了無障礙空間使得乘客上下車，節省了昂貴的輪椅升高機，但其車價仍然偏高。但經過十多年的大量使用，目前低底盤輕軌車輛之造價已降低不少，但低底盤輕軌車輛尚有幾個弱點需要克服，如較嚴重的車輪損耗、懸吊系統壽命不長、軌道磨損較為嚴重及更精密的施工要求[45]。

圖 3.17　輕軌車輛經過十字路口，法國里歐

圖 3.18　輕軌車輛經過十字路口，法國里歐

　　法國的 Grenoble 及瑞士的 Geneva 是最早建造使用低底盤的輕軌車輛，爾後輕軌車輛被分成 3 類：

1.低底盤面積佔總面積的 15%

2.低底盤面積佔總面積的 60%～70%

3.100%低底盤面積

目前歐洲共有 12 種的低底盤車輛的設計,其離地約 13.78 英吋(350 釐米)。在多數的設計中,有許多的車內設備必須搬移到車頂上方,因此維修廠必須要有高架平台以供使用。

在 2006 年中期,低底盤的車輛已被引進到 8 個美國的輕軌運輸系統,*表 3.10* 為世界各地引進低底盤車輛的比較,*表 3.11* 為低底盤車輛引入美國的總表[9],*表 3.12* 的資料顯示美國較其它國家更謹慎的引進此種技術,部份的原因是車輛價格及許多舊的系統是以高底盤及高車月臺的設計如洛杉磯及聖路易市,引進低底盤車輛將較困難。但是全新的系統將不會有這些問題,由*圖 3.19* 的資料顯示,低底盤車輛有漸漸取代傳統的高底盤車輛的趨勢。另外,已有許多地區引進百分之一百的低底盤輕軌車輛,但目前尚未在北美開始使用。

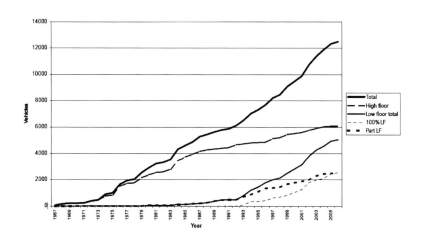

圖 3.19　自 1967 年起世界所訂購之輕軌車輛[9].

表 3.10 世界使用低底盤輕軌車輛的例子

區域	使用低底盤輕軌車輛系統	系統已使用低底盤輕軌車輛	使用低底盤輕軌車輛之比例（%）	備註
美國及加拿大	26	8	31%	少數為舊系統，大部分為新輕軌系統
英國及愛爾蘭	7	5	71%	絕大部分為新輕軌系統
法國	12	12	100%	少數為舊系統，大部分為新輕軌系統
德國	59	42	71%	大部分為舊系統，少數為新輕軌系統
比利時，荷蘭，盧森堡	9	8	89%	絕大部分為舊系統
澳大利亞	3	3	100%	絕大部分為舊系統

表 3.11 美國低底盤輕軌車輛之使用

城市／系統	低底盤輕軌車輛製造商	數量	使用年度
波特蘭／MAX	西門子／Duewag SD-600A and SD660A	79	1996-2004
波士頓／MBTA	Breda Type 8	100（已訂購）	1999-2003
紐澤西-哈德遜-柏根／紐阿克	Kinki-Sharyo	45	2000-2004
聖荷西，聖克拉拉 VTA	Kinki-Sharyo	100	2001-2004
明尼阿波里斯市	龐巴迪 Flexity Swift	24	2003-2004
休士頓／METRO	西門子 Avanto S70	18	2003-2004
聖地牙哥／SDT	西門子 Avanto S70	11（已訂購）	2004

第七節　複合運輸（Intermodal Transit）與輕軌運輸

　　輕軌與公車有效的整合成為一複合運輸系統將增加輕軌與公車的使用率，其所吸引的乘客總數一定較單獨使用公車的人數高出很多[47]。輕軌可算是最具彈性的軌道運輸系統，但其行車路線可能無法完全配合市容景觀必須兩相取捨相互配合此為輕軌系統的限制之一。因此妥善規畫輕軌車站的進出是一重要的設計。

為增加輕軌的使用，汽車停車場與汽車轉乘設施的規畫也應納入車站的設計。這可藉由與其它運具在輕軌車站的配合達此目標。轉乘可提供直接及抵達最多目的地的效果。當輕軌主幹道與公車系統相配合，公車系統可提供成為當地的接駁系統，將轉運旅客送至各處。而車程時刻的安排搭配、將可提升轉運站（複合運輸系統）更有效服務。

以美國聖路易士為例，密蘇里州與伊利諾州的雙州發展處（Bi-State Development Agency）對於運輸系統之轉乘設施的效率特別關心，聖路易士輕軌系統橫跨兩州，從伊利諾往西經過路易市，連接聖路易士市中心及聖路易士國際機場。車輛內有空調系統調整溫度，車速可達到每小時 55 英哩。此系統之建造成本不高足以與汽車相競爭，輕軌在上班日（Weekday）從早上 5：30 到隔天的凌晨 0 點 30 分營運，尖峰時段每 7.5 分鐘一班，假日及週末從早上 9 點到下午 6 點營運，離峰時段 15～30 分鐘一班。

在營運的第一年，聖路易士輕軌系統原先估計在上班日約有16,800 人次搭乘，並預估在 2000 年時達到 37,000 人。僅僅使用輕軌系統單一運具是無法達到這些目標的，但輕軌與公車的整合使這目標得以達成。如果沒有輕軌與公車的整合其搭乘量到 2000 年每上班日約只有原預測值的百分之 44 即 16,300 人次[47]。此系統在2008 年的每日實際搭乘量約在 67,000 人次，是一個輕軌與公車整合非常成功的例子[48]。

雙州發展處利用 Semi-Grid Timed Transfer System 更新與調整其公車的服務路線，後為輕軌系統增加百分之 60 利用接駁公車轉乘的旅客。利用輕軌與公車相接駁的乘客相較於只有搭公車前省下了 17 多分鐘，九條新的公車線正在營運中及 25 個現有車站也已完成整合，這減少了 13 條重複行駛的公車路線。這整合的輕軌公車系統連接 39 個外圍的公車路線到 MetroLink 的車站及 43 個在聖路易斯士市中心的車站。根據雙州發展處的估算，此舉將減少每年 20 萬公車英哩及 70 萬美元的營運費用，且同時每年增加 50 萬英哩的營收哩程。未來 MetroLink 將擴建 57 公里的服務網路，另外，密蘇里州也考慮建造一條新的輕軌系統及改善現有的公車服務路網到其它的都會區，如堪薩斯市，見*表 3.12*。

表 3.12　雙州發展處 MetroLink 簡表（2008 年第二季度數據）

乘客	37.7 百萬
服務里程	20.8 百萬
每旅客英哩	1.1812
員工	2,026
車輛	
公車	644
愛心專車	61
輕軌車輛	31
收益（美金）	$22.2 百萬
每英哩成本	$4.39
票箱收入	24.3%
總營運花費	91.3 百萬
總建造支出	28.7 百萬

第八節　北美輕軌成功的案例

St. Louis（聖路易士）

最初 MetroLink 的路線於 1993 年 7 月開通，路線從密蘇里州的聖路易士國際機場到第五街及伊利諾州的東聖路易士市。這是美國第一個連接機場到市中心的新輕軌系統，也是一個非常成功的案例（*圖 3.20～3.22*）。

圖 3.20　聖路易士之高架車站由兩節車廂組成的輕軌系統

圖 3.21　聖路易士市中心站之地下輕軌系統

圖 3.22　聖路易士之自動售票機和驗證機

　　MetroLink 的輕軌系統由密蘇里州及伊利諾州的雙州發展處規畫管理。其東支線於 2001 年開始營運，也使北輕軌系統延長至 34英哩，而輕軌也提供到達密蘇里的貝爾維爾（Belleville）及伊利諾州中部的郊區。現在第三支線長 8 英哩橫跨郡的延長支線，包括1.3 英哩的隧道，其中最值得一提的是此延長線有效的再利用已廢棄的鐵路路線，包括橫跨密西西比河且具有歷史背景的愛迪斯橋（Eads Bridge）及聖路易士市區地底下的隧道，而這隧道的位置恰好提供最直接對市中心的服務。沒有軌道在街上，幾近輕軌捷運全封閉式與每一英哩一個車站的設計，聖路易市的輕軌真的可以視為輕捷運（Light Rapid Transit），是一條具有相當服務水準的路線，它的營運速度及平均旅行速度可以與地鐵（捷運）相比，其速度是全美最快。快速連接機場及優良的公車接駁系統是三個造就這全美最成功的輕軌系統的重要因素。

　　MetroLink 的平日運量已達每年 51,000～55,000 之間，每年的總運量約為 1 千 6 百萬人次，每年約 1 億 3 千 3 百萬旅客－英哩

（Passenger-Miles），已較 2003 年的 1 千五百萬總運量及每年 1 億 2 千 4 百萬旅客-英哩多出很多[49]，其系統如（*圖 3.23*）。聖路易士的輕軌系統平均日運量比邁阿密的捷運（地鐵）還多，聖路易士的輕軌年運率如（*圖 3.24*）。其運量如圖上方陰影部份，聖路易士成功的原因之一是能夠吸引可選擇的乘客（Choice Rider），如（*圖 3.25*）。

圖 3.23　聖路易士（MetroLink）的輕軌系統圖[49]

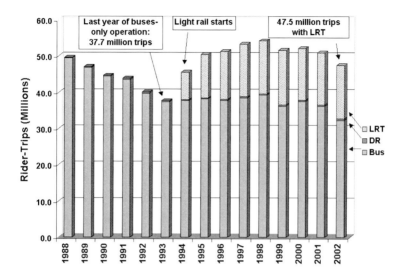

圖 3.24　1998 到 2002 聖路易士公共運輸之使用統計[49]

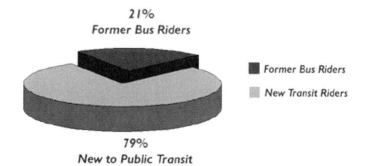

圖 3.25　聖路易士新增之公共運輸使用率[49]

Portland（波特蘭市）

奧勒岡州的波特蘭也是利用大眾捷運輸成功的另一個案例。
2005 年 9 月，其輕軌系統 Metropolitan Area Express（MAX）經過
19 年的服務，其運量已達每一平均日為 9 萬 7 千人次，每年約為 3
千 2 百萬人次的運量。Tri-County Metropolitan Transportation District
of Oregon（TriMet）是波特蘭輕軌的主管機關，其整個系統有 44
英哩（71 公里），65 個輕軌車站（*見圖 3.26～3.32*）運量在 2005
年已超過原本 2008 年預定的目標[50]。

Tri-Met 於 1986 年啟用第一條 15.1 英哩的輕軌系統。此系統
才使用就非常忙碌，早上及下午的尖峰時刻都擠滿了乘客。其西部
幹線在申請聯邦經費的同時也鑽鑿其中一段隧道（約 3.5 英哩），
總共花了整整 12 年的時間終於開通，此西部幹道將通往 Hillsboro
約（17.5 英哩，1998）。在此之後，工程進度的腳步加快許多，機
場線（Airport Line，5.6 英哩）的聯接（地方與私人的投資）於 2001
年接通。聯邦政府出資的州際輕軌系統（5.6 英哩）也於 2004 年通
車使用。在 2001 年的報告顯示，MAX 是全美使用率的第六名，上
班日約有 7 萬 7 千人次使用[51]。到 2008 年中波特蘭輕軌系統每
天已有十一萬多人使用，非常成功，其運量也上昇至全美第五名。

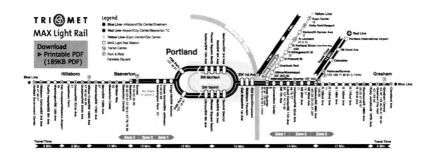

圖 3.26　波特蘭（MAX）的輕軌系統圖[52]

圖 3.27　1995 波特蘭之輕軌系統

圖 3.28　波特蘭之輕軌系統旁有高速公路

圖 3.29　接近市中心之波特蘭輕軌系統

圖 3.30　1995 波特蘭之輕軌系統

圖 3.31 波特蘭輕軌系統-緊鄰高速公路

圖 3.32 接近市中心之波特蘭輕軌系統

　　在此同時，波特蘭市在 2004 年延長 0.6 英哩的支線（River Place）加上 2001 年已建造的 2.4 英哩街車的路線及 2006 年通車，全長 0.6 英哩通往水南岸（South Waterfront）新發展社區的新支線，此區有辦公區及高密度的住宅區。在輕軌方面（MAX）最終的設計為 8.3 英哩州際公路（I-205）連接 Gateway 及 Clackamas 的延長線（MAX 綠線），已於 2009 年 9 月開通[39]，另外此計畫有加入對於地區發展的規畫，如都市的更新及波特蘭購物中心之改造（*圖 3.33～3.34*）。

　　第四代的波特蘭輕軌車輛已於 2008 年夏季運抵，這新款的車
輛有更多的車位及更雅緻的造型，如*圖 3.35* 這款車是西門子
「S70/Avanto」的輕軌車輛，目前相同款的車輛已在德州休士頓、
加州的聖地亞哥、北卡的夏洛特及法國的巴黎進行營運。第一批
22 輛的新車已於 2008 年 6 月底運達至波特蘭，2008 年底開始加入
服務行列[52]。波特蘭（MAX）各年代輕軌車輛的比較如*表 3.13*。

圖 3.33　1995 年波特蘭無障礙設備輕軌系統

圖 3.34　1995 年波特蘭無障礙設備輕軌系統

圖 3.35　新款的第四代（MAX）輕軌車輛[52]

表 3.13　第二、三、四代輕軌車輛之比較[52]

特性	現有車輛第二 & 三代	新款的第四代車輛
車輛長度	92 英呎	95 英呎
列車長（兩輛車）	184 英呎	191 英呎
寬	8.5 英呎	8.7 英呎
高	13 英呎	12 英呎
車重	105,000 磅	995,000 磅
座位	64（每列 128 人）	68（每列 136 人）
輪椅預留位	4（每列 8 人）	4（每列 8 人）
自行車架	4（每列 8 人）	4（每列 8 人）
與其他輕軌車輛的連結	第 1 2&3 代均可相連結	僅能與同款連結
車輛乘載量	166（每列 332 人）	172（每列 344 人）

Minneapolis（明尼阿波里斯市）：新的開始

　　Hiawatha 線為 11.6 英哩，預算 6 億 7 千 5 百萬美金的輕軌系統（2002 年的價格），其系統見 *（圖 3.36）*[53]，這個計畫須鑿兩個隧道，一為經過（Minnehaha Park）地底 660 英呎及另一個穿越過機場的雙向隧道加上 2 個地下車站，整體成本每英哩為 5800 萬美金（含車輛及維修機廠）。

　　這個輕軌系統包括建造兩座新橋樑及高架式 750 伏特直流電電纜，已於 2004 年開通。最初的車型為 96 英呎長低底盤聯接式列車（*見圖 3.37*），為龐巴迪所製造，有 60 個座位及最大乘載量 187 人（規畫以 125～135 人為最大可忍受乘載量），車輛內備有大行李架、腳踏車放置架及標準的無障空間設計，其收票系統為榮譽自助式（proof of payment）已成為各輕軌系統營運的統一標準，其班距及班次如下：

尖鋒—7.5 分鐘

離鋒—10 分鐘

早晚班服務（18：00～21：00）—15 分鐘

凌晨及晚班—每 30 分鐘

此系統為美國最新建造之輕軌系統之一，在 2004 年先開始使用，分兩段通車分別連接明尼阿波里斯市中心與聖保羅機場及伯明頓全美最大百貨公司之一的美國購物中心（Mall of America）。目前有 24 列車提供服務，每天約有 2 萬 4 千人～3 萬人使用，目前之運量已超過 2025 年所訂的 25%。平均日的平均運量，在 2008 年 6 月約有 3 萬 2 千 2 百人次與去年同期的 2 萬 6 千 4 百人次多出 5 千 8 百人次約為增加 20%。星期六的平均運量也增加約 2 千 3 百人次（從 22,600 到 24,900，2007 年 6 月），星期天已達到 19,900 人次。2007 年為 18,600 人次[53]。由於此系統的成功，民眾的支持主管機關也開始進行新的輕軌延長線——中央交通走廊的計畫（Central Corridor），這是一條 11 英哩長輕軌系統連接明尼阿波里斯及聖保羅市[53]。

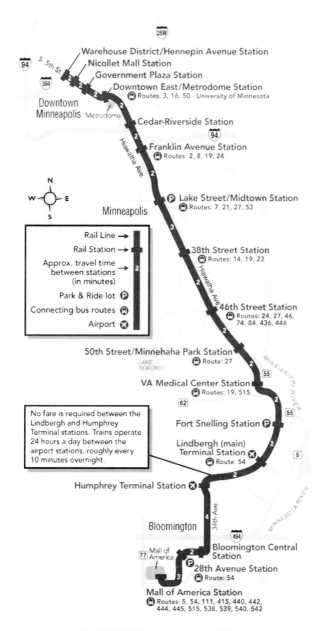

圖 3.36 明尼阿波里斯（Hiawatha）輕軌系統圖[53]

圖 3.37　明尼阿波里斯（Hiawatha）之輕軌

第九節　總結

　　因為輕軌的多功能性、應用的彈性及相對比較低廉的建造與營運成本，所以輕軌較高運量的捷運系統及無人駕駛中運量更有優勢。輕軌是一個中運量運輸系統，最大的優點是它的多功能性和在規畫設計路線時的靈活性。因為絕大多數的輕軌系統均為在地面建造，因此其施工建造速度相當的快。新的輕軌系統（第一期），從設計建造到通車可以在 3 年內完成。輕軌系統可以使用隧道，如舊金山的 Mini-Metro 或是如費城的系統行駛於混合車流中（*圖 3.39 ～3.41*）。輕軌的建造成本一般來說只有捷運的九分之一，但其運量卻可達到捷運的三分之一，如果系統為平面或者使用現有道路路權則經費將更節省，加上其榮譽收票制度使其營運成本遠低於捷運系統。若旅客的舒適度及方便性可以作為系統之評量改進的指標，則輕軌系統與接駁公車或與其他的軌道系統結合為「多鐵」共構設施（*圖 3.42*），再加上方便及適當的停車設備，將吸引更多旅客搭乘。無論是在美國或歐洲，輕軌系統已有相當規模的成長。多數的美國及歐洲各地的城市已開始設計規畫或改善現有或延長已有輕

軌的路線。自 1990 年代新開通的輕軌系統有洛杉磯（1990 年）、
巴爾的摩（1992 年）、聖路易士（1993 年）、達拉斯（1996 年）、
丹佛（1994 年）、鹽湖城（1999 年）、休士頓（2004 年）、明尼阿
波里斯（2004 年）、西雅圖／塔科馬（2007 年）、夏洛特（2007 年）
與最新的鳳凰城（2008 年）。而卡拉利、艾德蒙頓、聖地牙哥、舊
金山、巴爾的摩、波特蘭、聖荷西及多倫多的系統也正在規畫中或
已延伸其服務路線（*圖 3.43～53*）。在未來北美地區將看到更多輕
軌系統的擴建，不只在路網之延伸也包括號誌的自動化、行車控
制、低底盤車輛的使用及使用交流電為其推動力的發展等等。

圖 3.38　波特蘭輕軌系統利用高速公路中央分隔島之路權

圖 3.39　波特蘭輕軌系統利用市中心之路權

圖 3.40　法蘭克福輕軌系統置於街中

圖 3.41　德國斯圖加特輕軌系統和地鐵共用同個車站

圖 3.42　洛杉磯市中心之輕軌藍線

圖 3.43　洛杉磯街上之輕軌藍線

圖 3.44　舊金山「Muni」輕軌系統

圖 3.45　舊金山海濱區高平台之輕軌車站

圖 3.46　德國慕尼黑市中心低底盤輕軌系統

圖 3.47　德國慕尼黑市中心之交通運輸中心

圖 3.48　法蘭克福靠近市中心的新低底盤輕軌系統

圖 3.49　法國里爾市中心地下輕軌車站

圖 3.50　法國里爾街上輕軌系統

圖 3.51　法國里爾街上之輕軌車站

圖 3.52　法國里爾街上之低底盤電車

第四章 捷運

第一節 簡介

　　捷運又叫重運量捷運系統（Heavy Rail）、大眾都會鐵路（Metrorail）、地鐵、大眾捷運系統或 Metro。其高乘載量及路網是軌道運輸系統中最好的，其路權為百分之百 A 型獨有專用路權，全部為電氣化的車廂，它是所有軌道運輸系統中具最快的營運速度及最大運量的系統，捷運的行駛可以在平地、高架或地底下的環境。它可以由 3～12 節車廂組成列車，運量可從每小時每方向 10,000 人次到每人每小時每方向 80,000 以上（見*表 4.1*）。因為捷運有專有的路權及完善的控制系統，因此它具有相當好的安全記錄。世界級的大都市均有捷運系統，如紐約、倫敦、巴黎、東京、上海、北京、香港及莫斯科等。

表 4.1　大眾運輸系統之特性與應用

形式	應用	運量 （每小時每方向 運送人次）	平均速度 （每小時英哩）	應用實例
公車	都市間	1,000～3,000	5	台北公車
公車捷運	都市間	2,000～10,000	10～45	嘉義公車捷運
有軌電車	都市間	2,000～10,000	5～10	香港有軌電車
輕軌	都市間	2,000～20,000	10～35	香港輕軌
捷運	都市區域	10,000～80,000	25～35	台北捷運
通勤鐵路	都市區域	3,000～60,000	35～45	紐約長島通勤鐵路
高速鐵路	都市區域	2,000～20,000	125～150	台灣高速鐵路
自動導軌運輸	都市間	2,000～30,000	20～35	台北木柵線中運量
單軌電車	都市間	2,000～20,000	15～30	東京單軌電車

表 4.1　大眾運輸系統之特性與應用（續）

形式	應用	運量 （每小時每方向 運送人次）	平均速度 （每小時英哩）	應用實例
個人捷運系統	都市間	1,000～6,000	15～30	倫敦希思羅機場個人 捷運系統
磁浮列車	都市區域	2,000～20,000	30～200	上海浦東磁浮列車
纜車	都市間	1,000～3,000	5	舊金山纜車

註釋：

1 有軌電車使用 1 節車廂列車運行並有電車司機駕駛操作。乘客在街道上登車。

2 輕軌使用 1～4 節車廂列車運行並有電車司機駕駛操作。乘客可在高或低的月台或街道上登車。輕軌也可以在街道上運行。

3 捷運使用 3～12 節車廂列車運行並有捷運司機駕駛操作。乘客在高月台登車。

4 通勤鐵路捷運使用 3～12 節車廂列車運行並有司機駕駛操作。動力來源可能是柴油或電力。通勤鐵路一般在現有的鐵路上運行。

5 高速鐵路使用 6～12 節車廂列車運行並有司機駕駛操作。

6 自動導軌運輸使用 1～4 節車廂列車運行。它是電腦控制無人駕駛的運輸系統。

7 單軌電車使用 2～4 節車廂列車運行。它可有司機駕駛操或由電腦控制無人駕駛的運輸系統。

　　捷運系統可滿足地狹人稠且快速成長的都市交通需求，有許多國家的大都會區已利用捷運為其運輸系統的主幹。捷運主要提供較大的運量服務需求，減少交通擁擠改善都市的交通狀況、生活及空氣品質。但地鐵的造價非常昂貴，而且較適合人口 100 萬人以上的都市且有大量的運輸需求（*圖 4.1～4.6*）。在人口快速成長的主要城市中，在尖峰時段，地鐵可使尖峰時刻地面交通避免癱瘓，並能維持在目前的行車服務水準的重要工具。

　　捷運有下列幾個基本的功能：

- 提供旅客省錢、快速、安全、可靠及方便的交通運輸
- 解決都市中交通的擁擠，尤其是在交通尖峰時段
- 節省使用者或非使用者的旅行時間
- 協助商業中心的發展及成長
- 改善通勤族的行動力及服務水準
- 降低建造高速公路及停車設備的成本

- 提倡節能減碳
- 減少空氣汙染

第二節　捷運的特性

　　捷運一般是由 4 個車軸的車廂組成 3 到 12 節捷運車廂列車，每列車最高可由 12 節車廂所組成。通常行駛於固定專用的軌道（獨有專用路權），這也是增加其行駛速度、可靠性及安全性的原因。此種高乘載量的車輛其動力為高壓電力，並能有效地使用能源，地鐵是一無（非常低）汙染的交通工具。

　　許多在美國的捷運系統備有列車自動作業（Automatic Train Operation-ATO ）及列車自動控制系統（ Automated Train Control-ATC），能提供行控中心對於列車的控制如停站時的開關門等等。除了自動軌道系統外捷運是所有軌道系統中可以將其完全自動化的系統之一。台北及新加坡的捷運列車及車廂，如（*圖 4.7a,b,c 及圖 4.8a,b*）。

圖 4.1　美國俄亥俄州克里夫蘭之捷運

圖 4.2　邁阿密之高架化捷運

圖 4.3　紐約市的地鐵是最龐大的系統之一

圖 4.4　巴黎大眾捷運系統之入口處

圖 4.5　香港的捷運系統是最世界繁忙的系統之一

圖 4.6　台北捷運是最昂貴的捷運系統之一

圖 4.7a　台北的捷運列車及車廂

圖 4.7b　台北的捷運列車及車廂

圖 4.7c　台北的捷運車廂內裝佈置

圖 4.8a　新加坡的捷運列車及車廂

圖 4.8b　新加坡的捷運車廂內裝佈置

　　一般的捷運車廂約 52.5～75.5 英呎長（16～23 公尺），8.2～10.5 英呎寬（2.5～3.21 公尺），載客量約每節約 120～330 人，載客量依服務水準不同而有不同的運量，加上座位約佔全車載客率百分之 20～60。*(圖 4.9～4.13)* 為亞洲及美洲部份的捷運車輛內裝，捷運的營運速度約為每小時 15～38 英哩（每小時 25～60 公里），尖峰時段其班次（Frequency）可達每小時 20～30 班，一般捷運通過市中心以地下隧道為主，而經郊區或外圍地區時則可以高架或平面的方式，*表 4.2* 為捷運的一般特性。*表 4.3* 為美國 15 個捷運系統的部份特性。

表 4.2　捷運的一般特性

捷運車輛的平均特性	
長度（英呎）	75
高度（英呎）	12
寬度（英呎）	10
空重（磅）	82,000
實重（磅）	109,700
車廂容量	
有座位乘客數	60
總乘客數	
每人所佔面積 2.7 平方呎	216
每人所佔面積 1.8 平方呎	293
每人所佔面積 1.35 平方呎	372
軌道形式	地底、高架、平面
車輛速度	
設計速率（每小時英哩）	75
最大營運限速 （每小時英哩）	55
平均營運速度（每小時英哩）	30
車輛造價	約$150 萬 （以 1994 年美元計）

圖 4.9　中國北京之地鐵內部

圖 4.10 南韓釜山之地鐵內部

圖 4.11 紐約紐約市之地鐵內部

圖 4.12　美國伊利諾州芝加哥之捷運內部

圖 4.13　美國麻州波士頓之捷運內部

表 4.3 美國 15 個捷運系統的部份特性

城市	經營者	開通年度	總長	路線	車站	車輛數	日搭乘量	每英哩搭乘量
喬治亞州－亞特蘭大	MARTA	1979	47.6	4	38	338	276,900	5,817
馬里蘭州－巴爾的摩	MTA	1983	15.5	1	14	100	56,900	3,671
麻州－波士頓	MBTA	1856	38	4	51	432	515,200	13,558
伊利諾州－芝加哥	CTA	1892	107.5	6	144	1,190	650,700	6,053
俄亥俄州－克里夫蘭	GCRTA	1955	19	1	18	60	18,600	979
加州－洛杉磯	MTA	1993	17.4	1	16	104	144,100	8,282
佛州－邁阿密	MDTA	1984	22.4	1	22	136	64,200	2,918
紐約市	NYCT	1868	229	12	468	6,388	8,054,000	35,170
紐約－紐華克	PATH	1908	13.8	4	13	333	256,900	18,616
費城	SEPTA	1907	25	2	51	345	300,300	12,012
費城	PATCO	1936	14.2	1	13	121	36,400	2,563
加州－舊金山	BART	1972	104	4	43	670	385,200	3,704
波多黎各－聖胡安	TrenUrbano	2004	10.7	1	16	74	35,600	3,327
紐約－史泰登島鐵路	NYCT	1860	14	1	23	64	16,000	1,143
華府特區	WMATA	1976	106.3	5	86	1,140	1,036,200	9,748

　　表4.4 為 2007 年世界上前 10 名的捷運系統，一個在美國普遍使用的經驗概算法則是將每年的搭乘量除以 300 而轉換成每日（平常上班日）搭乘量，平均每年有 365 天、52 週，其約等於 300 個工作天[55]。這是因為在歐美國家，捷運在一般工作（平常日）有較多人搭乘，而週末及假日則較少乘客使用。但在亞洲，這種方法可能無法使用。

表 4.4　2007 年世界上前 10 名的捷運系統 [55]

排名	城市	年搭乘量（百萬人次）	預估每日搭乘量（百萬人次）
1.	東京	3,011	10
2.	莫斯科	2,529	8.1
3.	漢城	1,655	5.5
4.	紐約市	1,563	5.2
5.	墨西哥城	1,417	4.7
6.	巴黎	1,410	4.7
7.	倫敦	1.015	3.4
8.	大阪	878	2.9
9.	香港	867	2.9
10.	聖彼得堡	828	2.7

　　許多人認為捷運是擁擠、吵雜的，只比搭乘汽車被堵在車陣中略好。這個例子在日本東京尤其著名，在尖峰時段東京的地鐵，因為實在太擁擠了，地鐵服務人員必須將乘客推進車廂內才可使地鐵車門關閉。儘管如此，這不但代表捷運系統有效率的運用，且更反應此地區及乘客的特性、及其對系統服務所能忍受的程度。這些特性也在世界前幾大的系統中看出，如倫敦、巴黎、紐約、香港及莫斯科。像紐約及倫敦的捷運，由於歷史悠久，部份的車站及車廂中均無冷氣（少數新型車廂中有冷氣），因而夏天乘坐會很不舒適。
　　在某個程度上來看，都市的捷運代表一個都市發展的過程，大部份的國際性大都市都有捷運系統。但有一些地區或城市並不需要捷運系統但還是建造了捷運系統，而且還花了許多經費，一些美國的大城市證明了此論點,而這些都市的捷運系統運載量還不如許多的輕軌系統的運載量,巴爾的摩與邁阿密就是最好的兩個例子 (*圖 4.14 及 4.15*)。

　　一個好的捷運系統可以幫助你到達你想去的地方。但為何使用捷運系統這個名稱而不是傳統的地鐵名稱,其中的原因主要是由於一般捷運系統其實只有大約一半是建於地下。世界兩個最大的兩個捷運系統:美國紐約及英國倫敦是最好的例子,在這兩個捷運系統中有少於一半的路線是隧道或地底建造,大部份的路線不是在地面上就是高架,這是因為地底施工所需經費非常昂貴。

圖 4.14　美國俄亥俄州克里夫蘭較少被利用的捷運

圖 4.15　邁阿密捷運一天搭乘人數少於 65,000 人

　　有關捷運軌道建造的一個好的經驗法則，如果在地面的建築費用為「1」，則高架的建造費用為地面的 3 倍，而地底的建造費用為地面的 9 倍。地鐵的建造將是最昂貴的，約為地面建造費用的 9 倍，對於新的捷運系統一般建議地面、高架及地下的比例為各三分之一，而其做法是在市區中心，平面及高架不易建造時，改興建地下路線，如 *(圖 4.16 ～4.18)*。在市區的外圍則由高架路線如 *(圖 4.19 及 4.20)*，而在郊區的路線則以全封閉地面的路線為主，由圍籬來確保其全封閉性，如主要高速公路的中央分隔島，芝加哥捷運系統郊區的路線是一個很好的例子，見 *(圖 4.21～4.23)*。

圖 4.16　法蘭克福地鐵站入口處

圖 4.17　洛杉磯捷運的地底車站

圖 4.18　華盛頓特區地鐵

圖 4.19　北京捷運（第 13 線）高架車站

圖 4.20　華盛頓特區高架式地鐵

圖 4.21　芝加哥捷運藍線在高速公路中央分隔帶之平面路線

圖 4.22　芝加哥地面區的捷運藍線

圖 4.23　倫敦地鐵只有大約不到一半是建於地下

　　捷運在市區地下化，可在不影響地面交通的情況下營運，並可提供較方便的服務，你可以到達你想去的地方，不必花心思搭乘計程車或在市中心租車、停車或塞在車陣中。在幾乎所有的例子中，捷運是在大都會區最有效的運輸工具，如在紐約、倫敦、東京、巴黎及香港（*見圖 4.24*）。在世界各主要城市不難發現有些華麗、現代及龐大的捷運系統提供便捷的服務。

　　紐約市有全世界最大的捷運系統。在 2007 年的統計中，平均每平常日約有五百萬人次使用（*圖 4.25*）是自 1952 年以來最高記錄。2007 年的運載量約為 16 億人次，是自 1951 年以來的新高。紐約市地鐵有 26 條路線，它們相互聯接，許多路線提供快速列車（亦即小站不停）的列車服務。在 2008 年第二季，也是油價最高的時刻，紐約市的地鐵又創造新的紀錄，其平常日搭乘量超過 800 萬人次，比美國其它 15 個地鐵系統總合的兩倍還多，這令人驚訝的記錄更證明了紐約地鐵的成功，有效率地將旅客運送到想到達的地點。

圖 4.24　香港捷運運行在高密度開發區

圖 4.25　紐約市地鐵運行在高密度開發區

第三節　建造成本

　　捷運的建造成本資料並不易取得，可能有些系統較老舊其資料不盡完整。而一些新的系統其價格的資料雖然可以查詢的到，可是申報的格式不一或者僅有一批或整體的價格並無細目或分項。由於數據取得不易所以本書使用的主要是美國的例子。*表4.5* 提供了 4 個較新的捷運系統的建造成本，1970 年代的華盛頓特區與亞特蘭大及 1980 年代的巴爾的摩及邁阿密的捷運系統。由*表4.5* 可看的出來，如有地下施工則其建造成本為最昂貴，如果系統中有可觀的地下路線則其價格也會水漲船高。但以華盛頓特區的系統為例，其地下施工的比例雖高，但因為部分車站及路線的設置使用高速公路（州際公路 I-66）的中央分隔島的空間 *(如圖 4.26)*，因此車站及整體路線造價相對節省並沒有增加整體的建造價格。捷運建造的成本以類別區分如*表 4.6*。重運量（捷運）的車廂訂購數及其價格如*表 4.7*。

表 4.5　較新的捷運系統的建造成本（1988 年資料）[56]

地點	長度（英哩）	地下建設之百分比	車站數目	建造成本（百萬美元）	每英哩成本（百萬美元）
亞特蘭大	26.8	42%	26	$2,720	$101.49
馬里蘭州	7.6	56%	9	1,289	169.61
邁阿密	21.0	0%	20	1,341	63.86
華盛頓	60.5	57%	57	7,968	131.70

圖 4.26　華盛頓特區捷運橘線位於州際高速公路 I-66 中央分隔島的地面車站

　　在洛杉磯，交通擁擠的問題已無法忍受，因而洛杉磯市長 Antonio Villaraigosa，決定延長位於威薛爾街（Wilshir）地底下 15 英哩的捷運紅線（*圖 4.27～4.30*）。此線將通過市中心到太平洋邊界，此計畫預計耗資 50 億美金，15 年完成，其建造成本約為每英哩 3.3 億美元。*表 4.8* 為自 1970 年代中期起數個捷運系統的建造成本[59]，但預計每英哩的實際成本將超過 5 億美元（2009 年成本）。

　　這條新的延長線（捷運紅線），將從威薛爾街及威斯頓街（Western Ave.）經比佛利山莊（Beverly Hills）、百年市（Century City）、維斯屋（Westwood）及加州州立大學洛杉磯分校（UCLA）及太平洋邊的聖塔摩尼卡（Santa Monica），此延長線將成為高運量的主幹線而且並期改善公車系統並與未來的輕軌系統路網相接轉運。

　　如此昂貴的延伸線主要是提供洛杉磯東西向所需的運輸容量，目前洛杉磯的東西向走廊的交通已到了非常糟糕的程度，而且為了增加及更有效率的使用現有的大眾運輸工具，如此可提供洛杉磯地區更安全、有效、可靠及付擔得起的公共運輸工具，此延伸線將經過主要的洛杉磯南方的商業區、學術區及文化區。

圖 4.27　洛杉磯地鐵是完全地下化的系統

圖 4.28　洛杉磯捷運系統在美國是最昂貴的系統

圖 4.29　洛杉磯捷運內車廂座位的排置

圖 4.30　洛杉磯是唯一以榮譽制度的票證經營的美國捷運系統

表 4.6　捷運建造之成本以類別區分[57]

次系統	美國舊金山灣區捷運系統	亞特蘭大A 段	馬里蘭州巴爾的摩	芝加哥	波士頓紅線南段
土地	7%	9%	2%	0%	11%
軌道	37%	33%	25%	20%	15%
車站	19%	20%	30%	28%	33%
軌道工程	3%	2%	2%	7%	7%
動力	2%	1%	2%	5%	6%
控制	4%	2%	4%	8%	7%
設施	2%	3%	2%	4%	0%
工程管理及測試	14%	23%	24%	8%	6%
車輛	12%	7%	9%	20%	15%
總計	100%	100%	100%	100%	100%

表 4.7　重運量捷運的車廂訂購數及其價格（百萬美元）[58]

城市	年份	訂購數量	訂購總額	每車單價
芝加哥	1991	256	$207.6	$0.81
洛杉磯	1989	54	63.2	1.17
紐約	1990	19	39.3	2.07
舊金山	1989	150	228.3	1.52
華盛頓特區	1989	68	83.3	1.23

表 4.8　數個捷運系統的建造成本（依照 1994 年百萬美金估計）[59]

城市	土地成本	軌道成本	車站成本	車輛成本	維修廠成本	控制系統成本	軟性成本	預備及其他成本	總成本
亞特蘭大	$111.47	$608.82	$485.32	$299.39	$41.61	$153.08	$504.78	$54.27	$2,258.75
馬里蘭州-巴爾的摩	$27.09	$335.73	$375.31	$111.94	$19.60	$115.00	$313.77	$35.88	$1,334.31
波士頓	$28.96	$275.33	$168.78	$123.14	$0.00	$54.10	$189.88	$111.30	$951.49
芝加哥（西南部）	$19.29	$89.53	$112.50	$73.31	$20.46	$56.36	$104.96	$0.23	$476.64
芝加哥－歐黑爾（O'Hare）	$0.00	$77.41	$91.81	$0.00	$24.22	$47.59	$27.59	$280.90	$549.52
洛杉磯	$135.23	$184.77	$323.17	$52.78	$51.52	$82.31	$518.94	$18.43	$1,367.15
邁阿密	$187.05	$343.51	$339.88	$168.06	$65.56	$159.89	$360.04	$32.60	$1,656.60
華盛頓特區（A 段）	$203.48	$814.12	$827.94	$226.09	$86.67	$237.11	$707.77	$103.75	$3,206.93
華盛頓特區（B 段）	$102.25	$398.22	$327.21	$156.97	$57.31	$142.06	$293.43	$56.64	$1,534.10
華盛頓特區（C 段）	$68.47	$548.52	$452.90	$199.19	$118.78	$196.89	$416.78	$45.48	$2,047.01
華盛頓特區（D 段）	$61.96	$570.24	$618.54	$215.29	$41.54	$217.23	$442.07	$83.76	$2,250.63
華盛頓特區（E 段）	$6.69	$85.54	$142.68	$45.77	$0.00	$28.52	$38.90	$16.73	$364.85
華盛頓特區（F 段）	$22.36	$189.07	$187.74	$83.42	$0.00	$48.55	$85.62	$14.59	$631.34
華盛頓特區（G 段）	$10.02	$174.90	$98.13	$49.32	$0.00	$38.14	$113.63	$16.99	$501.13
華盛頓特區（J、H 段）	$20.45	$26.85	$44.77	$12.55	$0.00	$29.80	$49.47	$5.68	$189.56
華盛頓特區（K 段）	$31.90	$220.24	$233.58	$116.64	$59.41	$108.35	$297.62	$30.12	$1,097.86
華盛頓特區（L 段）	$2.97	$135.10	$0.00	$0.00	$0.00	$15.81	$69.26	$7.49	$230.64

第四節　營運成本

　　捷運系統在幾個主要的城市中如紐約、巴黎或倫敦是重要的大眾運輸工具，尤其是在大眾運輸的服務員工罷工時城市中因缺乏主要的運具而交通將全部攤瘓。捷運的營運成本相當高，因為大部份的系統營運每天作業約 19 小時（上午 5 時到凌晨 0 時），每週 7 日全年無休。之所以凌晨零時到五時停止作業，主要是大部分捷運系統皆在這五個小時來作營運安檢與系統維修的工作。

　　地鐵的年營運成本已節錄在表4.9，年總營運成本由 2 千萬（克里夫蘭）到 21 億美金（紐約市）。紐約市的捷運營運成本約為克里夫蘭的 100 倍，但紐約的系統所提供的服務量約為克里夫蘭的 400 倍。（圖 4.31～4.34）從表中的可以清楚的看出，愈大的系統，愈複雜的營運其營運成本也愈高，軌道運輸的營運成本如表4.10[60]。因重運量的服務網路較大及較大的乘載量，其每旅客英哩之成本比輕軌系統還低，表4.11 為軌道營運之分項成本[60]。

表 4.9　地鐵的年營運成本（1993 年美元）

城市	營運者	開放日期	總長（英哩）	最高服務車輛數	全部營運支出
亞特蘭大	MARTA	1979	39.8	160	$65,513,000
巴爾的摩，馬里蘭州	MTA	1983	14.0	48	$31,656,600
波士頓	MBTA	1856	42.0	378	$256,188,400
芝加哥	CTA	1978	104.0	856	$282,961,500
克里夫蘭	RTA	1955	19.0	35	$19,903,200
邁阿密	MDTA	1984	21.0	76	$42,746,000
紐約市	NYCTA	1868	229.0	4,954	$2,132,926,000
紐約，紐華克	PATH	1960	14.0	282	$155,136,000
費城	SEPTA	1906	24.1	304	$109,817,500
費城	PATCO	1936	14.2	102	$27,784,800
舊金山	BART	1972	71.0	406	$203,828,000
華盛頓特區	WMATA	1976	81.0	534	$313,297,900

圖 4.31　美國俄亥俄州克里夫蘭的捷運──大部分為平面建設

圖 4.32　紐約地鐵運送的乘客比其他美國捷運所運送乘客總和更多

圖 4.33　華盛頓特區捷運的營運是全美第二昂貴的系統

圖 4.34　芝加哥捷運的營運費是全美第三昂貴的系統

表 4.10　軌道運輸的營運成本[60]

	每營運車輛 英哩成本	每營運車輛 小時成本	每營運容量英哩成本	每乘客英哩成本
捷運				
平均（12）[1]	$6.53	$152	$0.0492	$0.282
輕軌				
平均（13）	9.31	125	0.0960	0.578

1　平均所用系統數

表 4.11　軌道營運之分項成本[60]

	捷運 12 個系統	輕軌 13 個系統
營運員薪資	9.3%	18.1%
其他薪資	40.7%	34.5%
福利	29.2%	26.2%
水電郵資等	8.7%	9.4%
其他費用	12.1%	11.7%
總計	100.0%	100.0%

　　輕軌與捷運的主要不同在於輕軌一般以 1～2 節車營運而重運量（捷運）系統一般以 4～8 節車營運。輕軌列車最多可掛到四節車廂，捷運列車最多可掛到 12 節車廂（如紐約）。因此捷運的駕駛較輕軌系統的駕駛服務更多人，其運載量大約輕軌的三到六倍。因此捷運被稱為高運量運輸系統（High Capacity Transit, HCT）、而輕軌被稱為中運量運輸系統（Medium Capacity Transit, MCT）。*表 4.12*為每一千營運英哩所需軌道運輸服務員工的數據（Thousand Revenue Vehicle Miles）[60]。而*表 4.12*顯示出捷運是具有較高效率及較高產能的系統，但並不表示輕軌較捷運為差，因為中運量的輕軌及高運量的捷運，皆有其所須扮演的特色。

表 4.12　軌道運輸員工每一千營運英哩營運所需之員工[60]

	運輸	維修	管理	所有員工
捷運				
平均（12）[1]	32.4	49.6	21.2	103.1
輕軌				
平均（12）	70.5	98.8	23.5	192.8

1　平均所用系統數

第五節　擴充及延伸的系統

由於捷運系統造價太高，因而美國在洛杉磯捷運通車（1993）以後，沒有再有其他城市興建如此昂貴的捷運系統。目前主要是現有捷運系統的擴建及延伸。

一、華府都會區捷運銀線

預計興建的 Dulles（杜樂斯）捷運計劃是美國首都華盛頓捷運的西部延伸共包含 30 個車站，從維吉尼亞州鹿登郡（Loudoun County）的 772 號公路經競技場及華盛頓特區的兵工廠（見圖4.35）[61]。這個工程有 12 個新的車站，其它的 18 個車站將與橘線及藍線共同使用，這 18 個車站約在 1970 年代完成，目前新車站的規畫主要放置在維吉尼亞的鹿登郡及菲爾費斯郡（Fairfax），所有的施工將在維吉尼亞州進行，全新的捷運銀線預計於 2015 年開通[62]。

此延伸線將使用現有類似杜樂斯（Dulles）聯絡道路（Access Road）的路權，將有部份為平面及高架的路段，唯一不同的兩個地方是在泰森站（Tysons Center）及杜樂斯國際機場（Dulles International Airport）附近，捷運在泰森站為地下路段，而在機場為高架路段。這個全長 23 英哩（37 公里），造價 52 億美元的杜樂斯捷運計畫（捷運銀線）在美國交通部在 2009 年 3 月 10 日正式撥發九億美金作為聯邦對此計畫地依其工程資助後已正式動工興建。

捷運銀線有兩個主要的目標，第一個是連接首都到杜樂斯國際機場及週邊的城市如泰森角（Tyson Corner）、諾思頓（Reston）、荷頓（Herndon）和艾斯敦（Ashburn），因為許多在特區工作的人員都居住在以上所述的各個城市，而捷運銀線的完工將會對這些乘

客有極大的幫助。第二個是改善在泰森角（Tyson Corner）附近的
都市發展及解決市中心因汽車所造成的交通問題，而全美第 12 大
的泰森購物中心為維吉尼亞州最大的購物中心。目前在此地區的交
通狀況已無法被接受，而這條新的捷運銀線將會大大的改善目前的
交通狀況。這個與特區大小相近的市區將會面臨到一個交通路網的
分配問題，因此區並非一般棋盤式的道路系統，在捷運完工後必須
將交通路網重新的規畫。

圖 4.35　2030 華盛頓特區地鐵捷運示意圖[61]

　　捷運銀線通車後也將改善 Udvar-Hazy Center 之交通狀況，此
中心為國家太空博物館的分部，接近杜樂斯機場，目前由維吉尼亞

大眾運輸部提供公車的服務。之前的捷運是由華盛頓都會區交通管理局（Washington Metropolitan Area Transportation Authority-WMATA）設計及建設，而這條全新的延長線是由華盛頓機場管理局（Washington Airport Authority）負責設計及建設後交由 WMATA 來營運。這條新的捷運路線將使杜樂斯機場更能吸引更多人使用，並帶給機場正面的影響。

在第一階段的計劃其預算的百分之 43、約 9 億美金由聯邦支付，其它 28%是利用特別的商業稅收（銀線經過的地區）及剩餘的 29%是利用增加$0.5 美元的杜樂斯過路費用支應。計畫的第二階段費用將由其它的郡級單位共同負擔，包括鹿登郡、菲爾費斯郡、維吉尼亞州及華盛頓機場管理局[62]。

二、舊金山灣區捷運系統（BART）延長線

這條 5.4 英哩（8.7 公里）造價約為 8 億 9 千萬美金的灣區捷運系統延伸線，向南延伸南經費蒙特（Fremont）到位於南費蒙特（South Fremont）的暖泉區（Warm Springs District），目前暫訂設置一個車站在艾靈頓（Irvington）介於費蒙特和暖泉區中間。此延長線段是目前東南向的服務路線的延伸，*(見圖 4.36)*。舊金山灣區捷運系統（BART）如 *(圖 4.37a,b)*。土壤地質的分析已開始進行，本計畫於 2006 年 10 月 24 日通過聯邦運輸管理局（Federal Transit Administration-FTA）的許可後進行各項的工程，由於聯邦的經費許可也使得灣區捷運局開始收購必須要的路權，得以使用州政府所管理的聯邦經費資源[63]。

當本延伸計劃在 1991 年提出時，州際公路（I-880）是主要的幹道連接聖塔克拉蘿（Santa Clara），亞曼達（Alameda）及康特特斯達（Contra Costa）郡等，其交通狀況之差已非常嚴重，至今交通的擁擠狀況已達到不可接受的程度。交通運輸是南亞曼達（South Alameda）及北聖塔克拉蘿（North Santa Clara）郡在南舊金山灣主

要的活動之一。在 2000 年估計每個平常日約有 40 萬車次往返東灣（East Bay）及聖塔克拉蘿郡。預估在 2025 年約會超過 50 萬車次，而暖泉區的延長線主要是要降低整體的交通擁擠及藉由縮短轉車的時間及距離，改善南區的捷運路網。這延伸線將會改善現有的旅行時間及增加其可靠性，另外此延長計畫也將帶給相鄰社區的發展及提高環境品質。

而暖泉區的延長線之預算約為 8 億 9 千萬美金，而其計畫之分擔單位金額如下所列[64]：

- 2 億 2 千萬美金由亞曼達郡交通改進計畫所支應
- 1 億美金由州的減緩交通擁擠基金支應
- 2 億 9 千 4 百萬美金由都會區交通委員會（MTC）過橋費支應
- 6 千 9 百萬美金由州的運輸改善計畫支應
- 2 百萬 20 萬美金由亞曼達之 CMA 支應
- 4 千萬美金由 MTC 支應（50%捷運營收及 50%人口收入）
- 8 千 6 百萬美金由州與地方合作基金支應
- 2 千 4 百萬美金由灣區捷運局提供
- 5 千 4 百萬美金由舊金山機場延伸線剩餘經費支應

暖泉區延伸線之主要目的為[64]：

- 改善公共交通服務及增加行動力（Mobility）
- 增加大眾捷運系統之搭乘量
- 降低整體之交通擁擠程度
- 增加在尖峰時段之大眾運輸工具使用率
- 減少捷運旅行時間並改善可靠度
- 改善區域內之運輸網路
- 提供複合式運輸車站的建立（連接鐵路、公車、汽車、腳踏車及行人等）
- 以提供因捷運而產生地區發展之機會
- 為未來捷運延伸到聖塔克拉蘿郡之藍圖

目前計畫依通過的經費的進度如下[64]：

▪ 第一期的初期工程設計已於 2002 年 12 月開始

▪ 加州環境品質評估已於 2003 年 6 月完成（CEQA）

▪ 第二期的初期工程設計已於 2003 年 10 月開始

▪ NEPA 已於 2006 年完成

▪ 捷運合約最後設計已於 2007 年 7 月完成

▪ 捷運動工將於 2009 年中開始

▪ 路線軌道車站及系統的最後設計及建造將於 2010 年初開始。

▪ 預計於 2014 年 6 月通車（預算通過）

圖 4.36　目前舊金山灣區捷運系統的服務路線[63]

　　暖泉區的延伸線預計將會提升大眾運輸的使用量，尤其是對南亞曼達郡的乘客，預估此線開通初期每天將有 4,700 人次使用，預計於 2025 年達到每天 7,200 人次，而目前暫定的艾靈頓站預計每天將增加 5,700 人次而在 2025 年達到增加為 9,100 人次。這些增加的搭乘次數足以表示將有人選擇從汽車而改選使用大眾運輸工具[64]。

　　另外灣區捷管理局（BART）已在研究規畫在現有路線加入新車站，因為目前灣區捷運系統的站距相距較遠，其站距使得部分乘客誤認為 BART 為通勤鐵路而非捷運系統。

　　其中一新增的車站位於西都柏林／普里西頓（West Dublin/Pleasanton）車站位於州際公路（I-580）的中央分隔島中，約位於州際公路（I-680）在卡斯楚山谷（Castro Valley）及都柏林／普里西頓西方的交流閘道之間見 *(圖 4.36)*。本站預估的造價約為一億美金，其資金來源為公私立聯合募集的基金及灣區捷運局。這個車站於 2006 年 10 月動工，預計於 2011 年完成工。第二個增加的車站將位於舊金山市區第 30 街密孫站（30th Street Mission Station），約位於第 24 街密孫站（24th Street Mission Station）及格蘭公園站（Glen Park Station），如 *(圖 4.36)* 的西方，本站預估造價約為 500 萬美金[63]。

圖 4.37a　舊金山灣區捷運系統（BART）

圖 4.37b　舊金山灣區捷運系統（BART）

三、洛杉磯

在 2007 年 11 月洛杉磯郡都市交通管局（Los Angeles County Metropolitan Transportation Authority-LACMTA）宣佈考慮另一替代方案或考慮新增另一分支線但不是從威薛爾（Wilshire）/威斯頓（Western）的紫線延伸，而是從好萊塢（Hollywood）/海蘭（Highland）站的紅線延伸，向西南沿著聖塔摩尼卡大道（Santa Monica Blvd.）經西好萊塢（West Hollywood）及比佛利山莊（Beverly Hills）[65]見 *（圖 4.38）*。目前預估的捷運工程之地底工程經由威薛爾街約為每英哩 3 億 5 千萬美元 *（圖 4.39a,b）*。

這條替代方案又名「粉紅線」，許多當地捷運的倡導者所支持，是另一種提供聖佛南多山谷（San Fernando Valley）經好萊塢到衛司賽（Westside）交通運輸的替代方案，西好萊塢市（City of West Hollywood）也希望能有捷運路線經過。但此捷運路線也有抗爭的聲音，部份居民不希望捷運路線經過漢卡克（Hancock）公園鄰近的住宅區，直至 2008 年 5 月威薛爾（Wilshire）及西好萊塢（West Hollywood）路線都有是考慮方案，甚至有將兩線路結合的方案 [66]。目前營運及正在施工的路線由實線代表，而在考慮中及其車站則由虛線代表，洛杉磯郡都市交通管局在 2008 年 5 月所公佈之資料，見 *(圖 4.40)*。目前考慮規畫中的路線只是在出初步階段，而且尚有預算經費，所以這些延長線的路線尚未成定數，但過去數年威薛爾（Wilshire）街地下捷運的想法不曾中斷，但都未能獲得實際支持。

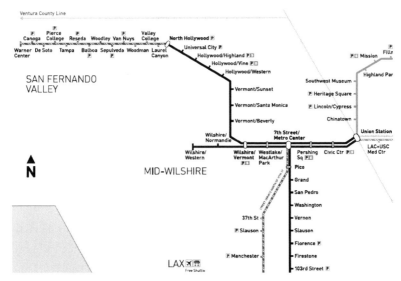

圖 4.38 洛杉磯捷運的紅線及紫線 [65]

圖 4.39a 洛杉磯地鐵將繼續延伸

圖 4.39b 洛杉磯地鐵將繼續延伸

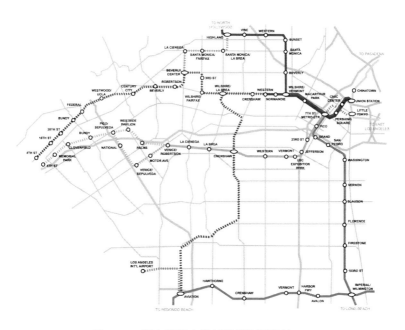

圖 4.40 預定規劃之洛杉磯捷運延伸線[66]

　　在 2008 年 11 月 4 日，洛杉磯的區域選舉中 Measure R.（交通疏解方案、軌道延長及減少對進口油料的依賴）的法案獲得通過，此法案的通過將會為洛杉磯郡的買賣稅增加 0.5%，在未來的 30 年其稅收將增加為 3 百億美金的收入，西部幹線的延伸（Westside Extension），紫線將可由此法案所增收的稅金提撥 40 億美金以供建設，這些經費約在 2013 年可以使用，而未來的 30 年本法案將持續提供捷運的建造經費[13]，但建造的年限至少要到 2036 年才能連接到衛司賽（Westside），但聯邦的相對補助款有助於捷運繼續延伸到聖塔摩尼卡（Santa Monica）並加速整體工程進度。

第六節　總結

　　捷運是所有大眾運輸中可提供最高運量的運輸工具（最高運量為每小時每方向可達 8 萬人以上），但它也是造價最高的。目前美國最新的捷運系統是洛杉磯捷運，紅線第一段於 1993 年開放其造價高達每英哩 3.3 億美元，並在 2000 年紅線延伸三英哩至北好萊屋塢地下段其造價高達每英哩 5 億美元，為全世界最昂貴的捷運系統。正因為如此，在可預知的未來，美國應該不會再興建新的捷運系統。目前只有將現有的捷運系統擴建延長其服務路線，如華府的銀線、舊金山的南灣線延長以及洛杉磯捷運往西的延長計畫。如前節所述，如果一個城市沒有超過百萬人口，並且擁有高密度發展及非常繁忙的交通需求量，則捷運系統不應被考慮。這是由於捷運是一個非常昂貴的高運量大眾運輸系統，除非在運量上有這個需求，否則不需使用這種高運量，高造價的系統。或許中運量（Medium-Capacity）如輕軌或公車捷運系統，可能是解決的方案之一。而捷運如此高價位的運輸工具，較適合有非常高的需求量，如紐約市、墨西哥市、東京、北京、上海、香港、台北、倫敦、及巴黎等國際大都市。

第五章 通勤鐵路

第一節 簡介

　　通勤鐵路又可稱為郊區鐵路或區間車（Regional Rail），主要是提供通勤乘客的服務，一般行駛於都會區內，連接都會區主要城市及其周圍的次要城市（圖 5.1）。其軌道為一般的鐵路系統。通勤鐵路行駛於已設置的鐵軌路權上，一般含有混合路權（平交道）或立體交叉路線等，通勤鐵路多半與載貨列車與城市間旅客列車（Inter City Passenger Train）共用軌道（圖 5.2）。

　　美國及加拿大由於地廣人稀，大多數鐵路沒有電氣化，一般的通勤鐵路使用柴油動力的火車頭（圖 5.3），而另外的軌道運輸系統，如輕軌及捷運則使用電氣化多節動力車廂的設備為其動力（圖 5.4）。日本及歐洲由於地狹人稠，大多數鐵路早已電氣化，一般的通勤鐵路大半是利用電氣化多節動力車廂的設備為其動力。只有少數通勤鐵路可以利用柴油自行產生動力不須使用電動車輛。一般的收票方式是允許在列車上以現金或購買車票的方式，但大部分旅客應需要在車站購票或者使用月票。在美國，大部分的旅客是在低月台搭乘通勤鐵路。而在歐洲與日本的通勤鐵路，大半通勤鐵路均已電氣化並像捷運經營方式在高月台直接進入車廂（圖 5.5）。

　　通勤鐵路主要提供上下班尖峰時段各大都會區之間較長的旅程服務，其最高營運速度一般為每小時 30 到 50 英哩，而且停靠較少車站，美國的通勤鐵路平均旅程約為 23 英哩（約 37 公里，約是由台北到桃園的距離）。通勤鐵路的運量從每小時每方向 3 千人次到六萬人次,彈性很大。高運量的通勤鐵路基本上與捷運非常類似,唯一的差別是在非尖峰時間,班次較少。

在美國一般的通勤族開車到位於郊區的通勤鐵路車站 *(圖 5.6)*,將車停在所屬之專用停車場後搭乘通勤鐵路至市中心 *(圖5.7 及 5.8)*。而這些旅客在抵達市區後就必須依賴通勤鐵路車站旁的大眾運輸系統,而轉乘至上班處所(目的地)。在幾乎所有通勤鐵路系統的城市中,如美國、加拿大、日本及歐洲均有地鐵(捷運)或輕軌系統相連接 *(圖5.9~5.12)*。通勤鐵路大大的降低各大都會區的尖峰時刻交通擁擠問題。

因為通勤鐵路通常與貨運列車、城市間旅客列車共用軌道,所以通勤鐵路所需要取得的路線成本或擴建時所需取得的新路權成本相對減少,因此通勤鐵路的初期建設成本相對低廉,但為了安全及營運的因素,其火車頭及車廂必須符合主線鐵道標準,即其尺寸及強度較一般比捷運與輕軌標準更高,因此通勤鐵路較捷運或輕軌車廂重及堅固(車廂構造)。以上的特性,加上相對較長的站距(約一般捷運的2~5倍)。通勤鐵路可提供較高的服務水準及乘客舒適度。

近年來美國通勤鐵路逐漸的被注意,由於環境保護者的反對,在郊區建設新的高速公路幾乎是不可能的。但是通勤鐵路,因為它可提供長距離更高品質的快速運輸服務,而更受歡迎。通勤鐵路,以相對於都市軌道系統較合理的建造價格,如比輕軌或捷運(地鐵)便宜許多。通勤鐵路一般由政府部門的大眾運輸機關營運,其服務的範圍主要是服務都會區的郊區及市中心之間。

儘管目前通勤鐵路逐漸盛行,尤其是在美國部分通勤鐵路並不存在的地方,常有一些令人感到疑惑的地方,如何謂「通勤鐵路」?其所服務之旅客為何?及通勤鐵路與其它軌道運輸的不同為何?通勤鐵路並非捷運,因為相當多的通勤鐵路並沒有獨立專有路權及使用電氣化的車廂,就如捷運或地鐵的營運方式。而另一方面,紐約市的長島鐵路及香港廣九鐵路,則是運量高並有專有路權而類似捷運的通勤鐵路系統。

圖 5.1　佛羅里達邁阿密通勤鐵路

圖 5.2　洛杉磯通勤鐵路和美國鐵路公司共用軌道和月台

圖 5.3　佛州邁阿密柴油動力的通勤鐵路車頭

圖 5.4　香港通勤鐵路之電氣化多節動力車廂

圖 5.5　佛羅里達邁阿密通勤鐵路列車由低月台進入

圖 5.6　德國斯圖加特通勤鐵路服務深入郊區

圖 5.7　南佛羅里達之停車轉乘處

圖 5.8　德國斯圖加特郊區之停車轉乘處

圖 5.9　佛羅里達邁阿密通勤鐵路和捷運之轉運站

圖 5.10　加拿大多倫多港市通勤鐵路和地鐵之轉車處

圖 5.11　香港通勤鐵路和捷運之轉車處

圖 5.12　巴黎通勤鐵路和捷運之轉車處

　　通勤鐵路不是輕軌，因為通勤鐵路可與貨物列車使用共同鐵軌
（重軌），其列車的車型也較大較重，而列車車長也較長。在美
國大部份的地區，通勤鐵路可以柴油為動力而輕軌則必須使用電
力。在美國公車的服務是最普及也廣受大多數人所知道及瞭解，
使更多旅客知道及瞭解通勤鐵路的型式及定義是最重要的，並瞭
解通勤鐵路所提供的軌道運輸服務，對於通勤者強調的部份是通

勤鐵路在離峰時（非通勤時間）的班次相當的少，一般在非尖峰時刻，常常需要等一個小時才有一班車，這是通勤鐵路與其它軌道運輸最大的差別。

　　在美國及加拿大通勤鐵路系統只有在大的都會地區營運，大型通勤鐵路的營運其中包含在尖峰時段的服務班次增加及離峰或假日較少的固定班次服務，可以在波士頓、芝加哥、蒙特婁、紐約、費城、舊金山及多倫多等地看到。新的通勤鐵路營運服務包含在尖峰時段的班次增加及部份離峰平常日的班次減少，在過去的 15 年中有達拉斯、洛杉磯、紐哈芬（New Haven）、聖地牙哥、聖荷西、西雅圖、那斯維爾（Nashville）、阿布奎基（Albuquerque）及鹽湖城等。

　　其它歐洲和亞洲國家的通勤鐵路時常被視為「區間車」（Regional Rail），其強調的是系統的長度及提供全天候較高的服務水準，與美國所指主要提供尖峰時段尖峰方向的美國通勤鐵路略有不同（圖 5.13）。在香港及東京的通勤鐵路所提供高水平的服務與北美的捷運相差不大（圖 5.14）。這就是其中的一個原因，部分的運輸專家稱舊金山灣區捷運系統（BART）為通勤鐵路而非捷運，因其服務面積非常大而且車站站距比捷運遠，並且每輛車就像通勤鐵路每邊只有兩個門。

　　然而，因為不斷的郊區化（Suburbanization）的發展及分散的工作地點，郊區間的通勤數量也不斷在變化中，而郊區與郊區間的通勤也為部份大眾運輸單位所發覺並提供相關的運輸服務如芝加哥的（Metra），通勤鐵路系統就是在提供郊區間運輸服務較成功的例子之一。

圖 5.13　巴黎通勤鐵路連結市中心與戴高樂國際機場轉車處

圖 5.14　香港通勤鐵路營運在專屬的鐵路路權上

第二節　通勤鐵路的特性

　　通勤鐵路的特性有車身重、較高之最大時速、較慢之加速及減速、高運量及較長站距等，其裝備與城市列車（Inter City Train）相類似，以柴油或電力的火車頭推進或使用柴油或電力的自走式車廂（無火車頭），列車的時速可以達到每小時 80 英哩，（**圖 5.15 ～ 5.16**）是邁阿密通勤鐵路的火車頭及其車雙層車廂之內裝。

　　通勤鐵路提供較長的旅程及大都會區外圍市鎮中心之服務，*表 5.1* 為通勤鐵路特性的概述，而*表 5.2* 為美國 11 個通勤鐵路系統的特性摘要，其路線長度從 30 到 500 英哩，最長可達 1,194 英哩，而其列車節數從 2 到 12 節車廂（*圖 5-17～5.20*），其所服務為長營運旅程及較遠的站距，在美國平均旅程的長度為 23 英哩，而平均站距約為 2.6 英哩，再加上通勤鐵路有較高的營運速度，而其最高速度可達每小時 100 英哩，其平均時速為 22 到 45 英哩。

圖 5.15　佛羅里達邁阿密通勤鐵路列車的火車頭

圖 5.16　邁阿密通勤鐵路雙層車廂之內裝

圖 5.17　南佛羅里達通勤鐵路四節車廂之列車

圖 5.18　德國斯圖加特 6 節電氣化動力車廂之通勤鐵路列車

圖 5.19　加拿大多倫多通勤鐵路列車（六節列車）

圖 5.20　加州舊金山通勤鐵路列車（四節列車）

表 5.1　一般通勤鐵路之特性

路線長度（英哩）	30～500
平均月台間隔（英哩）	2.6
所提供之服務	郊區到市區，郊區到郊區，市區到主要活動中心
動力	柴油或電力火車頭，或電動車組
列車控制	手動與路旁號誌
平均最高時速（英哩）	100
平均運行速度（英哩）	22～45
列車班距（分鐘）	3～60
車輛容量	150～300 人
每列列車車廂數	2～12
理論路線容量（每小時每方向乘客）	3,600～37,000
典型的旅行時間長度（英哩）	23
每日乘客人數	2,000～350,000

表 5.2　美國通勤鐵路運輸系統的特性（數據年份 1995）[68]

系統	所提供服務的大都市	路線(英哩)	車站數	火車頭數	旅客車廂數	聯節車數量	雙層車廂數量
麻州海灣運輸當局（MBTA）	波士頓	244.0	101	52	310	0	75
伊利諾州大都會鐵路管理局（METRA）	芝加哥	499.5	233	130	48	206	682
印第安那州北區通勤運管理局（NICTD）	芝加哥	88.0	27	0	0	41	6
三郡鐵路（Tri-Rail）	邁阿密，羅德代堡	66.4	15	8	0	0	21
康乃迪克州交通部	紐哈芬市	32.8	7	5	10	0	0
長島鐵路（LIRR）	紐約	321.0	134	62	150	934	10
地鐵-北部	紐約	338.1	120	71	107	677	0
橘縣通勤鐵路	洛杉磯	128.0	n/a	n/a	-	-	-
賓夕法尼亞州東南向運輸（SEPTA）	費城	282.0	159	n/a	339	-	-
加州火車半島的通勤者服務（PCS）	舊金山	47.0	28	20	0	0	73
馬里蘭州通勤鐵路（MARC）	華盛頓特區	187.0	40	15	87	13	0

　　另一個重要的特性是通勤鐵路提供相較於其它大眾運輸工具較佳的服務水準及舒適度，*表 5.3* 為車廂座位容量，一般均超過總容量的百分之 60，*表 5.3* 也顯示通勤鐵路之最大車廂連接數，營運及理論班距及列車容量（每小時乘客每方向-PPHPD）。列車可由 2 到 12 節車廂組成，其班距約為 3 分鐘到 1 小時，而列車容量數或服務水準（LOS）可為系統的表現評量之一。長島鐵路為例，其最高時速為 100 英哩，每節車廂之容量為 150 人，最高車廂連接數為 12 節車廂而營運班距為 3 分鐘。如此，系統提供了較高的服務水準而其理論列車容量（Line Capacity）為每小時 37,000 人每方向，如果配置較少的座位，則其列車容量可達每小時 5 萬人每方向（*圖 5.21 及 5.22*）。長島鐵路在 2009 年渡過地 175 年的營運紀念[67]。長島鐵路系統約有 700 英哩的軌道，11 條支線，是全美最長的通勤鐵路系統。全年無休、包括假日均有營運。

　　通勤鐵路的路網可為單線或數條路線，一般為由市中心或市中心附近向外幅射，而其車站可位於郊區的市中心附近，其主要服務的對象為郊區及市中心的旅客。乘客可自行開車到達通勤鐵路車站的停車場，或由親朋好友接送，或搭乘公車接駁系統到達車站。

第三節　車廂的特性

　　通勤鐵路一般由單層或雙層車廂組成，其組成之設備相當多元化（*圖 5.23～5.29*）。列車可配置火車頭以推或拉的方式為其動力（可為一節或數節），或者在尾節車廂控制等不同的組合方式。其動力來源可為電力或柴油引擎。*表 5.4* 為通勤鐵路系統的一般特性，其平均車廂長度為 85 英呎，平均寬為 10.5 英呎。車廂高度從 13～16 英呎，因單層或雙層車廂而不同。單層或雙層車廂可以互相連接，單層或雙層車廂均可由高月台或低月台進出。

表 5.3　通勤鐵路性能特性[69]

| 系統 | 最高速度(每小時英哩) | 平均速度(每小時英哩) | 車輛容量 | | 最長列車數 | 班距 | | 路線容量 |
			座位	總數		理論值	營運值	
長島鐵路（LIRR）	80	-	120	150	12	3：00	3：00	37,000
地鐵-北部	95	90	120	150	12	2：36	2：00	36,090
美國麻薩諸塞州海灣運輸	79	-	-	140	9	8：00	8：00	10,360
加州火車半島的通勤者服務（PCS）	100	70	148	248	6	-	-	3,600
馬里蘭州通勤鐵路（MARC）	125	110	121	-	8	30：00	-	3,500
美國印第安那州北區通勤鐵路	79	45	148				42：00 and 75：00	n/a
印第安那州北區通勤運管理局（NICTD）	79	-	93	-	8	12：00	-	6,400
賓夕法尼亞州東南向運輸（SEPTA）	282	28	100～131				主線：3 支線：10～30	
三郡鐵路	79	42	162	438	10	-	60	3,504
康乃迪克州交通部	90	83	66	81	4	20：00	-	325

圖 5.21　長島鐵路之電力來源為第三軌

圖 5.22　長島鐵路和紐約地鐵之間可直接轉乘

圖 5.23　法國巴黎單層車廂通勤鐵路列車內部

圖 5.24 德國斯圖加特單層車廂通勤鐵路列車內部

圖 5.25 香港通勤鐵路列車之頭等艙單層車廂

圖 5.26　德國法蘭克福雙層車廂通勤鐵路列車

圖 5.27　法國巴黎雙層通勤鐵路雙層車廂內部上層

圖 5.28 伊利諾伊州芝加哥市通勤鐵路雙層車廂

圖 5.29　芝加哥通勤鐵路雙層車廂內部設置

表 5.4　通勤鐵路車輛特性 [69]

系統	全長 (英呎)	寬度 (英呎)	高度 (英呎)	輪軸 數目	重量 (tons) 公噸	單層（S） 或雙層 （D）
長島鐵路	85	10.5	13.2	4	47.5	S
地鐵－北部	85	10.0	14.0	4	54.0	S
美國麻薩諸塞州海灣運輸	85	10.5	12.8	4	-	S & B
加州火車半島通勤鐵路	85	11.0	15.9	4	55.8	B
美國馬里蘭州通勤鐵路	85	10.5	-	4	99.4	S
美國印第安那州北區通勤 鐵路	85	10.5	13.1	4	59.0	S
三郡鐵路	84	9.8	15.9	4	48.7	B
康乃迪克州交通部	85	10.5	13.5	4	64.5	S

第四節 搭乘量（Ridership）

　　通勤鐵路約佔北美（美國、加拿大、墨西哥）軌道運輸搭乘量18%，約為每年 4 億 4 千 4 百萬旅次見*表 5.5*，捷運約佔 8.5%而自動導軌運輸（AGT）約佔 0.1%[70]，搭乘量在 1993 年到 1994 年持續的成長 5.7%約為 3 億 5 千萬的搭乘量，於 2000 年達到 4 億 4千萬的搭乘量[71]，*表 5.6* 為 2008 年美國 21 個通勤鐵路系統的每日搭乘量（由多到少排列）[72]，長島鐵路為最高的每日搭乘量 35萬 4 千 8 百旅次，而那斯維爾（Nashville）的音樂城之星（Music City Star）年搭乘量以 600 排名最後，搭乘量的高低反應了不同的系統大小，而且表現各系統所提供之服務水準。

表 5.5　北美鐵路旅客搭乘種類（單位：百萬）[70]

總類	每年不需轉程旅次	％ 百分比
重運量	4,650.1	83.4%
輕軌	475.2	8.5%
通勤鐵路	444.7	8.0%
自動導軌運輸	6.4	0.1%
總合	5,576.4	100%

注：數據包括：美國、加拿大跟墨西哥公共交通

國家	所有的運輸系統	軌道運輸	所佔百分比
美國	9,410	3,368	36%
加拿大	2,323	669	29%
墨西哥	NA	1,540	NA

NA：無法取得

表 5.6　美國通勤鐵路系統旅客客運量[72]

系統	所提供服務的大都市	2008 年每日乘客	幹線英哩	營運年份
紐約州長島鐵路	紐約	354,800	700	1836
伊利諾州 Metra 鐵路	芝加哥	329,700	495	1984
紐約州鐵路北部路線	紐約	289,600	384	1983
新紐澤西州鐵路	紐約	276,000	951	1983
麻州（MBTA）鐵路系統	波士頓	141,000		2003
賓州（SEPTA）鐵路系統	費城	127,300		1983
加州 Metrolink 南部通勤鐵路系統	洛杉磯	46,000	512	1992
加州 Caltrain 北部通勤鐵路系統	舊金山	35,200	77	1987
馬里蘭州通勤鐵路（MARC）	華盛頓特區	32,600	187	1984
維吉尼亞州鐵路	華盛頓特區	15,300	90	1992
南佛州三郡鐵路（Tri-Rail）	邁阿密	15,000	72	1987
印第安那州北區通勤鐵路南岸線	芝加哥	14,400		1903
德州三一河快速鐵路	達拉斯	10,200	34	1996
海灣通勤鐵路	西雅圖	9,900	80	2000
猶他州都市運輸管理局領先者	鹽湖城	8,700	44	2008
聖地亞哥北都區域通勤鐵路	聖地亞哥	6,700	41.1	1995
加州 Altamont 通勤快車	聖荷西	3,600	86	1998
新墨西哥領先者特快車	阿布奎基	2,300	23.5	2006
康州東岸列車	紐哈芬市	2,100		1990
賓州運輸部	哈利斯堡	1,600		1970
音樂城市之星	那斯維爾	600	32	2006

第五節　營運特性

　　通勤鐵路與捷運和輕軌的區別在其營運方式的不同，通勤鐵路的路線大多位於離市中心較遠的都會區外圍地區，其平均旅程遠較地鐵及輕軌系統為長（圖 5.30），表 5.7 為美國大眾運輸系統的平均旅程（以運具分類），通勤鐵路的平均旅程約為 22.8 英哩（36.6 公里），約為捷運的 4 倍多（5.3 英哩或 8.5 公里），或為輕軌平均旅程的 6 倍（3.7 英哩或 6 公里）。

圖 5.30　芝加哥郊外通勤鐵路之停車轉乘處

表 5.7　美國大眾運輸乘客平均旅行距離[70]

運具	每年旅次（百萬）	百萬		平均旅行距離	
		乘客-英哩	乘客-公里	英哩	公里
公車	5,677.7	21,241.0	34,176.8	3.7	6.0
捷運	2,632.2	13,843.5	22,274.2	5.3	8.5
通勤鐵路	412.9	9,402.0	15,127.8	22.8	36.6
輕軌	320.1	1,355.9	2,181.6	4.2	6.8
電動公車	122.4	191.9	308.8	1.6	2.5
需求反應系統	104.5	838.8	1,349.6	8.0	12.9
渡輪	53.3	330.0	531.0	6.2	10.0
計程車共乘	44.2	205.3	330.3	4.6	7.5
汽車共乘	12.6	434.8	699.6	34.5	55.5
纜車	9.2	10.5	16.9	1.1	1.8
自動導軌系統	6.4	6.3	10.1	1.0	1.6
單軌電車	2.5	2.2	3.5	0.9	1.4
斜面纜車	1.8	0.6	1.0	0.3	0.5
空中纜車	0.9	0.5	0.8	0.6	1.0
總合	9,400.7	47,863.3	77,012.0	5.1	8.2

　　如*表 5.7* 所示，雖然美國的通勤鐵路所運載的旅次只佔約為捷運的 16%（旅次為 4 億 1 千 2 百萬對 26 億 3 千 2 百萬），但它約佔地鐵的旅客英哩量 70%（通勤鐵路 94 億 2 百萬對捷運 138 億 4 千 3 百萬），通勤鐵路較捷運及輕軌擁有更快速的平均速度，這是因為通勤鐵路有較長的站距所以其營運速度較快，*表 5.8* 為自動導軌運輸、通勤鐵路、及捷運的平均車距及平均速度之數值。

　　在北美（美國、加拿大、墨西哥）的通勤鐵路其站距約為捷運（地鐵）的 4 倍，約為輕軌站距的 7 倍，愈長的站距代表較少的停車及較少的車站停留時間，因此有較快的平均時速，在北美的通勤鐵路之平均速度較捷運快 50%而約為輕軌之平均速度的 1.4 倍，但較高的平均速度而無獨立專有路權表示較高的平交道事故死亡率（較捷運高），如*表 5.9* 而通勤鐵路的耗能如*表 5.10*。

表 5.8　北美主要軌道運輸的統計比較[70]

類型	路線	平均路線長度（英哩）	總長度（英哩）	平均月台間隔間距（英哩）	平均路線速度（英哩／小時）
自動導軌系統	3	3.9	11.8	0.43	15.1
通勤鐵路	77	45.8	3,524.5	3.55	32.7
輕軌	51	8.6	440.2	0.52	13.7
捷運	76	15.7	1,161.1	0.91	22.5

類型	路線	平均路線長度（公里）	總長度（公里）	平均月台間隔間距（公里）	平均路線速度（公里／小時）
自動導軌運輸	3	6.3	19.0	0.70	24.3
通勤鐵路	77	73.7	5,672.1	5.71	52.7
輕軌	51	13.9	708.5	0.83	22.1
捷運	76	25.3	1,868.6	1.47	36.2

表 5.9　軌道運輸的事故（每百萬公里乘客英哩）[69]

	意外	受傷	死亡
捷運			
平均（12）[1]	0.98	0.91	0.003
低	0.21	0.21	0.000
高	2.91	2.21	0.017
輕軌			
平均（13）	6.43	3.93	0.020
低	0.08	0.00	0.000
高	15.37	7.91	0.151
通勤鐵路			
平均（10）	0.59	0.52	0.007
低	0.00	0.00	0.000
高	2.38	1.83	0.029

表 5.10　通勤鐵路的能源消耗[69]

	每小時千瓦			
	每營運車輛英哩	每營運車輛小時	每千地方英哩	每千名乘客英哩
平均	12.68	321	76.6	480
低	9.00	191	51.4	438
高	16.37	451	101.7	522

	柴油和其他液化石油氣燃料（加侖）			
	每營運車輛英哩	每營運車輛小時	每千地方英哩	每千名乘客英哩
平均	0.808	26.5	5.68	18.0
低	0.57	17.4	4.80	13.7
高	0.99	32.1	6.80	22.6

第六節　建造成本

　　通勤鐵路的建造成本在軌道運輸中可以說是最低價的一個系統。但由於其系統運量依建造方式不同也有很大的差別，設計運量愈低，則造價愈便宜。反之，若運量高達捷運之運量時，其造價也會像捷運一樣昂貴。**表5.11** 為 1990 年通勤鐵路的建造成本為每英哩 110 萬到 482 萬，而在 2000 年到 2008 年間 4 個通勤鐵路系統的成本如**表5.12**，除了西雅圖的通勤鐵路系統外（Sounder Commuter Rail），其它 3 個系統如新墨西哥州的阿布奎基（Albuquerque），田納西州的那斯維爾及猶它州的鹽湖城均與 1990 年代的資料相近（加上通貨膨脹率後）。

　　通勤鐵路每英哩的建造成本比一般其它軌道系統低，這是因為通勤鐵路使用現有的鐵路路權，這降低購買路權的成本及縮短建造時程，但每一個系統的狀況均不相同，而且各路權的購買或承租價格因地而異，全新的設備（火車頭及車廂）遠較二手的貴許多。

表 5.11　通勤鐵路起造費用[69]

系統	長度 （英哩）	新建費用 （百萬美元）	每英哩新建費用 （百萬美元）
聖貝納迪諾／洛杉磯北部路線	57	115	2.02
聖克拉拉	35	52	1.49
三郡鐵路（南佛州）	67	323	4.82
維吉尼亞州鐵路快運	95	105	1.11

表 5.12　部份通勤鐵路的新建費用[75]

系統	營業 年份	全長 （英哩）	新建費用 （百萬美元）	每英哩新建費用 （百萬美元）
西雅圖通勤鐵路	2000	40	410	10.25
新墨西哥（阿布奎基）領先者特快車	2006	50	135	2.70
納什維爾音樂城市之星	2006	32	41	1.28
猶他州交通管理局（鹽湖城）領跑者	2008	44	611	13.9

第七節　營運成本

　　通勤鐵路營運成本較其它軌道系統相對低廉，其每乘客哩程的平均營運成本約為美金$0.27 元（1990 幣值），相較之下輕軌及捷運的每乘客哩程（Pax-Mile）分別為 0.4 美元及 0.33 美元[69]，*表5.13* 為美國 8 個通勤鐵路的營運成本，每營運車輛旅程之營運成本從$4.36 美元到$16.40 美元，其平均約為$10.39 美元，平均每未連接乘客旅程（Unlinked Passenger Trip）之營運成本為$8.76 美元，而每營運車哩程（Vehicle Revenue Mile）之平均未連接乘客旅程（Unlinked Passenger Trip）為$1.34 美元。

表 5.13 在 1992 年所統計的 8 個通勤鐵路系統的營運成本[69]

系統	單方向軌道路線英哩總長	車隊規模	車輛英哩收入(X1,000)	乘客英哩(X1,000)	營業費用合計(X1,000)	每車輛英哩營運費用	每乘客英哩之營運費用	每旅次營運費用	每車輛英哩之旅次
芝加哥－印第安那州北區通勤鐵路	138.4	45	1,946	72,301	$19,186	$9.86	$0.27	$5.76	1.71
佛州羅德代堡	132.8	27	1,800	76,802	$16,249	$9.03	$0.21	$8.69	1.04
康乃迪克州交通部	65.6	25	322	5,189	$5,281	$16.40	$1.02	$22.29	0.74
洛杉磯－加州運輸局	146.0	48	260	7,786	$1,134	$4.36	$0.15	$6.39	0.68
紐約 長島鐵路	638.2	1190	54,700	2,230,412	$615,775	$11.26	$0.28	$6.80	1.66
紐約 北部鐵路	535.9	797	36,776	1,581,017	$427,639	$11.63	$0.27	$7.45	1.56
紐澤西交通局	1143.6	930	38,419	1,018,047	$327,317	$8.52	$0.32	$6.88	1.24
費城 賓州（SEPTA）通勤鐵路系統	442.8	346	11,655	322,270	$140,947	$12.09	$0.44	$5.84	2.07
平均						$10.39	$0.37	$8.76	1.34

第八節　通勤鐵路之個案研究
──新墨西哥州之 Runner Express

　　新墨西哥州之領先者特快車（Runner Express）是過去 20 年來興建最快的通勤鐵路系統，現有路線全長為 50 英哩約（80 公里）連接勃那利羅鎮（Town of Bernalillo）及碧蓮市（City of Belen），其中在勃那利羅市中心及機場接駁各設一站[73]，第一期的計劃有 7 個車站已於 2006 年中期營運使用*（見圖 5.31）*。

圖 5.31　第一階段的新墨西哥州領先者特快車服務圖[73]

　　2006 年 7 月 14 日早上 5：10 第一班新墨西哥領先者特快車通勤鐵路從阿布奎基站，出發到勃那利羅的聖多瑪（Sandoval/U.S. 550）站，這列車的出發代表從施工到營運只花了 2 年半的時間（2004 年 1 月到 2006 年 7 月）。在如此短暫的時間完成一條通勤鐵路施工及營運，是一個令人驚訝的成就。

　　2006 年 12 月 11 日，此線完成通往拉斯努那斯（Los Lunas）的延伸線，及 2007 年 2 月 2 日此線也接通到碧蓮，勃那利羅市中心站也於 2007 年 4 月 27 日完工開放，在 2008 年 6 月 17 日領先者特快車有了第一百萬位的旅客，這代表約有 2 千 3 百萬乘客英哩（Passenger Miles）的營運紀錄[74]，而每個乘客乘坐的距離約為 20 英哩。從第一天營運至今，如此的運量，在這人口相對稀少的州，可以說是難得而且如此短的時間內完成並通車，真是令人不可思議的一個成功例子。此線的向北延伸工程到聖達菲（Santa Fe）已於 2008 年 12 月 15 日開放通車。

圖 5.32　領先者特快車的第一及第二期規劃圖[74]

一、資金

　　第一期工程的費用（碧蓮到勃那利羅）約為 1 億 3 千 5 百萬美元，這包括 7 千 5 百萬美元的州政府提供購買車廂、火車頭、車站之設計及施工及軌道及號誌的改善，另外 5 千萬美元由州政府提供做為從碧蓮到勃那利羅軌道及路權的收購費用，聖多瑪郡提供約 1 千萬美元的資金以供車廂的購買及在其郡內的車站發展[73]，第一期工程約 50 英哩長及 7 個車站。

　　第二期工程（勃那利羅到聖達菲）預估約為 2 億 4 千萬到 2 億 5 千 5 百萬美元，第二期資金主要是購買現有的軌道及建造新的軌道，設計及車站的施工及購買更多節的車廂及火車頭，目前第二期工程已於 2008 年 12 月 15 日完成通車。

二、旅次的需求

　　碧蓮到聖達菲走廊（*見圖 5.32*）是新墨西哥州經濟、政治、及教育的重心，這條走廊是當地一百多萬居民及每年二百萬人次的觀光客必經的重要路段之一，這條重要的交通走廊接連許多的重要活動中心，如阿布奎基的國際機場及首府（聖達菲）及普艾布羅斯（Pueblos）美國原住民保留區均在這條走廊上[74]。

　　阿布奎基都會區是一個橫跨 4 個郡的都市化區域，由於是新墨西哥州的經濟、政治及教育的中心，此地區的人口在過去的 30 年內已成長 2 倍（2002 年約 740,000）而預計在 2025 年人口會再增加 40%達到 1,075,000 人。

　　在聖達菲都會區，在過去的相同 30 年內人口也增加了兩倍達到 142,500 而預計到 2025 年約會再有增加 60%到達 228,000 人，當聖達菲是本區主要的工提供區有超過 79,000 份工作（約有 21,000 為政府部門的工作），其房價的中位數較全國平均為低，如此這大大增加了每天在此交通走廊通勤的人數，聖達菲也是遠近馳名的觀光聖地，每年約吸引 1～2 百萬人來訪，而觀光事業也是此州的主要經濟收入。

在 2002 年新墨西哥州的人口約為 1,855,000，在同年其工作人數為 774,000，阿布奎基-聖達菲走廊的人口約佔全州一半以上的人口，並有 443,000 人在此工作佔新墨西哥州 60% 的工作機會，到 2025 年此走廊的人口將會在增加 50% 超過 1,300,000[74]。根據近期的一個研究指出在阿布奎基——聖達菲之間約有 4,500 方向性的通勤者（Directed Commuters）。同時約有 600 人往返相反的方向，這些大部份發生在尖峰時段，另外每天約有 43,000 人次由南向北至阿布奎基參觀，這更增加交通上的問題，中區政府協調會（Mid-Region Council of Governments-MRCOG）[74] 在 2004 年取得 2000 年交通規畫普查資料（Census Transportation Planning Package-CTPP）而阿布奎基的地區通勤分配圖如 *（圖 5.33）*，而 *（圖 5.34）* 為 2000 年人口普查（Census Population）。

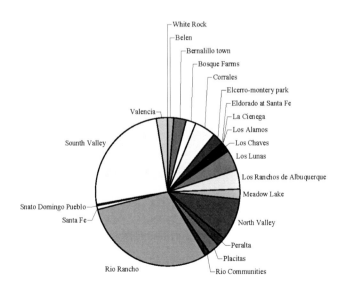

圖 5.33　西元 2000 年阿布奎基的地區通勤分配圖[74]

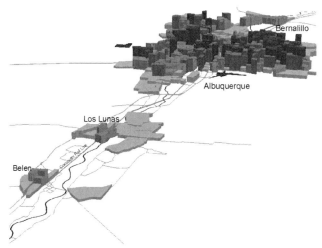

圖 5.34　西元 2000 年人口普查的立體圖[74]

三、地區運輸行政區（Regional Transit District）

　　依據新墨西哥州 1978 年通過的「地區運輸行政區法案」第 73 章第 25 節規成立中區運輸行政區，這個行政區的組成主要是提供更安全及更有效率的區域交通路網，並增加居民更多的交通運輸選擇方式，也可使銀髮族、青少年、低收入、行動不便者或無法自行開車及負擔開車的居民可以因此而得到應得的物品、服務、工作或者參與活動[73]。而中區運輸行政區的組成由以下列地方政府所組成：

　　聖多采郡
　　勃那利羅郡
　　凡倫西亞郡
　　阿布奎基市
　　里歐瑞起市
　　碧蓮市
　　諾斯瑞起在阿布奎基村
　　巴斯昆農場村
　　拉斯奴那斯村

　　而中區政府顧問團及新墨西哥交通部主要負責軌道（鐵路）所經路權、旅客所須之月台、照明及停車區域，而當地政府則負責沿途之開發事務，其中包括如機場之建造，商業零售建築甚至住宅區的發展等，這些發展均須要由當地的土地使用規畫及社區規畫相互配合。

四、列車設備

　　領先者特快車的五個柴油動力的火車頭（MP36PH-3C）是由 Motive Power Inc. 位於愛達華州波斯所提供 *（見圖 5.35）*，其火車頭可產生約 3,600 匹馬力及可達極速超過 100mph，因為是柴油引擎，相關單位已密切注意是否可改用生質柴油（Biodiesel）來代替[73]。

　　龐巴迪的雙層車廂 *（見圖 5.35）* 被彩繪成新墨西哥州代表圖騰走鵑（Road Runner），在圖片中走鵑的頭位於火車頭處，而其尾巴則位於其它的車廂，因為列車的營運將是推拉式，所以走鵑有一半的時間是「倒退走」。這是因為新式通勤鐵路火車頭不需要調車頭，而且可由列車尾部的車廂控制，作反向行駛。既去的時候車頭「拉」的，則回程時車尾變車頭，而且可在車尾特設的駕駛座，由車尾領先往回程跑，而車頭則是提供「推」的動力。

圖 5.35　位於阿布奎基柴油動力火車頭及雙層車廂

五、聖達菲延伸線

　　第二期的工程從勃那利羅鎮的美國第 550 公路開始向北延伸約 47 英哩到達終點站約在聖達菲的聖月斯街及斯瑞爾街交叉口北面，前 23.5 英哩使用伯靈頓北方及聖達菲鐵道公司（BNSF）已有的軌道，約在州際公路 I-25 東 2.7 英哩處為止，目前此段尚無工程的進度。

　　而新的軌道約在拉巴哈達（La Bajada）的南方，州際公路 I-25 東邊接近瓦爾都（Waldo）向北延伸至拉巴哈達休息區，之後軌道將通過隧道位於 I-25 地基下接連 I-25 南北方向的中央分隔島，在 I-25 中央分隔島約有 11.7 英哩長再與 I-25 及聖達菲南方（SFS）鐵道相交接處，離開中央分隔島而進入聖達菲南方鐵道路權，而此段必須有新的軌道施工，（圖 5.36）為新墨西哥州 599 站之結構，停車及車站示意圖[74]。

圖 5.36　規劃中新墨西哥州通勤鐵路 599 站之結構，停車及車站示意圖[74]

　　再與 SFS 中相接之後約向北在 3.7 英哩處達到終點站（約在聖凡斯街及斯瑞爾路的北邊，在 SFS 的軌道重建工程主要是將現有的軌道重新翻修及在亞塔街（Alta Street）及克多百路（Cordova Road）的車站加上改善，（圖 5.37）為車站附近的道路分佈圖。

　　規畫中的新墨西哥州 599 車站是此通勤鐵路連接阿布奎基及聖達菲兩大都會區的車站，從阿布奎基到聖達菲的通勤鐵路延伸線須建造兩個車站，一個在聖達菲鐵道維修廠（Santa Fe Rail Yard）

約位於聖達菲市中心帕索（Paseode Peralta）及關達霧比街（Guanalupe Street）十字路口的北邊，另一個位於首府南方聯合辦公大樓，約在斯瑞爾路及克多百路相交的南邊，這兩個車站均位於主要通勤者的目的地。

　　規劃中 I-25／新墨西哥州 599 匝道的車站位於聖達菲都會區的西南邊，這個車站主要是服務聖達菲地區東南及西南區前往阿布奎基的乘客，這個車站也為服務前往首府南方及聖達菲市中心的乘客。這個車站也提供聖達菲及阿布奎基到新墨西哥州 14 號公路上的工作通勤者（政府單位），如果此站沒有設置則聖達菲都會區南方的居民，將會無法方便使用此運具，要前往阿布奎基方向（利用鐵路）則必須多花 15 分鐘以上的時間來轉乘，這則會降低使用鐵路（通勤鐵路）的人數。

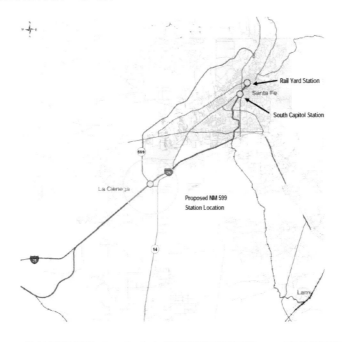

圖 5.37　位於州際公路（I-25）中央分隔島新墨西哥州 599 車站附近的道路分佈圖[74]

六、領先者特快車（Rail Runner）的利益

　　新墨西哥州的領先者特快車通勤鐵路將會改善快速成長的都會區及減少交通擁擠的狀況，大眾運輸工具將會較建設更大更寬的道路佳，加上領先者特快車通勤鐵路是一個可靠不會因汽車車禍而被困在車陣中，領先者特快車提供了省時的運輸服務能讓您在列車上享受看報紙沒壓力抵達目的地，而且有優惠的折扣，根據美國汽車協會（AAA）表示，從碧蓮市到阿布奎基開車每年需花費 1 萬美元而搭乘通勤鐵路將可省下依筆可觀的費用。2008 年 6 月 26 日，領先者特快車通勤鐵路為第一百萬搭乘者慶祝。

七、營運

　　新墨西哥通勤鐵路領先者特快車使用分區票證（Zone-Based Fares），你所付的票價因所旅行的長短有所不同，行程短則票價少（*如圖 5.31*），而其票價如*表 5.14*[73]。領先者特快車從碧蓮市中心到阿布奎基市中心約花 45 分鐘，從勃那利多到阿布奎基市中心約為 22 分鐘，而這些旅行時間與目前汽車行駛所須的時間相近，但通勤鐵路不會因車流擁擠、汽車事故或天候而影響其可靠性，而交通擁擠會因人口的增加而更加嚴重，而領先者因使用部份專用的路權，不礙一般道路擁塞而影響車況。

　　停車場的設計位於車站附近，走路就可以到達，而且在大部份的停車場都是免費的，停車場有足夠的停車位以供使用，而且維持的相當乾淨，停車場的照明設備足以使車主快速的找到所停車的位置，在月台登車處的暫時停車設計更使得通勤者更方便的使用此系統。

　　從阿布奎基市區領先者站的 15 分鐘步行距離內有 19,000 個工作機會，所以絕大部份的通勤鐵路使用如果是在這附近工作的乘客下車後應會選擇走路，但許多乘客會發現使用城市的接駁公車將是最有效率的到達目的地，新墨西哥領先者的車班班次反應實際了當

地交通的特性，這班表可符合往返工作的旅程，此外此班表也為學生、購物及娛樂的乘客提供相對的車班服務（見*表 5.14*）。

表 5-14　新墨西哥領先者特快車以區為基礎的票價[73]

	一區	二區	三區
單程	$1	$2	$3
一日券	$2	$2	$4
月票	$35	$50	$65
優待票	$350	$500	$650

優待票

	一區	二區	三區
單程	$1	$1	$2
一日券	$1	$2	$3
月票	$17	$25	$32
優待票	$175	$250	$325

表 5.15　新墨西哥領先者鐵路時刻表（有效日期 2008 年 12 月起）

北上

車次	#500	#502	#504	#506	#508	#510	#512	#514	#516	#518	#520	#522	#524
貝倫				5：40a	6：50a	7：56a		2：00p			5：35p	6：42p	7：40p
拉斯努那斯			4：50a	5：50a	7：01a	8：07a		2：12p			5：47p	6：54p	7：52p
艾雷塔			5：03a	6：05a	7：15a	8：22a		2：26p			6：03p	7：10p	8：06p
太陽港			5：10a	6：11a	7：21a	8：28a		2：33p			6：09p	7：16p	8：12p
阿布奎基　訖站			5：18a	6：20a	7：30a	8：37a		2：41p			6：18p	7：25p	8：21p
阿布奎基　啓站	4：23a	5：05a	5：21a	6：23a	7：33a		10：37a		4：15p	5：21p	6：30p		
拉斯努那斯	4：35a	5：17a	5：33a	6：35a	7：45a		10：49a		4：26p	5：33p	6：42p		
貝納里爾	X	5：29a	X	X	X		11：03a		4：40p	5：47p	6：57p		
U.S. 550	4：49a	5：50a	5：47a	6：49a	7：59a		11：08a		4：45p	5：52p	7：01p		
新墨西哥　599													
齊亞／聖弗朗西斯													
南方都會	5：40a		6：37a	7：39a	8：49a		11：59a		5：41p	6：46p	7：52p		
鐵路調車廠	5：45a		6：42a	7：44a	8：54a		12：05a		5：46p	6：51p	7：57p		

南下

車次	#501	#503	#505	#507	#509	#511	#513	#515	#517	#519	#521
鐵路調車廠		6：10a		7：12a	11：30a	4：10p		5：17p	6：18p	8：15p	9：30p
南方都會		6：15a		7：17a	11：35a	4：15p		5：22p	6：23p	8：20p	9：35p
齊亞／聖弗朗西斯											
新墨西哥州599											
U.S. 550	6：00a	7：10a		8：12a	12：28a	5：05p		6：12p	7：21p	9：11p	10：25p
貝納里爾	6：03a	7：14a		8：17a	12：34a	X		X	X	9：16p	10：30p
拉斯努那斯	6：18a	7：29a		8：32a	12：48a	5：20p		6：27p	7：36p	9：30p	10：45p
阿布奎基 訖站	6：30a	7：41a		8：43a	1：00a	5：32p		6：39p	7：48p	9：42p	10：57p
阿布奎基 啓站			6：47a		1：03a	5：35p	4：25p	6：42p			
太陽港			6：56a		1：12a	5：44p	4：34p	6：51p			
艾雷塔			7：02a		1：18a	5：50p	4：40p	6：57p			
拉斯努那斯			7：18a		1：32a	6：04p	4：54p	7：11p			
貝倫			7：30a		1：44a	6：16p	5：06p	7：23p			

第九節　總結

　　通勤鐵路是一個大都會外圍郊區到市區及郊區間的大眾運輸系統，其建造成本低廉。尤其系統若使用現有的鐵路軌道路權，平均的營運成本每乘客英哩僅為$0.27 美元（1990 價格）是所有軌道運輸中營運成本中最便宜的。在能源消耗量方面，已有部份系統使用液化石油氣，其耗能較汽車及其它軌道系統為低。

　　在美國及世界上的許多國家的居民為了工作機會及更好的受教育機會，由鄉村搬住都市，而造成都會區日益往外圍延伸擴大以容納新增的人口，已是未來的驅勢。同樣的，都會區愈變愈大也造成市中心與都會區外圍交通的擁擠，這自然是通勤鐵路可以幫忙解決並舒緩的一個交通問題。在台灣，從基隆和新竹到台北的通勤火車，也日益受歡迎。台鐵通勤化，也是台灣鐵路局的未來。如通勤鐵路的重要性也日漸可期，下列的 25 個大都會區的通勤鐵路規畫及建設案例則是最好的例子，這 25 個大都會區如：

　　阿拉斯加州，安哥拉治

密西根州，安亞伯
喬治亞州，亞特蘭大／雅典／馬孔（Macon）
德州，奧斯汀
北卡，查爾利特
俄亥俄州，克里夫蘭
俄亥俄州，辦那提
加州，克芙迪爾——拉卡斯波（舊金山）
德州，丹頓
科羅拉多州，丹佛
密西根州，底特律
北卡，格靈斯柏
賓州，海里斯柏／蘭卡斯特
德州，休世頓
印第安那州，印地那普勒斯
密蘇里州，肯薩斯市
威斯康辛州，麥迪遜
威斯康辛州，米華基
明尼蘇達州，明尼那普勒斯
康乃迪克／麻州，紐哈芬／哈佛特／溫泉區
佛羅里達州，奧蘭多
加州，奧斯那德－聖塔巴巴拉
賓州，匹茲堡
賓州／新澤西／紐約州，斯銳頓
奧勒崗州，華盛頓郡（波特蘭郊區）

第六章　自動導軌運輸

第一節　簡介

　　自動導軌運輸系統（Automatic Guideway Transit, AGT），是一種無人駕駛的運輸系統，而在台灣稱作中運量。因為輕軌也是一種中運量系統，所以自動導軌運輸系統應正名為無人駕駛的中運量運輸系統。台北捷運的木柵線（現文山線）及內湖線（合稱文湖線）都是自動導軌運輸系統（AGT）。大眾運輸無法吸引更多人使用的兩個最主要原因是其行駛速度較慢且班距較長。搭乘時間較冗長的問題尤其嚴重反映在公車運輸使用混合車流的路權模式，因為混合車流的路況無法有效預測而使得既定的時刻表常常會造成較不可信賴。對於使用專有路權（Exclusive Right of Way）的運具，其班距在尖峰時間較短，離峰時段班距較長，班距一般取決於旅客數量及營運的預算，一般來說所有的運具均希望有較短的班距，但如此則增加營運成本尤其是車輛駕駛員的工資，自動導軌運輸系統則可克服以上缺點，此種系統行駛在專有軌道上，因為是全自動化的系統所以在列車上不須駕駛員或操控員。

　　自動導軌運輸系統是指無人駕駛並行駛在專有軌道上的運輸系統。其運量為中運量，既小於捷運但大於公車。一般行駛於中短程的路徑上。自動化導軌運輸系統包含兩個不同技術-自動運人系統（Automatic People Mover, APM）及個人捷運系統（Personal Rapid Transit, PRT），兩者最主要不同於使用上及其路網規畫的型態。個人捷運系統主要是提供個人化的運輸，使用較小的車廂及完整的軌道系統以使從起點直達目的地（不須停車），目前個人捷運系統仍在發展中，然而有少數營運中的系統具有 PRT 的特性，個人捷運將會在後續的章節加以探討。

自動運人系統又稱為無人駕駛中運量系統，在台灣簡稱為中運量系統。多數的中運量系統主要在有限制性及主要的活動中心營運，如機場、娛樂及教育機構、大型購物商場、及市中心商業區等。中運量最主要利用於機場循環系統 *(圖 6.1)*。有少數的中運量在市中心（鬧區）營運以提供便利的運輸系統，而有 Downtown People Movers（DPMs）市中心區運人系統的名稱。*(圖 6.2)* 在美國自動化導軌運輸（中運量）在鬧區營運的系統有底特律的 DPM、邁阿密的 Metro Mover、坦帕（Tampa）的哈伯島區間車（Harbor Island Shuttle）及佛州的傑克遜維爾（Jacksonville）的 Sky Express。

世界上第一次中運量的運用約於 1971 年初期，此後中運量的應用便在世界各個不同的機場及主要活動中心持續成長。因為中運量在當時為一個非常吸引人的新型運輸工具，在 1976 年美國的郊區大眾運輸當局 UMTA（Urban Mass Transportation Administration），開始全國示範計劃，當時吸引了 38 個城市提出建造中運量的提案。在 1976 年 12 月 4 個城市，克里夫蘭、休士頓、洛杉磯及聖保羅共同獲得 2.2 億美金的經費，但是這些城市都因為不同的原因而無法繼續推動此計劃[76]。相反的，另外 3 個城市包括邁阿密、底特律及傑森米爾則分別於 1986，1987 及 1989 建造市中心區循環系統（Downtown Circulation System）。然而，由於中運量是高資本投資，因此聯邦並沒有再提供資金給任何其他在都市中運量系統。無人駕駛中運量系統由於其造價高，因而其多半使用在機場中，以方便旅客在機場內的轉換。這種高造價高服務水準的系統最適合高票價高水準服務要求的航空旅客，因其班距非常短並有頻繁的列車服務。

圖 6.1 邁阿密國際機場無人駕駛中運量系統

圖 6.2　邁阿密市區無人駕駛中運量系統

　　除了美國之外，中運量技術的應用已不再限制於鬧區循環系統。有幾個城市將此種技術運用在幹線的服務上，而運用此技術聞名的城市有法國的里爾（Lille）(*圖6.3*)、加拿大的溫哥華 (*圖6.4*) 及台灣的台北 (*圖6.5*)，這些系統利用類似重運量及輕軌系統提供中短程的服務其運量約與輕軌系統相似。在里爾及溫哥華的系統已營運多年，在營運上（搭乘量及營運成本）均有不錯的成績。

　　無人駕駛中運量有下列幾個優點：

- 增加列車車次──因為中運量系統是由精密的電腦所控制，因此班距可降為 30 秒或更少，班距是影響服務水平的主要標準之一，因為短班距可以有效地減短總旅程所花的時間。

● 營運的彈性——因為列車是無人駕駛，所以班距的改變（如增加更多的列車）也不須增加更多的人力，此系統依照乘客的搭乘量，可在尖峰時段或特殊的節日增加班次。

● 高品質的搭程——全自動化的系統可提供較好的搭乘舒適感，因為自動控制系統確保平穩的加速及減速及停車的準確性。

● 可靠性——自動化運人系統有非常高的可靠性及有效性。高可靠度是依照其班表而測量，而可利用性（Availability）則是依照在正常的時段其系統正常運作所佔的百分比，而中運量的有效性均超過 98%。

● 安全的運輸工具——因為行駛於專有路權及全自動化而所減少的人為疏失，自動化導軌運輸（中運量）有相當好的安全記錄，自從開始營運直到目前為止沒有任何因為此系統失誤而直接造成死亡的記錄。

● 具有節省工資的潛能——自動化的優點是節省勞力支出，因為不須列車駕駛員。但是雖然系統可能需要維修人員以確保安全及適當的客服人員等，然而這些費用相對較低。

在本章其它各節將會討論一般的特性現存、系統成本及營運成本、系統績效及未來發展討論。

第二節　一般特性

無人駕駛中運量系統不論在任何的運用下如循環或幹線營運都有一個特色，就列車自動控制營運。因為中運量所運用的技術如其車廂的懸吊系統、煞車及推進系統均與一般不相同，因為是全自動列車控制所以必須行駛於專有路權上。因為路權的關係其軌道多半為高架或地下化，只有少數的平面路權，其前題為絕對沒有任何車輛或行人的干擾的全封閉系統（圖6.6）。

圖 6.3　法國里爾的無人駕駛中運量（馬特拉-VAL System）

圖 6.4　加拿大溫哥華的無人駕駛中運量（SkyTrain）

圖 6.5　台北的無人駕駛中運量（原木柵線，2009 改名為文山線）

圖 6.6　台北無人駕駛中運量行駛於專有路權

一、軌道擺設

若以系統長度、路徑設計、車輛數目、車站數及站距之設計，無人駕駛中運量系統與重運量（捷運）及輕軌系統相似。幹線設計如英國的達克蘭（Dockland）無人駕駛輕軌系統其軌道設置如 *（圖 6.7）*。如果中運量系統是主要活動中心的循環系統，循環行駛之路徑長度則傾向較短且通常車站較少及車廂較小。軌道通常設計為區間行駛、迴路（Loop）、摺疊迴路如 *（圖 6.8）*。單線區間車的軌道設計，在中間路段有避車道的設置，使得列車可以在路途中相互會車，提供列車雙向行駛 *（圖 6.8）*。如美國坦帕（Tampa）的哈伯島的區間車（Harbor Island Shuttle）以及東京成田機場第二航站的中運量系統。此種設計較適合運量低，路線短的運用，單軌只能在同一時間行駛同一個方向，中間有避車道或雙軌設計就可以提供不同方向兩列車同時行駛，單一軌道的班距是由站距、車速、車站停留時間、線乘載量及受到車廂大小及列車的排列組合而決定。

迴路軌道具有多個車站的設計是循環系統最常用的，迴路軌道設計可為單一或雙重迴路 *（如圖 6.8）*，許多主題公園及底特律市區的自動化運人系統使用的是單一迴路設計，達拉斯國際機場的自動化運人運輸系統的軌道也為此設計，而邁阿密的中運量為雙重軌道設計，單一迴路的缺點之一是如果一個旅客過站之後必須跟著列車再走一次重複的路程後才能再回到錯過的那一站（圖6.9），而雙迴路則可克服這種缺點因內外雙軌的列車行駛相對不同的方向（圖6.10）。而班距及運載量則由列車速度、車站停靠時間及車間的最小間距而決定（避免列車相撞及控制技術的應用），而運量則會因車廂容量及列車排列組合而影響。

圖 6.7　英國的達克蘭（Dockland）無人駕駛中運量系統

而摺疊迴路（Pinched Loop）的軌道設計是改善雙迴路的軌道設計在其軌道的兩端相連接（圖6.11a,b）。在此種的軌道列車從一端出發行駛於一條軌道上，停靠各站後到達另一端然後反方向向另一條軌道行駛回到出發點，而班距及路線運載量之計算與單軌道或雙軌道相同。

以上所探討的只是軌道的基本線型（Configuration），而這些基本線型可經過相互結合而創造出更多、更複雜的軌道路網以配合所須的旅行模式。無人駕駛中運量系統在底特律機場麥克納馬拉航廈，提供往返一英哩長的航廈內各個登機門的服務（並有設計分流軌道），主要服務西北航空的旅客。無人駕駛中運量系統提供機場乘客所需的舒適、便利及快速。此系統是利用奧的斯（Otis）類似電梯的技術，如 *（圖 6.12a,b）*。在 2009 年，此系統是唯一在室內營運的無人駕駛中運量。

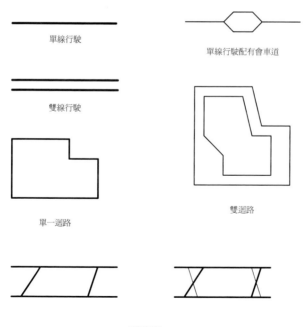

圖 6.8 無人駕駛中運量系統軌道的基本線型

圖 6.9　德州達拉斯機場（DFW）舊式無人駕駛中運量系統

圖 6.10　佛州邁阿密市區無人駕駛中運量系統為雙迴路線型

圖 6.11a　台北無人駕駛中運量系統為摺疊迴路線型

圖 6.11b　台北無人駕駛中運量系統為摺疊迴路線型

圖 6.12a　底特律機場麥克納馬拉航廈，唯一在建築內營運的無人駕駛中運量

圖 6.12b　底特律機場麥克納馬拉航廈，唯一在建築內營運的無人駕駛中運量

二、車輛

自動導軌運輸的車輛依不同的應用、生產廠商、或運用不同的科技而在形狀和大小有所不同，一般最為人知的是膠輪輪胎的車輛，如西屋（AEG-Westinghouse's）的 C100 *（圖 6.13）*（西屋現在歸龐巴迪（Bombardier）擁有），或 MATRA（馬特拉-現西門子）的車輛 *（圖 6.14）*，而這些膠輪車輛行駛於水泥表面的軌道上而由導輪（Guide Wheel）及導軌（Guide Rail）控制方向，而導輪是為避免車輛因側面力量而翻覆。膠輪具有低噪音及爬陡坡的優點，而且部分膠輪系統是使用直流量馬達其電力來自第三軌，每輛車自己有動力及控制系統。

另一個技術是由加拿大 UTDC 公司所開發，運用傳統的輪鋼軌作為車輛的支撐系統，如底特律及溫哥華的系統就運用此技術。運用此技術的原因之一為鋼輪鋼軌較有辦法符合加拿大寒冷冬天的需求，底特律及溫哥華的每一車廂底下懸吊著 Liner Induction Motor（線型感應馬達）[77]。

也有其它技術如壓縮空氣懸浮鋼纜推動或是磁浮科技等[78]。除了這些車輛外，有些更小的車輛如纜車或氣壓推進所應用的車輛。中運量車輛的尺寸、車廂容量、懸吊系統、車廂結構、動力、推進力及剎車等因不同廠商而異，*圖 6.15 及 6.16* 為中運量車廂的一種型態，*表 6.1* 為自動化導軌運輸的一般特性，在*表 6.1* 中馬特拉（現西門子）VAL 系統中最小的車輛數為一對車（*圖 6.17*），除了表中所列的車輛外，另外有較小的車輛因旅行的距離而改變，一般而言，越短程的旅程如機場或停車場間的服務其所要求的座位較少，相對來說，較長旅程如主幹線的系統其座位約佔 50% 的運量。

圖 6.13　邁阿密市區西屋 C100 型系統（現為龐巴迪）無人駕駛中運量系統

圖 6.14　舊金山國際機場的龐巴迪無人駕駛中運量系統維修廠

圖 6.15　加拿大溫哥華無人駕駛中運量（SkyTrain）軌道中間的反應軌

圖 6.16　加拿大多倫多的史卡博羅（Scarborough）快速運輸線與溫哥華無人
　　　　駕駛中運量系統相似

圖 6.17a　台北營運中的木柵線（現文山線）使用馬特拉（VAL）的系統與技術

圖 6.17b　台北營運中的木柵線（現文山線）使用馬特拉（VAL）的系統與技術

三、控制及通訊系統

　　完全無人化（全自動控制）須相當精密的通訊技術及設備），
圖 6.18 為中央控制中心用以監控車輛及保持與車站內或車廂乘客
的通訊。所有的功能包含車門的開關、車輛啟動或停止、加速或減
速及速度的控制都是經由電腦，因於這些精密的控制列車的班距較
一般傳統式列車較小，一般可達到 60～90 秒。

圖 6.18　台北無人駕駛中運量的中央行駛控制中心（內湖機廠）

表 6.1　自動導軌運輸的一般特性

車輛類型		西屋 AEG C100	加拿大 UTDC ALRT	馬特拉 VAL
尺寸（英尺）	長	39.0	41.7	41.7
	寬	9.3	8.0	7.0
	高	11.1	10.3	10.7
空車淨重（磅）		30,000	14,600	32,560
容量	座位數	多樣化	40	34
	站位數	100	75	62
	最高乘載數	150	110	104
最大速度（英哩／小時）		30～52	56	50
動力裝置			2 個 120 千瓦交流線性引導引擎	120 千瓦電壓 380 直流轉輪引擎
動力		電壓 600 交流電	電壓 600 直流電	電壓 750 直流電
動力蒐集			運用彈簧、銅及石墨作為電力接收器位於底盤兩側	用滑動接觸器來取得軌道上的電力
車輛支撐		橡膠輪胎	鋼輪和鋼軌	橡膠輪胎
車輛車身	結構		使用銲接方式，重量輕的鋁製框架和外殼，鋁製蜂巢狀屋頂，蜂窩狀複合剛才地板。	鋁製一體成型的框架和外殼。
	部份材料		玻璃纖維	強化玻璃纖維
門		每邊 2 個對開式門	每邊 2 個對開式門	3 個對開式門，外部懸掛，氣壓動力
橫向引導				8 個充氣橡膠輪胎
造價（$百萬美元）		0.5～2.5		

列車自動駕駛（ATO）監控下列的幾個營運功能：

1. 速度控制。速度控制系統精確的控制車輛動力及剎車以確保行車時的舒適（如加速或減速）。
2. 設定車站停靠。如此將可確保列車停靠在月台的準確度。
3. 列車車門控制功能。此功能使車門的開與關。
4. 音效與視覺訊息控制。此功能提供即時的訊息及列車資訊，如列車的起迄站等其它資訊。
5. 能源管理。一封閉整合的車輛控制可節省能源及減少整體旅行時間。

列車自動防護（Automatic Train Protection, ATP）主要是負責控制在自動化列車行駛中的安全。ATP 有下列四個主要功能：

1. 列車間距的控制。此系統為利用軌道的迴路（Circuits）來偵測列車的位置及各列車可行駛的最大速度，而最大速度取決於土木方面的限制，如路徑弧度或營運方面的限制如開關開的位置也包括其它列車在軌道的位置等。
2. 超速控制防護。此系統在列車營運時監控車速與限制速限，如果列車不論任何原因超過限制速限，則此系統將會啟動而將列車停靠在安全的地點。
3. 轉轍器及聯鎖（Unter-locks）。確保列車在行經轉轍器的安全。
4. 車門控制聯鎖，確保車廂門在靠站時自動開關並避免開關門的延誤。

列車自動監視（Automatic Train Supervision, ATS），主要負責全系統營運的最佳化（效率），此設備位於中央控制中心並由電腦系統操作台、螢幕及通訊控制中心組成。

1. 系統監控──藉由中央電腦中心，ATS 監視及調管所有列車的運行。
2. 能源管理──ATS 提供列車有效的營運及減少耗能。

3. 警示及分析問題——此系統負責偵測全線的狀況，一有異常立即回報至中央控制中心（音效及影像），並負責監控電梯、旅客進出門、風扇、通風孔及電源分配系統的運作等。
4. 路徑及班距的控制及對策——ATS 控制列車出發的時間、路徑和停靠時間並利用這些變因作為全線最佳化的建議對策。

報告輸出——ATS 並具有報告輸出的功能，系統會將每一個子系統的每個事件紀錄或日誌一個個記錄及儲存下來，每天系統會將報告全部輸出（摘要或評論）以提供控制員分析使用。

四、安全及安全感

安全是所有運輸系統再設計及營運上最主要的考量之一，尤其以無人駕駛中運量系統更為重視安全，因為無人駕駛，所以有緊急事故發生時通常無法有人員立刻處理或發現，旅客的安全是由車廂內安全維護措施及其它先進的技術應用，如維持門的開關。大部份的車廂配有緊急電話及警鈴以備不時之需，必要時可與控制中心聯絡。若有意外發生，車門可以打開以利緊急疏散，而車輛會自動停止行駛。一般自動化導軌運輸在軌道旁提供行人徒步區以提供旅客在緊急逃生時使用。月台門也在部份的車站裝設以避免旅客意外墜落月台，當中運量進站時車門會與月台門相對齊，目前絕大部份的中運量均有月台門。

安全感是一種重要的考慮因素之一，因為系統為安全自動操作所以絕大部份的車廂及車站均無人員在場，為提昇安全感許多系統利用較開放之設計、良好照明及監視器以增加安全感。在緊急出口及售票機均有防搶防盜之設計以防不法之徒。而公共廣播系統及緊急電話均對增加安全感有加分的效果。另一個方法是車站巡邏員，如在邁阿密的鬧區，自動化導軌運輸便是使用私人的保全公司警衛來確保系統的安全，而加拿大的溫哥華在列車上均置一員用以查、賣票提供旅客協助及防止犯罪。

五、無人駕駛中運量系統的不同運用

　　無人駕駛中運量主要可分為循環式及幹線式。循環式（Circulation）主要應用於鬧區、機場內部，主要活動中心如校園、研究中心、醫療中心、主題公園、購物中心及接駁等。奧的斯無人駕駛中運量系統，採用壓縮空氣懸浮與鋼纜推動，類似奧的斯電梯的技術 *（圖 6.19-6.21）*。當系統主要提供連接兩個主要地區，則一般會使用區間式（Shuttle）線型設計，如有許多的地點需要服務則迴路形線型（Loop）將可以把每一站串聯起來，*表 6.2* 為應用循環式的中運量概況。

圖 6.19　加州洛杉磯蓋蒂博物館使用奧的斯無人駕駛中運量系統

圖 6.20 加州洛杉磯蓋蒂博物館奧的斯無人駕駛中運量系統的車站

圖 6.21 密西根州底特律機場航廈使用奧的斯無人駕駛中運量系統,是全世界唯一之室內中運量系統。

六、服務水準(LOS)

無人駕駛中運量系統或許是所有軌道運輸系統中具有最高的服務水準(LOS)。它可以以非常短的班距運行 (*圖6.22*),一般可達 90 秒或更少,並且可以在絕大多數的路徑環境保持相當的速度。因為時間就是金錢,因此無人駕駛中運量系統為美國機場最受歡迎的內部循環運具。在機場有許多的乘客及航空業人員須要在機場內活動,因此選擇無人駕駛中運量以提供高品質的服務。

表 6.2　循環式無人駕駛中運量系統的一般特性

應用		機場、醫療中心、大學校園、市區中心、停車場連接、遊樂園、動物園、購物中心等。
路線長度（英哩）		幾英哩
軌道配置		單向接送、環繞接送、雙向接送、單向環路、雙車道環路、摺疊路線、組合上敘基本配置。
路權		專用、高架、有時候的地面或地下專用權
車站間距（英哩）		0.2～1.0
運行速度（英哩／小時）		2～30
列車最小間隔時間（秒）		60～90
列車平均編成量數		1～4
車輛容量	座位	0～20
	立位	10～150
車輛支撐		鋼輪鋼軌、橡膠輪胎、氣壓動力、磁浮
路線容量（每小時每方向人次）		3000~15000

圖 6.22　台北無人駕駛中運量在終點站待命出發

表 6.3 幹線式無人駕駛中運量系統的一般特性

路線長度（英哩）		多樣
路權		專用、高架、有時候地面或地下
坡度		7%
最小彎曲（英尺）		依使用而有不同
車站間距（英哩）		0.5～1.0
最大營運速度（英哩／小時）		50
一般營運速度（英哩／小時）		37.3
最小列車間隔時間（秒）		60～90
列車平均編成量數		1 至多節
車輛容量	座位	依使用而有不同
	站位	依使用而有不同
路線容量（每小時每方向人次）		最高到 300,000

第三節　現有及新的無人駕駛中運量系統

在 1990 年代中期，約有 14 個美國機場（*表 6.4*）及 9 個其它的（外國）機場（*表 6.5*）利用中運量作為機場內部的運輸系統，其軌道路線之設計依航站大廈的設置而有所不同，其中包括單一迴路（single Loop）、雙迴路（Doubled Loop）、單線（Single Lane）或雙線（Doubled Lane）或者為摺疊迴路（Pinched Loop）。大部份機場運用的技術與西屋 AEG 及 MATRA（馬特拉-現西門子）相似，均以膠輪、傳統直流馬達、水泥軌道，只有少數機場運用不同的技術。如英格蘭的伯明罕（Birmingham）機場（磁浮及線型感應馬達）、辛辛那提（Cincinnati）國際機場及成田 Narita 國際機場利用 OTIS（歐帝斯）系統及巴黎戴高樂機場利用纜線來作為運輸系統的動力及紐華克（Newark）的新單軌電車 *（圖 6.23）*。

除了機場應用外，另外的一些幹線中運量系統也在世界上營運或規畫中，但均在美國境外有些系統是運用於非常忙碌的城市中，其它的則是建造在較小規模或者是重運量系統的支線如 Scarbourogh，多倫多（Toronto）的系統，或是其它主要運具的接駁系統，利用中運量作為幹線的系統如*表 6.6～6.8* 所示（*如圖 6.24 ～6.28*）。

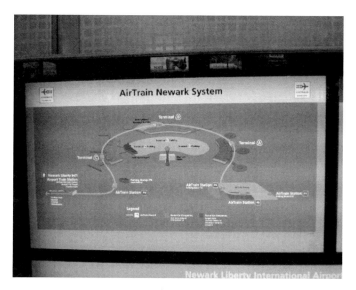

圖 6.23　紐華克（Newark）國際機場的無人駕駛中運量系統

圖 6.24　法國里爾幹線型無人駕駛中運量系統

圖 6.25　法國里爾高架幹線型無人駕駛中運量系統

圖 6.26 溫哥華幹線型無人駕駛中運量系統

圖 6.27　英國 Dockland 幹線型無人駕駛中運量系統

圖 6.28 台北木柵線（現文山線）幹線型無人駕駛中運量系統

表 6.4 美國的機場無人駕駛中運量系統

系統／城市	營運時間	長度（英哩）	路線數	車站數	車輛數	班距（秒）	路線容量（每小時每方向人次）	供應商
坦帕	1971 1987 1993	～ 0.54	5	10	16（2）	n/a	n/a	TGI UM 西屋 AEG C-100
西雅圖	1973	1.62	3	n/a	24	75	18,500	西屋 AEG C-100
達拉斯	1974	13.00	1	57	68	300～600		LTV/Vought
邁阿密	1980	0.26	1	2	6（2）	82	24,000	西屋 AEG C-100
亞特蘭大	1980	n/a	1	7	28	n/a	n/a	西屋 AEG C-100
奧蘭多	1981	1.50	4	8	12（4）	n/a	72,000	西屋 AEG C-100
休斯頓	1981	1.40		9	18			Wedway TGI

表 6.4　美國的機場無人駕駛中運量系統（續）

系統／城市	營運時間	長度（英哩）	路線數	車站數	車輛數	班距（秒）	路線容量(每小時每方向人次)	供應商
拉斯維加斯	1985	0.26	1	2	4（2）	n/a	16,000	西屋 AEG C-100
匹茲堡	1992	0.44	1	2	2（2）	100	9,000	西屋 AEG C-100
歐海爾,芝加哥	1993	3.10	1	6	13	120	6,000	MATRA
辛辛那提	1994	0.25		3				Otis Shuttle
丹佛	1994	0.73	1	4	16	n/a	12,000	西屋 AEG C-100
紐瓦克	1995	1.88	1	7	72（12）	105	2,600	西屋 AEG-Von Roll Type IIIA
檀香山	1998	3.00	1	7	19	120	8,600	西屋 AEG C-100

表 6.5　自動導軌運輸（無人駕駛中運量）在其他國家機場之運用[79]

機場	長度（英哩）	技術	安裝日期
伯明罕	0.4	GEC Transportation Projects, Ltd., 磁浮	1984
法蘭克福	1.24	西屋 AEG　C-100	1994
蓋特威克	0.19	西屋 AEG C-100	1983 及 1988
	0.74		
成田	n/a	Otis Shuttle	1992
大阪關西	0.33	Niigata	1994
	0.33		
巴黎戴高樂第 1 機場	2.17	N/A	1996
巴黎戴高樂第 2 機場	0.56	Soule/RATP	1997
新加坡	0.81	西屋 AEG C-100	1989
斯坦斯特德	0.87	西屋 AEG C-100	1991

表 6.6　自動導軌運輸(無人駕駛中運量)在主要活動中心和其他特別應用[80]

系統		開創時期	長度（英哩）	車站數	車輛數	系統配置	供應商
邁阿密	第一期	1986	1.9	9	12	雙環狀線	西屋 AEG
	延伸期	1994	2.5	12	17	雙向接送	
底特律		1986	2.9	13	12	單向環狀線	加拿大 UTDC
傑克遜維爾	第一期	1989	0.7	3	2	雙向接送	馬特拉
	第二期	n/a	1.8	6	n/a	雙向摺疊環狀線,單軌	龐巴迪公司
美國摩根城		1971～1979	3.6	5	71	雙向接送離線	波音公司
美國佛州坦帕		n/a	0.5	2	2	單向接送電纜推進	奧迪斯
美國佛州迪士尼樂園		1971	14.5	9	72	單線和雙線迴路	華特迪士尼公司

表 6.6　自動導軌運輸(無人駕駛中運量)在主要活動中心和其他特別應用[80](續)

系統	開創時期	長度(英哩)	車站數	車輛數	系統配置	供應商
美國布施花園,坦帕	1975	1.3	2	2	單迴路單軌	西屋 AEG
美國杜克	1980	0.6	3		單線和雙線接送	奧迪斯
美國夏威夷	1978	0.2	2	4	單向接送	羅爾工業公司
德國多特蒙德大學	1983	0.6	2	2	n/a	西門子
德國柏林地鐵	1984	1.4	3	n/a	n/a	n/a
澳洲雪梨	1988	2.2	n/a	6	n/a	西屋 AEG

表 6.7　世界上的自動導軌運輸（無人駕駛中運量系統）[81]

系統		狀況	長度(英哩)	車站數	車輛數	路線容量（每小時每方向人次）	供應商
法國玻爾多	第一線	1996	8.2	19	60	10,000	馬特拉
	第二線	1998	3.8	9	24	10,000	
法國里爾	第一線	1983	8.3	18	108	24,000	馬特拉
	第二線	1989	7.5	18	58	24,000	
	第三線	n/a	13.0	28	90	24,000	
法國里昂 D 線		1992	7.4	13	72	21,000	馬特拉
巴黎奧利		1991	4.5	4	16	4,900	馬特拉
法國雷恩	第一線	1998	5.6	15	16	9,200	馬特拉
	第二線	1999	10.1	20	120	n/a	
法國圖盧茲		1993	6.0	15	58	15,000	馬特拉
義大利都靈		1997	5.6	16	34	13,500	馬特拉
土耳其安卡拉地鐵		?	9.4	18	108	n/a	n/a
英國多克蘭		營運	7.2	n/a	n/a	n/a	n/a
加拿大多倫多		1983	4.4	5	24	n/a	加拿大 UTDC
加拿大溫哥華		1981	13.4	15	135	25,000	加拿大 UTDC
台灣台北		1996	7.5	12	102	35,000	馬特拉
日本山手千葉		1988	9.5	n/a	n/a	1,900	n/a
日本小倉北九州		營運	5.2	n/a	n/a	4,800	n/a
日本神戶		1981	4.0	9	72	10,800	n/a
日本小牧		1990	4.6	7	n/a	n/a	n/a
日本大官		1983	7.2	12	n/a	n/a	n/a
日本橫濱		1989	6.7	14	95	4,300	Soule SK

第四節　建造成本（Capital Costs）

　　表 *6.9* 為 5 個城市自動導軌運輸系統（無人駕駛中運量系統）的成本，此成本已經過時間與地區的修正以便相互比較。另外，在

表6.10 也列出每英哩成本、每線每英哩成本（Capital Cost Per Mile Per Lane）及每旅客英哩每方向成本的比較。從*表6.10* 可看出城市中的自動導軌運輸系統的成本範圍從每英哩每線的 27.7～93.1 百萬美金，每線每英哩平均約為 4 億 9 千 7 百萬美元。有一點須要注意的是底特律的系統為單一軌道系統，其它為雙線軌道。*表 6.11* 為 8 個機場自動導軌運輸的建造成本，改過時間與地區的修正以使其能相互比較，而自動導軌運輸可分為 3 個類別：地下、高架及高架／平面。

由*表 6.11* 可見機場的無人駕駛中運量系統的建造成本較城市中的為低，其中的原因為機場與城市中的需求與環境不同，且比城市中心的系統簡單。機場系統也不會遇到在城市中所遭遇到的問題，如路徑的限制、地理環境的限制（自然或人工）、與其它運具的連接、避免與城市建築物及道路相衝突、須避免或減少系統對交通的影響及市容美觀等。因此機場的系統通常具有較簡單的軌道設計，如此大大降低軌道的建造成本及較少的控制及通訊支出。

但有一點必須指出的是，機場無人駕駛中運量系統通常不須包含土地（土地取得費用，這個項目通常非常可觀。邁阿密的自動化導軌運輸（Metro Mover）的延伸計畫，其中土地收購為 1470 萬美金（只為延伸 2.5 英哩約 4 公里的雙向軌道）或約為總工程款的百分之六。而多倫多的 Sky Train 自動導軌運輸系統其土地收購約為 6 千萬美元（13.4 英哩約 21.44 公里的雙向軌道）或約為百分之 9.8 的總工程款（如*圖6.29～6.33*）。

表 6.8　日本的自動導軌運輸（無人駕駛中運量系統）[81]

系統	現況	長度 （英哩）	車站數	車輛數	路線容量 （每小時每方向人次）
日本北九州	1985	5.2	12		
日本豐田市	1990	8.3	8		
日本大阪	1981	4.1	8	60	5,000
日本廣島市	UDC	11.4	n/a	n/a	4,000

圖 6.29 底特律機場的無人駕駛中運量及其車廂內裝

圖 6.30　芝加哥機場的無人駕駛中運量及其車廂內裝

圖 6.31　英國市區 Dockland 幹線型無人駕駛中運量系統車輛及車廂內裝

圖 6.32　台北文湖線無人駕駛中運量系統車輛及其內裝

圖 6.33　佛州邁阿密市區無人駕駛中運量系統之車廂及其內裝

表 6.9　城市自動導軌運輸（無人駕駛中運量系統）之造價

系統	建造年份	長度（英哩）	車站數	車輛數	建造當年造價（百萬美元）	1994 年造價（百萬美元）
底特律	1986	2.9	13	12	$201	$270
傑克森維爾	1989	0.7	3	2	$32	$48
坦帕港島	1985	0.47	2	2	$7.5	$13
邁阿密	1986	1.9	9	12	$159	$264
邁阿密（延伸線）	1994	2.5	12	17	$248	$248
溫哥華空中列車	1986	13.4	15	130	$615	$814

表 6.10　自動導軌運輸（無人駕駛中運量系統）之造價總成本比較

系統	1994 年造價（百萬美元）A	系統長度（英哩）B	每英哩造價（百萬美元）A/B	每單線軌道造價（百萬美元）C	每小時每方運量（人次）D	每一千單線軌道乘客英哩造價（百萬美元）C/D
底特律	$270	2.9	93.1	93.1	12,000	$7.76
傑克森維爾	$48	0.7	68.6	34.3	4,140	$8.28
坦帕港島	$13	0.47	27.7	27.7	3,000	$9.23
邁阿密	$264	1.9	138.9	69.5	12,000	$5.79
邁阿密（延伸線）	$248	2.5	99.2	49.6	12,000	$4.13
溫哥華空中列車	$814	13.4	60.7	30.4	25,000	$1.21

第五節　營運成本

　　表 *6.12* 展示了 1992 年北美自動導軌運輸系統（無人駕駛中運量系統）之營運成本的統計資料，每營運車輛每小時的營運成本（Operating Cost per Revenue Vehicle Hour）從 51.80 美元到 207.80 美元，而其每車輛營運英哩（Per Vehicle Revenue Mile）從 2.00 美元到 19.1 美元，每旅客旅程的營運成本及每旅客英哩的營運成本分別為 0.66～3.2 美元及 0.07～3.7 美元。溫哥華的系統相較於美國的系統有非常明顯的高效率。部份的原因是溫哥華（Sky Train）有約 12 倍的人數搭乘，另外 Sky Train 以主幹線型態營運，其年旅客英哩（Annual Passenger Miles）約為美國系統的 100 倍，*表 6.13*

～*6.14* 為北美中運量系統的營運維修成本，每一車輛旅行英哩的成本（Cost Per Vehicle Mile Traveled）為$1.35 美元到$30.61 美元而（Per Equivalent Place Mile）約為$0.03 到 0.54 美元，而其平均營運及維修成本分別為$6.00 美元及$0.15 美元。

第六節　總結

　　自動導軌運輸系統（無人駕駛中運量系統）可以在短班距營運，並提供高水準服務的需求，班距可縮短至 90 秒或更快。在機場，時間就是金錢，這也是主要機場爭先使用無人駕駛中運量系統的主要原因之一。在機場有許多的乘客及航空服務的相關人員須要往來主要出入口及各航站之間，無人駕駛中運量的服務水準，正符合它的運用。但是自動導軌運輸系統昂貴的建造成本，是一個很不利其應用的因素。除非在有控制的環境狀況下，如機場需要有高水平的內部循環運輸需求服務，否則無人駕駛中運量系統相對來說是一個較不經濟的運具。

　　無人駕駛中運量系統是昂貴的運輸系統，但它可以提供高水準的服務，為飛機乘客解決在機場內的交通問題。在未來，自動導軌運輸（無人駕駛中運量），將繼續在全世界主要的機場中被廣泛的應用。2009 華盛頓杜勒斯機場年剛開放的無人駕駛中運量系統，正是機場廣泛應用它最好的例子。無人駕駛中運量系統使用價格昂貴的車輛控制專利技術，且對未來的擴建可能造成潛在的問題是它最大的缺點。因此，在未來，如同內湖線中運量系統一般的無人駕駛中運量城市系統，因為它的長度較長和建設時間與成本過高的因素，除非在高度發展的工業化國家（較高的人均所得），一般將不太會被考慮。這也是為什麼在美國有近 20 個機場擁有無人駕駛中運量系統，但是在類似台北文湖線的無人駕駛中運量幹線系統，卻從來沒有被安裝或使用過的原因。

表 6.11　機場中運量系統之建造成本（百萬美元單位以 1994 年的價格）

系統	供應商	建造年份	系統配置	車道長度	車站數	總成本造價	每車道每英哩造價
亞特蘭大機場	西屋 AEG	1980	地下化雙向	2.3	10	$108.8	$47.3
西雅圖塔科瑪機場	西屋 AEG	1973	2 條單向地下化環狀線	1.7	8	$99.8	$58.7
丹佛機場	西屋 AEG	1993	地下化摺疊迴路	1.8	4	$94.4	$52.4
休斯頓機場	WED	1981	單向地下化環狀線	1.4	5	$38.0	$27.1
中運量的平均每英哩地下化的總成本							$46.4
邁阿密機場	西屋 AEG	1980	雙向高架	0.5	10	$26.2	$52.4
奧蘭多機場	西屋 AEG	1981	3 條高架雙向	1.5	6	$45.0	$30.0
坦帕機場	西屋 AEG	1971	5 條高架雙向	1.3	12	$34.4	$26.5
中運量的平均每英哩高架的總成本							$36.3
達拉斯／沃斯堡機場	沃特公司	1974	單向高架／地面多條環狀線	12.8	28	$147.7	$11.5

表 6.12　城市中運量系統的營運統計數字（1992 年）[82]

系統	車輛營運時的最大服務總數	提供的服務		乘客使用量	
		每年車輛英哩數（1,000）	每車輛小時數（1,000）	每年旅客英哩量（1,000）	每年載運乘客旅次量（1,000）
溫哥華空中列車	112	11,641.1	449.0	328,726.8	35,268.0
底特律	10	498.0	45.7	3,596.6	2,533.8
邁阿密	9	369.5	33.9	2,590.0	2,682.5
傑克森維爾空中快車	2	73.7	5.3	163.8	283.1

表 6.13　城市中運量系統（1992 年的營運成本）[82]

系統	車輛運作時的最大服務總數	總營運成本（$1000）	每車輛小時營運成本（$）	每車輛英哩營運成本（$）	每乘客旅程行運成本（$）	每英哩乘客行運成本（$）
溫哥華空中列車	112	23,254.4	51.80	2.00	0.66	0.07
底特律	10	8,052.4	176.00	16.20	3.20	2.20
邁阿密	9	7,046.1	207.80	19.10	2.60	2.70
傑克森維爾空中快車	2	609.9	115.90	8.30	2.20	3.70
平均		9,990.7	137.90	11.40	2.20	2.20

表 6.14　機場中運量系統的營運和維護成本（1990 年的費率）[80]

系統	軌道長度（英哩）	車站數	車隊規模	每車輛英哩營運費用	每乘客英哩營運費用	每車輛小時營運費用
亞特蘭大機場	2.27	10	17	$5.11	$0.10	$51.14
芝加哥奧黑爾機場	5.00	5	13	$30.61	$0.54	$704.10
達拉斯／沃斯堡機場	13.04	28	51	$2.42	$0.09	$24.23
丹佛機場	1.85	4	16	$5.61	$0.10	$61.71
休斯頓機場	1.37	5	18	$5.21	$0.43	$31.29
拉斯維加斯麥卡倫機場	0.50	2	4	$4.34	$0.08	$73.74
邁阿密機場	0.51	2	6	$2.85	$0.05	$28.52
紐瓦克機場	4.40	7	72	$1.35	$0.12	$18.24
奧蘭多機場	2.21	6	18	$4.00	$0.08	$35.99
西雅圖塔科瑪機場	1.70	8	24	$1.86	$0.03	$16.73
坦帕機場	1.90	12	10	$3.25	$0.06	$29.22
平均操作和維護成本				$6.06	$0.15	$97.72
平均操作和維護成本				$3.60	$0.11	$37.08

註：芝加哥奧黑爾機場的數據因其差異過大而刪除。

第七章　單軌電車

第一節　簡介

　　單軌電車的概念並不是新的。單軌電車（Monorail）是軌道運輸工具的一種，是由一節或數節車廂所組成，行駛在軌道上或以懸吊的方式行駛，而軌道可為單一軌（Single Rail）、樑（Beam）或者是管（Tube）。單軌電車與其它傳統軌道運輸工具不同的地方在於其所使用的軌道，世界上第一條單軌電車由亨利龐德摩（Henry Palmer）於 1821 年在英國格蘭建造運行。其想法在於當時是為了提供較平穩及舒適的運輸工具及克服其它交通工具所面臨側面撞擊的問題而產生。

　　拉斯維加斯的高架單軌電車全長 3.9 英哩（約 6.4 公里）共七站，連接世界著名的拉斯維加斯大道上主要的旅館及週邊景點如（*圖 7.1 及 7.2*）。在 1995 年開始運行時，全長僅為一英哩且有司機操作的傳統單軌電車。到 2004 年已延長為 3.9 英哩（約 6.4 公里），並已更改為無人駕駛的全自動單軌電車系統。從 2004 年營運至 2009 年 10 月已有 3 千 6 百萬人次搭乘[83]。拉斯維加斯的單軌電車是目前美國兩個營運單軌電車中的其中之一。另一各是西雅圖系統（*圖 7.3*）。此一英哩的系統自 1962 年西雅圖世界展望會起營運至今，主要連接舊的世界博覽會會場及西雅圖中心市區（*圖 7.4*）。

圖 7.1　最初期內華達州拉斯維加斯的高架單軌電車系統。

圖 7.2　最初期拉斯維加斯的高架單軌電車系統

圖 7.3　西雅圖的單軌電車

圖 7.4　西雅圖的單軌電車連接露天商展場站（上圖）及西雅圖市區（下圖）

　　拉斯維加斯單軌電車在全市貿易博覽會時每天平均運送 67,000 人次，約等於 22,334 輛計程車旅次（預估每次乘載 3 人）或約等於 1,218 次 55 人座公車車次[83]。西雅圖單軌電車是美國境內營運最久的系統，每年大約有 150 萬人次使用，約每天 5,000 人[84]，大多數為觀光客。

　　最新的單軌電車於 2005 年的 6 月於中國的重慶開始營運（*圖 7.5*），全長 19.1 公里，18 個車站，目前每個工作日運量達 7 萬人，而在假日其運量更可達每天 10 萬人次，重慶單軌電車的設計是中運量系統（Medium-Capacity System），運量可達每小時 3 萬人[85]，此系統為日立（Hitachi）所設計，與東京單軌電車連接東京市區到東京羽田（Haneda）機場的系統相類似（*圖 7.6*）[86]。

圖 7.5　中國重慶的單軌電車

　　在 1865 年到 1935 年間，世上有好幾個單軌電車系統，主要在英國及美國。絕大部份的系統長度，約在 7～12 英哩長（11.2～19.2 公里）之間，其營運速度約在每小時 18 英哩（約每小時 30 公里）。然而因為在結構及路徑設計上的瑕疵，大部份的系統只維持營運短暫的時間。另一個造成單軌電車無法長期經營的原因是其利潤不足以負擔其營運及維修的成本。單軌電車屬於必須有專有路權的封閉式系統，大部份軌道係高架，因而其造價遠高於同屬於中運量的輕軌系統。

　　1901 年在德國烏伯特（Wuppertal）所建造的 Schwebebbahn 系統堪稱為世界上最老的單軌電車，車廂上有兩條鐵軌，每條鐵軌上各有 2 組雙邊凸輪前後並連，而且這些輪胎使得車廂吊在兩條車軌上。這個系統是單軌電車安全與可靠的表現之一。在過去的 100 多年，此系統從營運後並沒有任何死亡的意外發生。目前在世界上已有數個懸掛系式的單軌電車系統。

圖 7.6　東京單軌電車連接東京市區到東京羽田（Haneda）機場

　　因單軌電車行駛在專有路權上，因此全自動化（無人駕駛）營運是可行的。就像原來拉斯維加斯有人駕駛的單軌電車系統，擴建後改為無人駕駛的單軌電車系統。但絕大多數的單軌電車都有駕駛。因為科技的進步使得原本價格較貴及較重的車廂得以有效的改善並比較容易被接受。單軌電車的支持者宣稱，在相似的運輸技術下，其建造營運及維修的價格成本最低。然而因為單軌電車將單一軌道包裹住的與眾不同設計，所以必須使用專有路權，這因此大大提高單軌電車軌道的建造成本。相對於輕軌可以使用混合路權其所須軌道成本相對較低[87]。另外一個單軌電車所面臨的問題是在緊急時對於乘客的疏散對策，由於單軌列車軌道狹窄，再加上高架軌道高度相當於三層樓高房，因而若發生故障時需靠雲梯車才能疏散乘客。這個問題是單軌電車在美國發展的最大障礙。

第二節　系統特性

一、單軌電車的型態分類

　　單軌電車分類的方式很多。除了一般高架、平面及地底的分類外，單向、雙向系統外，單軌電車也可分為懸吊式或支撐式（*圖 7.7*），因不同軌道技術的不同而改變。懸吊式的單軌系統是車輛倒吊在特殊的單一軌道下行駛，現存的兩個型態有對稱式（Symmetrically）懸吊系統及不對稱式（Asymmetrically）懸吊系統。在對稱式懸吊系統上，車台（Bogies）直接連接到車頂，在不對稱式懸吊系統中，藉由加長的車臂連接車頂到車台上（*圖 7.8*）。一般來說，這些支架在單軌的樣式像是倒「J」的型態，而在雙軌系統則類似「T」字型，在支撐的系統裡，列車行駛於水泥建造的基座上，在此型態的高架雙軌軌道如「I」字的形狀，在大部份的軌道電車垂直的膠輪是用來支撐的，而水平輪胎則是用來控方向。懸吊系統因「鐘擺效應」（Pendulum Effect）所以可以使用於較小的轉彎半徑且速度較快。懸吊式單軌電車的缺點在於懸吊系統若失靈則車輛可能以自由落體方式下落到三層樓的高度。因為這種可能結構性上的缺點，大半單軌電車皆屬於跨越軌道的支撐式[88]。

　　而支撐式的系統較被一般所接受應用，這種技術是由瑞典工業家亞歷士‧都華（Alex Werner）所研發的。在德國的哥隆（Cologne）、美國的迪士尼世界、義大利的杜林線（Turin）均是運用此一技術，且一般支撐式的單軌電車較懸吊式低廉（*圖 7.9*）。除了列車支撐方式外，單軌電車也可以依其外形及機械技術來加以區別。

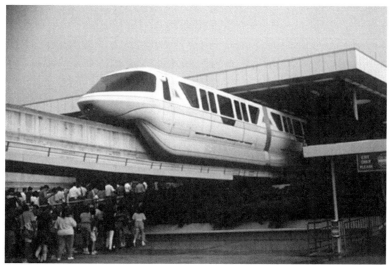

圖 7.7　支撐型的單軌電車──佛州奧蘭多迪士尼世界

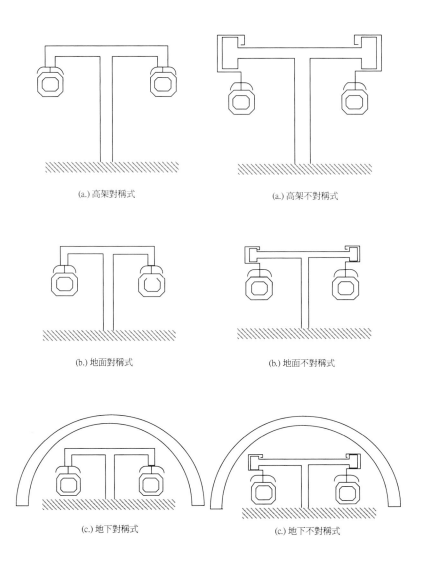

(a.) 高架對稱式　　　　　　　　　　(a.) 高架不對稱式

(b.) 地面對稱式　　　　　　　　　　(b.) 地面不對稱式

(c.) 地下對稱式　　　　　　　　　　(c.) 地下不對稱式

圖 7.8　對稱及非對稱的懸吊式單軌電車[161]

圖 7.9 單軌電車的高架支撐結構

二、外型

這些包括單軌電車列車、軌道及控制中心等較具實體可見之型態。

車輛

現代化單軌電車的外觀多呈流線性並有較為光滑外表，車身主要由較輕的金屬如鋁所製，車廂內部配有舒適的車位，車位間有足夠的空間以提供乘客舒服的搭乘，而車廂內也有足夠的空間提供給站立的通勤者（圖 7.10）。

圖 7.10　典型之單軌電車造型[89]

　　從天花板延伸的手扶桿提供站立乘客更穩的站立支撐，而車廂內的空調也確保通勤乘客的舒適，尤其是在氣候溫差大的地方，而車窗也可以在須要及緊急的狀況下被駕駛或授權的人員開啟，車廂內也提供燈光以便在夜晚及須要時的室內照明。而空調及照明的電力來自馬達發電機。

　　對講機設備提供乘客可以與授權人員在緊急及需要時的通訊。這在發生緊急事故時很有用。外觀也如同之前所述是較輕的鋁合金所製 *（圖 7.11）*，其它的車廂設備如*圖 7.12*。

　　輪胎（Running Wheels）。可以是膠胎或鋼輪，通常利用車軸放置於車底，而在輪胎附近有一個靈敏的偵測器及一個 Auxiliary Wheel（輔助輪），每個車廂有四個輪胎兩個在前兩個在後，而使用膠輪可使噪音降低。

　　導輪及穩輪（Guide Wheels and Stabilizing Wheels）。導輪是由兩對耐龍（Nylon）製的膠胎所組成，而附在導輪上的是一對輔助胎（Auxiliary），而導輪與導軌平面垂直。而穩定輪也是由兩對的（耐龍）膠輪所組成，位於軌道面的上方。

　　閃光號誌（Flash Signal）。是一照明燈光位於車頂上，這是一個警告訊號用以提醒列車將接近車站。

　　煞車設備（Breaking Device），煞車系統是由電腦控制的氣壓煞車及手煞車所組成，氣壓煞車是由安全煞車及電子煞車所組成。

　　牽引機（Traction Motor）。每一車廂均配有高伏特的牽引機。

圖 7.11　輕質材鋁合金製的單軌電車外觀

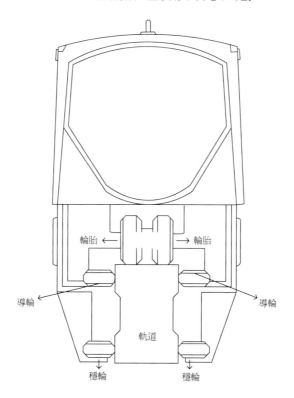

圖 7.12　單軌電車車廂之側面圖[90]

軌道

單軌電車有兩種主要的軌道結構，現代化的軌道是馬鞍式的（Straddle Type），主要的優點為此種軌道較窄，所以這也表示車廂之重量較輕且會有較低的建造成本 *(圖 7.13)*。

懸吊式軌道在結構方面較馬鞍式複雜，軌道通常由箱式施工法建造（Box Cross-Section），而鋼鑄造的軌道其寬度不均，但一般來說約為 20～26 英吋。而軌道深度也應車廂的長度及跨度的不同而有所不同，標準跨度（Span）為 70 英呎，但比 70 英呎長的跨度也是存在的 *(圖 7.14)*，軌道表面為鋼質且向兩側突出。一般軌道表面約 30 英吋寬。在高架的軌道約離地 15～20 英呎，如此確保列車可以平穩的行駛。每段軌道以每 70 英呎或更長距離為一組，依柱子或是塔式建築來支撐，因跨度不同而不同。西雅圖的單軌電車輪胎及導輪如*圖 7.15*。此圖攝於西雅圖單軌電車維修場內。

控制及通訊中心

如前所述每車廂內配有通話系統以提供乘客及車組人員以行控中心相互溝通聯絡。而控制中心必須執行數個功能，如乘客在每站的上下車及其安全均藉由位於各處的監視器所傳至控制中心的影像使得工作人員確保乘客安全。營運控制系統（Operation Control System –OCS）監控列車行駛的安全及效率，而控制中心也負責監視在車站內較不尋常的活動[90]。

中央控制中心控制系統的電力供給系統，而電力控制系統（Power Control System-PCS）負責控制變電站及其它電力供應設備，避免重大災害發生，而診斷測試部門（Diagnostic Testing Department）也附屬於中控中心的部門之一並自動偵測系統及列車的狀況並紀錄及將資料整理建檔。

三、機械與技術特性

　　表7.1 為四個單軌系統的機械及其他技術應用的整理。這些單軌電車的資料是來自 AEG 系統及 TGI 龐巴迪系統的手冊，*表 7.1* 所示均為單一車廂，除非另有說明。奧蘭多迪士尼世界所使用的是馬克 6 號（Mark III）、佛州坦帕機場所使用的是 UM III 號，澳大利亞的達琳灣（Darling Harbor）則是使用 AEG Type III。

通訊及控制（Communication & Control）

　　通訊系統由列車無線電、電話設備、提供內建螢幕及對講機所組成，它也包含公共廣播系統。列車無線電有兩種，一是列車與地區控制中心之溝通，另一是緊急使用，用以緊急斷電或停車。而對講系統可提供列車與控制中心的訊息交換，藉由電磁或列車頂上的天線來傳遞，隱藏的監視器在車廂內而在控制中心裡可藉由螢幕觀看整個車廂內部的一舉一動，如此控制中心的人員可以隨時觀察乘客上下車的情況，而藉由公共廣播系統可以告之列車進站及離站的訊息，而各月台的電子鐘則是由一個主鐘統一控制。

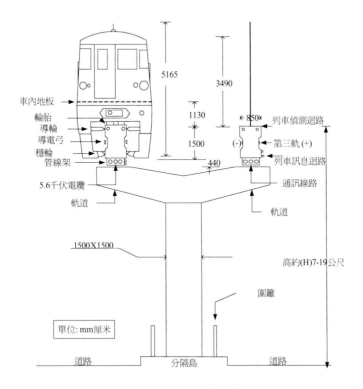

圖 7.13　單軌電車的馬鞍式軌道[90]

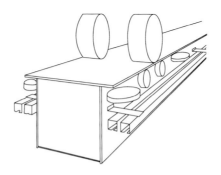

圖 7.14　軌道上之動力車輪及導輪[89]

圖 7.15 單軌電車的輪子（位於上方及中間）及導輪

表 7.1 四種單軌系統的機械和其他技術特性

參數	Mark VI 單軌電車	UM III 單軌電車	AEG Systems Type II	AEG Systems Type III
車輛長度	104 英呎 4 英吋（31,800 毫米）	26 英呎 3 英吋（8,001 毫米）	N/A	31 英呎 8.5 英吋（9,670 毫米）
車輛寬度	8 英呎 11.5 英吋（2,727 毫米）	7 英呎（2,134 毫米）	N/A	6 英呎 9 英吋（2,060 毫米）
車輛高度	10 英呎 9.5 英吋（3,291 毫米）	7 英呎 11 毫米（2,420 毫米）	N/A	8 英呎 6 毫米（2,600 毫米）
車門寬度	5 英呎 2 毫米（1,575 毫米）	4 英呎（1,219 毫米）	N/A	N/A
車門高度	6 英呎 4 毫米（1,930 毫米）	6 英呎 6 毫米（1,981 毫米）	N/A	6 英呎 9 英吋（2,000 毫米）
車輛重量	70,000 英磅（31,751 公斤）	9,250 英磅（4,196 公斤）	N/A	230 英磅／英呎（360 公斤／米）
每列車的最大車廂數	10	10	10	10
最大乘客數	166～269	26～44	40～110（seated only（只有座位））	80～200
最小轉彎半徑	175 英呎（53 米）	50 英呎（15 米）	50 英呎（15 米）	65 英呎（20 米）
最大爬坡度	0.06	0.06	0.06	0.06
運量	20,000 每小時每方向人次	10,000 每小時每方向人次	5,000 每小時每方向人次	12,000 每小時每方向人次
旅行速度	55 英哩／每小時（97 公里／小時）	20 英哩／每小時（32 公里／小時）	N/A	25 英哩／每小時（40 公里／小時）
理論上支撐點之間的距離	100 英呎～110 英呎（30 米～32 米）	70 英呎（21.3 米）	82 英呎（25 米）	98 英呎（30 米）
軌道寬度	26 英吋（660 毫米）	29 英吋（737 毫米）	22 英吋（550 毫米）	27.5 英吋（700 毫米）
所需電源	750 VDC（直流電壓）	480 VAC（交流電壓）	N/A	500 VAC（直流電壓）

四、單軌電車的安全性

下列為單軌電車的安全特點。

背景簡介

在 1901 年建造營運的單軌電車至今尚未有任何的事故發生，在 1970 年代建造的迪士尼世界的遊園列車至今也是沒有發生任何事故，而在 1985 年營運的日本（Kokura）也沒有事故的報導，而西雅圖的單軌電車最近兩年的營運也沒有任何重大的事故或死亡的報告。

軌道結構

根據重運量安全年報的數據指出絕大部份的死亡傷事故均發生在軌道系統上。而單軌電車的軌道設計及其特性，因為專有路權的全封閉系統，使得旅客誤闖軌道系統是非常困難的[91]。

列車穩定度（Train Attachment）

由於單軌電車將軌道包裹住，這較其它的軌道系統在撞擊時更能穩定的不掉出軌道，而且有三個導輪在三個不同的方向與軌道相接，列車出軌的機會應為非常小，而且在 1979 年大衛颶風更證明了，單軌電車可忍受強風的吹襲。

高架結構

單軌列車的軌道擁有專用（有）路權（均為高架）因此與地面交通發生衝撞的機會就被完全避免了。

全自動營系統

單軌電車可以全自動控制及營運，而且其系統可以提早偵測避免列車相撞。美國新澤西紐華克機場之中運量系統就是無人駕駛的單軌電車系統。

列車通訊

當有任何緊急事故的發生時,列車對講系統提供旅客與控制中心的直接聯絡,而且監視系統也可提高發現任何軌道的異常情況,可使列車安全停靠。

緊急逃生

在大多數的緊急事件,單軌電車可以由另一列車推或拉至最近的車站,在日立所生產的系統設有逃生口可使乘客往車頭或車尾逃生。

有效的煞車系統

如果系統電力遇到干擾,列車的安全煞車裝置將會啟動。

環境影響

單軌電車是低污染的運具,其膠輪可確保將噪音減到最低,而全系統以電力供應不會製造廢氣及造成空氣污染。

避雷針的設置

單軌電車的車廂配有避雷設備,以防電擊傷害。

安全帶及手把

單軌電車的座位上均有安全帶的設計,如此乘客可避免在列車撞擊或緊急停車等狀況下發生嚴重的傷害,天花板的手把也幫助站立的乘客避免跌倒。

第三節　單軌電車在都會區的運用

單軌電車至今已有將近一個世紀的演變,在初期的型態是以人力單方向的駕駛,漸漸的演化進步變成雙方向的駕駛,技術演變至今為雙向無人駕駛的全自動系統。新式的單軌電車經過許多的發展改變，現在已非常先進而且具有非常高的可靠度及運用性。現代化的單軌電車也符合業界的標準包括運載量、速度、車輛的加速減速，爬坡度可達 6% 及轉彎可小於 100 英呎[91]。

在 1901 年德國第一條單軌電車行使後這個系統（Schwebebahn）至今依然在營運，在過去一百多年的營運中沒有任何人員的傷亡，此系統擁有相當好的安全及災害紅線。

在 1964 年日本東京羽田機場的第一條單軌電車約 16.2 英哩長，因為系統的可靠度及其績效，日本路路續續在向丘（Mukogaoka）、杭州市（Kitakyushu）、湘南（Shonan）、千葉（Chiba Townliner）及大阪（Osaka）等地興建，另外許多日本的城市已進入規畫及建造時期，目前在日本每天約有超過約 50 萬人使用單軌電車。

單軌電車在美國都會區的發展由於緊急疏散的困難，固而使其大受限制。如目前加州的迪士尼樂園及佛州迪士尼世界遊樂園的系統（圖 7.16），但均非為公共運輸工具，僅有西雅圖的一英哩長的單軌（圖 7.17），及拉斯維加斯的單軌系統，提供都會區的服務。在世界各地已經開始運用單軌電車的技術，包括澳大利亞、德國、英國、法國、義大利及新加坡[91]。

有人駕駛單軌電車的技術並不是所謂的「專利技術」，世界各地均有可運用之技術及製造廠商，如幾家較知名的製造商如日本的日立公司、美加的運輸集團（Transportation Group Inc.）、澳洲的凡洛公司（Von Roll Co.）、紐西蘭的鈦明運輸（Intamin Transport），及美國泰頓公司（Titan PRT）等。

圖 7.16　佛州迪士尼世界的單軌電車外觀及內裝

圖 7.17　西雅圖單軌電車的外觀及內裝

一、營運中的單軌電車

表7.2 及 *7.3* 為美日兩國的系統簡介，其它運用此技術的國家及地區有：

澳大利亞

   (1)　雪梨達琳碼頭（Darling Harbor）

   (2)　黃金海岸，海底世界

   (3)　博必趣歐斯丘比特（Broadbeach Oasis-Jupiter Skylink）

歐洲

    (1)　德國，渥波特

    (2)　德國，達母大學（Dortmund University）

    (3)　英國，艾爾頓塔

    (4)　英國，契斯特動物園

    (5)　英國，MerryHill

    (6)　英國，Beaulitu

    (7)　德國，歐羅巴公園

    (8)　義大利，Mirabilandia

    (9)　德國，Madeburg

    (10)　德國，杜塞爾多夫國際機場

    (11)　俄羅斯，莫斯科

亞洲

    (1)　南韓，樂天世界

    (2)　南韓，Taedok Town

    (3)　新加坡，聖淘沙島

    (4)　新加坡，裕廊飛禽公園

    (5)　泰國，曼谷

    (6)　中國，深圳

    (7)　馬來西亞，雙威城

    (8)　馬來西亞，吉隆坡

    (9)　中國，重慶

    (10)　中國，上海

表 7.2　日本的單軌系統

城市／狀態	啓用年	全長（英哩）	班距	平均每日乘客量	建造成本（$百萬美元）	營運成本
東京	1957	0.2	7（分鐘）	2,500	0.55（1957）	n/a
犬山市	1962	0.7	4（分鐘）	2,000	1.4	n/a
東京－羽田機場	1964	11.1	3（分鐘）20（秒）	137,900	700	n/a
川崎市	1965	1.8	3（分鐘）	1,800（1980）	n/a	n/a
湘南市	1970	4.1	7-8（分鐘）	28,000	¥5.3 thousand million	n/a
桐生市	1971	n/a	n/a	n/a	n/a	n/a
北九州島市	1985	5.5	3（分鐘）	31,000	524	11（1986）
千葉市	1988	9.4	4（分鐘）10（秒）	44,000	402.1	n/a
大阪市	1990	14.8	5（分鐘）	79,000	601.9	n/a

表 7.3　美國的單軌系統[86]

城市／狀態	啓用年	介紹	全長（英哩）	班距（分鐘）	平均每日乘客量
加州，迪士尼樂園	1959	單軌在 20 世紀開始聞名	2.5	N/A	30,000
華盛頓州，西雅圖	1962	只剩 Alweg 建造的火車仍在運行	1.2	N/A	6,000
加拿大，拉龍德	1971	世界博覽會遺留下來的	N/A	N/A	N/A
佛羅里達州，華特迪士尼世界	1971	雖然在度假中心,但也載了百萬人次	14.7	N/A	150,000
加州，華特迪士尼大地魔法山	1971	小型軌道系統供園內運輸			
珍珠高地，夏威夷	1972	夏威夷唯一單軌鐵路	0.25	N/A	N/A
佛羅里達州，邁阿密動物園	1982	在颶風下倖存	N/A	N/A	N/A
佛羅里達州，坦帕機場	1991	自動單軌系統（無人駕駛）連接室內停車場	0.62	1.5	N/A
紐澤西州，紐華克	1995	世界上最繁忙的自動單軌系統（無人駕駛）	N/A	N/A	N/A
佛羅里達州，傑克森維爾	1997	自動單軌系統-在市中心營運（無人駕駛）	N/A	N/A	N/A
內華達州，金字塔（飯店）及石中劍（飯店）	1993		N/A	N/A	N/A
拉斯維加斯，內華達州	2004	最初 1995 年 1 英哩到現在已增加到 4 英哩	3.9	N/A	22,893

二、美加地區的單軌電車

　　美國第一條全自動隨到隨來的快速機場單軌系統在德州達拉斯的愛田機場（Love Field）於 1969 年開始測試營運達 13 年之久，在這 13 年間這 17.5 英哩長的系統以 12 個車廂曾為 2 千萬人服務。在 5 年全年無休及在任何氣候的測試下這達到百分之 99.82 的高度可靠性，而這個測試的結果令聯邦都市大眾運輸總署推薦單軌電車為另一個大眾運輸工具，可用為未來之發展，而北美州的單軌電車系統如*表 7.3*。

　　紐澤西的紐華克國際機場於 1995 年營運造價 3.78 億美金的單軌系統，這是條全長 2 英哩雙向雙軌由電腦控制的全自動列車（*圖 7.18-7.20*）。這些系統提供旅客往來機場三個航廈、停車場及租車設施方便快速的服務。其尖峰時段的班距為 90 秒，離峰時為 2 分半鐘及夜晚每 19 分鐘的班距，共有 12 列 6 節的列車，運量為每小時每方向 2 千 6 百人，可以增加為每小時每方向 3 千人。這個單軌電車系統係屬於較小型之系統（車輛較窄小）。此單軌電車的行駛速度約為每小時 27 英哩，從長期停車場「D」到「C」航廈約需 7 分鐘，相同的旅程搭乘公車在尖峰時約需花 25 分鐘，而此機場系統也向美鐵通勤列車車站（Amtrak）延伸，這是紐華克市第一條與其它系統連接的單軌電車。

　　佛州傑克森維爾（Jacksonville）的全自動空中快車原先是使用與台北木柵線（現文山線）中運量同樣的馬特拉無人駕駛自動導軌系統。第一期工程長達 0.7 英哩的路線在 1989 年通車。在 1992 年第一期工程延伸計畫由於與原供應商馬特拉的談判並不順利，使得原本要延伸至全長 2.5 英哩的計畫胎死腹中。於 1994 年 10 月市政府決定使用龐巴迪的單軌電車技術及系統，將原本的馬特拉系完全取代並延長此系統，這是第一次一個全自動導軌系統被另一個全自動單軌電車系統所取代。傑克森維爾的空中快車使用的是龐巴迪設計的全自動 UM III 型單軌電車。其中一個列車控制系統版本（SELTRAC）為加拿大溫哥華空中列車使用，此系統已在世界各地廣泛的使用。由於 UM III 型的車廂輕可使用修改過現存的馬特拉系統混凝土軌道，也不超過已存的結構負載，僅需要與現有軌道相接作簡便的支撐即可。這計畫約為 5 千 5 百萬美元，將整個馬特拉的自動導軌空中列車（1989 年）完全取代，而改頭換面的新單軌空中快車於 1997 年開始營運。

　　傑克森維爾的空中快車初期以兩車列車行駛，但列車可以雙車式的增加為 4 車（2 組）6 車（3 組）之列車而達成所期待的運量每小時每方向 3 千 6 百人。這些新的車輛行駛，在單軌的軌道約 34 英吋（86.4 公分）寬及 28 英吋（71.1 公分）深。而這單軌軌道建在約 11 英呎（3.35 公尺）寬及約 30 英吋（76.2 公分）高的圍牆內，如此可減少噪音，幫助排水及提供工作人員的安全等[92]。所有的車站約 120 英呎（36.6 公尺）長，此設計可停靠 2 到 6 節車廂的列車，月台的寬度一般為 28 英呎（8.5 公尺）。但月台設計在 3 個不同運具相結合時（複合運輸）的車站時較寬，如佛州社區大學伸威爾分校站。

圖 7.18　紐澤西州紐華克機場的單軌電車系統其外觀及內裝

圖 7.19 紐澤西州紐華克機場單軌電車及維修廠

圖 7.20　紐澤西州紐華克機場的單軌電車車站及月台門

　　在全自動控制的列車其最長等待時間為 180 秒或 3 分鐘,最大容量為每小時每線 3600 人。不須改善或更改系統的設備,Y 型軌道聯接器(Y-junction switch)是營運上的一大限制,因為這個關鍵的控制器限制在軌道行駛的列車數量。UM III 型單軌電車可以運載更多的乘客。如果將班距改為 90 秒,在不改便月台及任何系統的設備上,而車站月台上的欄杆及警告系統也不須調整,六節車廂之列車其運載量每小時每方向可達 6,700 人。

　　根據 2002 年 7 月美國廣播公司(ABC)的報導,目前系統每天只搭載 3 千人次,遠少於原本預估值。而在 2001 年的財務報表其營運收入為$513,694 美元，而支出卻為 350 萬美元。全線於 2000 年 11 月開通，共有 8 個車站。傑克森維爾發言人指出這是因為市區的經濟不佳而導致低的搭乘量，但在將來一定會營運成功，2004 年的調查目前成人票為 35 美分而老年人折扣票為 10 美分。拉斯維加斯的單軌電車使用原本迪士尼世界舊的有人駕駛單軌列車於 1 英哩長的軌上營運，於 1995 年行駛在米高梅（MGM）旅館及貝禮斯（Bally's）旅館之間運行。在 2004 年此系統延伸為 4 英哩，拉斯維加斯的成本約為每英哩 1 億 3 百萬美元（約每公里 1 億 1 百 60 萬美元）這是一條 3.9 英哩（6.3 公里）的系統，全線共 7 站每天約有近 3 萬人次使用。

拉斯維加斯的單軌電車運載量也因兩次的意外而銳減，再加上有一次車門在車輛行駛中打開，列車的安全受到質疑而影響營運，整個系統被迫關閉兩次，損失相當可觀。而供應商龐巴迪將問題解決，但有 2 個昂貴的系統必須被刪除。目前拉斯維加斯的單軌電車正面臨經濟上的困難，此系統每天虧損約 70 萬美元，為了改善財政的困難，營運者將票價提高為每人每趟 5 美金，如此提高票價只能在財務上提供小小的幫助，但卻又使搭乘的人數減少。2005 年 1 月，拉斯維加斯的單軌電車 23 英哩的延伸計畫遭到聯邦公共運輸總局的擱置，根據報導，此系統的主管機關發言人解釋，無法得到聯邦的金援是由於在第一階段較低的搭乘量，而不是聯邦公共運輸總局所指出的機械故障而造成系統無法得到援助，因此延伸計畫從此石沉大海（2005）[93]。

西雅圖全新的單軌電車也遭遇到類似拉斯維加斯的問題，西雅圖單軌電車系統，前前後後已討論超過 20 年。西雅圖的單軌電車稱為綠線（Green Line），為連接西雅圖西邊的城市布拉得（Ballard）與西雅圖市中心包括商業區及運動場等設施。這條約 13.9 英哩（22.4 公里）長的單軌電車系統，只是五條單軌電車的第一條，此系統在 1997 年的全民投票獲得通過。綠線計畫也因建造成本的增加而無法繼續進行，其建造費用約為 20 億美金，約每英哩 1 億 6

千 7 百萬美元,比建造輕軌系統還昂貴。在 2005 年 11 月的公民投中,百分之 65 的選民決定將此計畫取消,因此市政府不得不在 2008 年一月將此計劃終止,而已花費高達一億兩千五百萬美金的規畫終於正式宣告結束。這個計劃的失敗正代表了在美國單軌電車的未來非常不樂觀。西雅圖的經驗說明一個單軌電車的規畫案可引起居民的擔心及抗爭。其實綠線本身就是一個受爭議的計畫,下列為幾個可能造整個計畫案遭擱置的原因。

- 與預期的造價貴得太多(*圖 7.21-7.22*)
- 擔心不夠多的停車場
- 環境生態的影響
- 需要拆太多建築物

支持單軌電車的人士常說單軌電車的建造成本低,尤其時常以輕軌及其它軌道系統相比較,這樣的比較使人會誤解。因為不同的路權將會影響建造成本的高低,尤其是輕軌系統,例如,在支持單軌電車的團體宣稱,單軌電車是所有公共運輸系統中最便宜的,因為使用公共路權,而且不須要建造隧道而在施工時也不會全面封閉道路。過高的建造成本是西雅圖的單軌電車無獲得支持的最主要原因: 約為每英哩 1 億 6 千 7 百萬美元,而日本單軌電車之平均造價均為每英哩 1 億 3 千 8 百萬美元,而美國的輕軌其造價約在每英哩 2 千 5 百萬美元到 4 千 5 百萬美元,單軌電車的運量不會比輕軌高,但其造價卻高過於輕軌二至三倍,當然很難取得一般民眾的支持,單軌電車及輕軌的造價如*表 7.4～7.6*。

單軌電車的轉輒器(軌道轉換)相較於鋼軌鋼輪更為複雜及困難。其困難度如*圖 7.23* 一系列圖所示。絕大部份有關單軌電車的真實數據均取自於日本,這是因為日本是世界上單軌電車的主要使用國,也比其它各地擁有更多營運中的系統。為了保持一致性,所有的數據／價格均已轉換為 2002 年的幣值,而且並利用美國商業部所提供的消費指數(CPI)作調整才可公平的比較不同系統在不同年所花費每英哩的成本[94]。

表 7.4　城市單軌電車：系統建造成本每英哩成本（百萬美元、2002 年）

千葉（日本）：單軌（擴展部分）	128.2
傑克森維爾：高架（新）	81.1
北九州（日本）：單軌（新）	205.9
吉隆坡（馬來西亞）（新）	58.2
拉斯維加斯（LVMC 項目，新）	166.7
紐瓦克：自動導引單軌系統（新）	223.1
沖繩（日本）：單軌（新）	103.9
平均	138.2
資料來源：本書作者所整理	

圖 7.21　單軌電車的軌道造價較高

圖 7.22　單軌電車的窄軌道較不易逃生

表 7.5　輕軌系統（基本）建築成本—每英哩建造工程花費（百萬美元、2002 年）

外觀－最小建造工程	
巴爾的摩：　中央線第 1 階段（新）	20.0
巴爾的摩：　中央線／3（延長）	17.4
丹佛：　丹佛輕軌（中央線）（新）	25.9
丹佛：　丹佛輕軌（西南延長線）	21.5
波特蘭：　波特蘭輕軌東區線（新）	28.3
沙加緬度：　沙加緬度新建輕軌線（新）	13.1
沙加緬度：　沙加緬度-麥斯德（Mather）延長段	16.4
聖路易斯　伊利諾伊西南轉乘線（延長）	19.4
鹽湖城：　猶他輕軌新線	22.8
聖地牙哥：　電車 藍線（延長）	33.2
聖地牙哥：　電車 橘線（延長）	24.9
聖荷西：　聖荷西瓜達盧佩走廊（新）	27.8
聖荷西：　聖荷西達斯曼走廊（延長）	46.5
平均	24.4
資料來源：本書作者所整理	

表 7.6　輕軌系統建築成本—大型建造工程每英哩花費（百萬美元、2002 年）

大型建造工程	
達拉斯：　達拉斯輕軌 Oak 崖工程	33.2
達拉斯：　達拉斯系統（North to Park Ln）	62.2
洛杉磯：　MTA 藍線	46.1
洛杉磯：　MTA 綠線	52.1
波特蘭：　波特蘭系統西部線	60.2
聖路易斯：　Metrolink（新建）	37.2
平均	48.5
資料來源：本書作者所整理	

圖 7.23　日本東京單軌電車的軌道轉換

三、其它國家的單軌電車

在亞洲可以發現許多新建的單軌電車，日本是單軌電車主要的使用及供應者，日本成功的系統也成為亞洲其它國家的學習對象，兩個最成功的例子是馬來西亞的吉隆坡及中國的重慶市，見表7.7。馬來西亞的單軌電車是由一個具有製造公車的背景的新單軌電車供應商所製造，在 1997 年 12 月亞洲金融風暴從原本的製造商-日立手中接棒，馬來西亞在 1997 年 7 月決定靠自己重新完成全部的系統以節省經費，全長約為 8.6 英哩，11 個車站。造價為每公里三千八百萬美元。吉隆坡單軌電車系統於 2003 年完工開放使用。每天約有 45,000 人次搭乘，這個單軌電車系統在開始營運後，營運收入僅占營運支出的四分之一，虧損嚴重。馬來西亞政府終於在 2007 年接收這個系統。此電車的車輛與西雅圖於 1962 年世界博覽會興建的 Alweg（阿爾威克）單軌電車非常相近[94]。

2005 年 6 月 18 日中國的第一條阿爾威克單軌電車在重慶市營運，此系統由日立所建造主要提供市中心及附近地區的運輸，此線由重慶市的市中心地底下，向西沿著江陵河（Jialing River）的南方河岸，然後向南轉入西南方的郊區，在大渡口區為終點，工程於 2001 年 1 月開始，包括原本 2.2 公里的地下隧道及 3 個地下車站。一號線全長為 19.15 公里並有 18 個車站。重慶單軌電車是採用日本日立系統最大型的單軌車廂，其運量每小時可達三萬人次。日本國際商銀（JBIC）提供貸款以供此計畫的執行，重慶單軌電車目前在平常日約有 70,000 人次，在假日每天約有十萬人次，目前有數條相似的系統正在規劃中[95]。

表 7.7　亞洲的新單軌系統[95]

系統	全長（公里）	車站數量	每日乘客	啟用年
中國，深圳	4.4	7	N/A	1998
馬來西亞，雙威城	3.2	3	N/A	1999
馬來西亞，吉隆坡	8.6	11	45,000	2003
中國，重慶	19.1	18	70,000	2005

表 7.7　亞洲的新單軌系統[95]（續）

系統	全長（公里）	車站數量	每日乘客	啓用年
泰國，曼谷	2	4	N/A	2005
新加坡，聖淘沙島	2.1	4	N/A	2007
阿聯猶，朱美拉棕櫚島	5.4	4	N/A	2009
南韓，仁川	6.3	4	N/A	2009
沙烏地阿拉伯，阿拉伯市	6	11	N/A	2010
南韓，大坵	24	30	N/A	2014

第四節　總結

　　單軌電車最大優點是因為它使用橡膠輪胎行駛在粗糙的的混凝土軌道面上，爬坡力強於鋼輪鋼軌，它有能力攀登陡坡。這也是重慶──中國西南大城市（山城），決定使用單軌電車的最主要原因。單軌電車可以在非常狹小的路權中建造而不影響路面交通，這個特點也正是單軌電車已成為各主要的遊樂園區最受歡迎的交通運輸工具。單軌電車在大眾運輸系統方面的運用，則由於其價格相對較高，因而其不能被更廣泛的使用。

　　單軌電車在美國發展的最大瓶頸，就是它的安全問題。單軌電車萬一發生緊急事故時，消防隊的雲梯車是疏散並拯救乘客唯一的辦法。這個緊急疏散困難的大眾捷運系統在美國的未來發展受到很大的限制，美國是個非常強調運輸安全的工業化國家。這也是前後談了近 20 年的西雅圖單軌電車系統，最後還是取消，而被輕軌系統所替代。如果能在控制的環境下如主題公園或有固定乘客而且較短的旅程，單軌電車較其它的運輸工具不失為一個較符合經濟效益的一個系統。

第八章　高速鐵路

第一節　簡介

　　隨著人口的增長,許多美國都會區的地面交通運輸通道與空中走廊統都已達到其所能運送的最大飽和運量。這個現象在各大都會區及大的機場附近都會有相似的現象發生,根據美國聯邦公路總署（Federal Highway administration, FHWA）表示,在 2005 年前美國需要再增加 11,250 到 25,000 英哩的車道以維持各道路系統在 1985 年的服務水準,由於路權的限制、成本及居民的抗爭使得道路拓寬變得非常不可能[96]。

　　美國聯邦航空總署（Federal Aviation Administration, FAA）預估在西元 2000 年,美國 39 個機場將會有超過 20,000 小時的航班誤點,而較大的機場則會有每年超過 100,000 小時的航班誤點,再次由於居民的抗爭及高成本是主要阻擋機場擴建及新機場興建的原因[96] 。

　　由於公路的拓寬及機場的擴建可行性極低,因此地面高速運輸系統（High Speed Ground Transportation, HSGT）也被積極考慮,希望它可以幫助解決城市間日益嚴重的交通問題。高速運輸系統包括高速鐵路（High Speed Rail, HSR）,及高速磁浮列車（High Speed Magnetically Levitated Trains, maglev）。磁浮列車,將在下一章（第9 章）介紹。比起地上汽車運輸,高速鐵路是一個經濟的、節能的、環保的、有效及安全的城市間的運輸工具。在美國及世界各地,高速鐵路也廣泛的被應,目前日本及法國的高速鐵路線均有獲利、省時及完美的安全記錄[97],由於日本及法國的成功例子,許多國家

也紛紛建造自己的高速鐵路系統。在 2009 年初期，全世界有 17
個國家有高速鐵路的營運作業：

日本(*圖8.1*)	法國（*圖8.2*）	德國 （*圖8.3*）	意大利（*圖8.4*）
美國(*圖8.5*)	韓國 （*圖8.6*）	台灣 （*圖8.7*）	挪威
瑞典	西班牙	俄羅斯	澳大利亞
葡萄牙	中國	英國	比利時
芬蘭			

　　高速鐵路將在未來的多運具整合運輸系統（Intermodal
Transportation System）中提供高速度與高品質的服務。這個現象在
歐洲、日本、及美國都已有相當成功的例子。高速鐵路停靠主要機
場與火車站（捷運站）提供簡單及價廉的無間隙運輸。*圖8.8* 是德
國慕尼黑通勤列車、高速鐵路與捷運所組合成的三鐵共構站。*圖
8.9* 為法國戴高樂國際機場的高鐵站。位於德國法蘭克福車站的高
速鐵路及通勤列車見*圖8.10*。

圖 8.1　日本東京火車站的高速鐵路列車

圖 8.2 法國巴黎火車站的高速鐵路列車與內部景觀

圖 8.3　德國法蘭克福火車站的高速鐵路列車

圖 8.4　義大利威尼斯的高速鐵路

圖 8.5 麻州波士頓火車站的高速鐵路列車

圖 8.6　南韓釜山站的高速鐵路列車

圖 8.7　台灣新竹站高速鐵路列車

圖 8.8 德國慕尼黑通勤列車、高速鐵路與捷運所組合成的三鐵共構站。

圖 8.9　法國戴高樂國際機場的高鐵站

圖 8.10　德國法蘭克福車站的高速鐵路及通勤列車（右上角）

　　如果說都市捷運系統是二十世紀一個國家成功的象徵，高速鐵路則是二十一世紀一個國家成功的象徵。因為只有在高度發展的國家，才會強調時間就是金錢，因為發展高速鐵路可以減少行車時間，縮小城鄉「時間」的距離。高速鐵路在未來將會扮演在整合多運具運輸系統，並且改善交通及提昇生活品質的重要角色。高速鐵路不但能提供快速的運輸服務，同時更能降低環境污染至最低甚至零污染（綠色交通）。雖然高速鐵路主要是提供城市間較長程的服務，但是也可提供少數可負擔得起較高車資的乘客往來少於 60 英哩（96 公里）的旅程。例如，台北至桃園或台北至新竹的通勤服務。

第二節　高速鐵路的技術特性

　　高速鐵路系統是將傳統鋼輪鋼軌軌道系統升級所組成，並可使列車能行駛達到每小時 125 英哩（每小時 200 公里）以上的速度。新的高速鐵路在全封閉專有路權（高架、地面或地下）的軌道上可行駛到每小時 200 英哩（每小時 320 公里）更有在測試速度達到每小時 322 英哩（每小時 515 公里）的記錄。

　　軌道高架或地下化、電氣化、軌道和信號系統的改進，新的列車傾斜技術已被用於更新現有傳統的鐵路系統。能夠使用貨運和通勤列車的現有軌道，並選擇多種相容的車廂這是傳統鐵路的主要的優點。然而，主要的缺點是傳統鐵路系統升級的運行速度只能提高到時速最高約 125 英哩[96]。軌道曲率是主要限制的因素，因為使用現有的列車運行路權無法行駛較高的速度。然而，使用傾斜列車的技術可讓問題得到解決。這項技術使一般車體利用轉彎而傾斜，從而降低了乘客對離心力的感覺，如此，降低了昂貴的軌道矯直與路堤費用。傾斜式列車比傳統列車在不造成乘客安危的情況下能讓列車過彎時，行駛較為原速度快 15%～25%。傾斜列車技術已應用在較次級的快速列車中，這主要是由於機械的複雜性，可靠性的問題，及列車增加的重量[96]。

　　為了能夠讓現有的鐵路系統運行的速度高於每小時 125 英哩需要更徹底的做法。立體交叉化（Grade-separated）、使用專用軌道、和緩的過彎度、適當的坡度、電氣化和推進系統、車廂重量輕簡化、全自動列車信號和通訊設備的特點都是能使新的軌道上行駛的高鐵系統，其行駛速度超過每小時 200 英哩[96]。

　　連續無縫的軌道與實心鋼輪是高鐵新軌道的標準設計。高速鐵路的軌道需求相當嚴苛，包括在建造時大部分新的軌道上要維持最

小坡度、彎度及適當的進彎和出彎曲度。高速鐵路要在城市地區的
路權維持高速行駛可能造成問題。一種妥協的辦法就是在部分的路
段限制行駛速度，但這會將整體速度下降。現代高鐵的動力來源都
是電力。現代化的高速鐵路需要更多的基礎設施系統，包括沿線配
置高架配電系統和變電站（*圖 8.11*）。相較之下，柴油電力機車提
供良好的燃油經濟性和高可靠性，這些電力推進系統提供較高的短
期動力輸出與良好的加速性能和優異的煞車系統。它們的輕車廂降

圖 8.11　台灣高鐵的高架電力系統

低較少的軌道和車輛維修。然而大量金錢將投資在電氣化鐵路架線系統、變電站、抗干擾的信號系統和車輛所需的電氣化[96]。需要引起注意的是車輛增加電力推進設備重量的問題,因為增加推進設備將增加車輛重量約是速度的立方。因此「電力推進系統提供了有利的重量功力比率並更配合高鐵加速、減速和一般的速度要求」[96]。

為了高速營運專門設計的車廂,低重量列車的設置是一個重要因素。為減少車軸負荷,盡量減少車輛及軌道維修費用。以空氣流動學製造的車輛減少了空氣阻力。為了保護乘客讓氣壓集結在隧道的出入口也很重要,因此一些列車的壓力密封設計讓列車行駛速度高於每小時 125 英哩[96]。

高度自動化精確的信號、通信和控制系統運營所需的鐵路客運系統讓列車服務在頻繁的高速行駛時有一個安全的和有效的方式。列車位置檢測和安全的軌道路線路徑與其他主要組成部分確保高鐵列車在高速營運行駛的安全,確保交換機和道岔設置正確,以保障這些路徑的安全,以及列車長的溝通作業指示。為了減少人為錯誤,這也是新型的高鐵系統採用全自動列車控制的原因之一,讓列車自動運行和自動停止,以確保安全的措施。

第三節　目前的高鐵系統

一、法國

法國的高速鐵路,Train à Grande Vitesse(TGV),於 1981 年開始運作,最高時速為每小時 168 英哩(270 公里／小時)[100]。高速鐵路在大西洋號於 1989 年開始服務,目前每日有 60 列高速列車進行服務。高速列車北歐洲線(TGV Nord-Europe)部分於 1993

年啟用，其營運速度約為每小時 186 英哩（300 公里／小時）（*見圖 8.12*）。法國高鐵目前擁有全球最快的平均時速[98]，從起站到終點站最高平均時速達每小時 279.4 公里。其列車也在 2007 年達到每小時 574.8 公里的速度，既每小時 357 英哩的高速鐵路世界紀錄。

　　目前法國高速鐵路有超過 100 個定期班次，列車的平均速度為超過每小時 125 英哩（200 公里／小時），其中有 80 對高速列車運行於大西洋線，提供世界上最快的起迄時間[102]。列車運行的尖峰期班距為 10 分鐘，在巴黎東南線及大西洋線的列車有 98%的準點率。新型號的高速列車有 10 節車廂，在列車尾端有動力車廂。在每一列車可容納 485 名乘客。在尖峰期間，可以將兩列車連接在一起營運，總載客量將近 1,000 人而且保持相當的舒適性[97]。法國高鐵在 2008 年運客量達九千八百萬人次，比 2007 年成長了9.1%，是一個非常成功的系統。

圖 8.12　往返巴黎與倫敦的歐洲之星高速鐵路停靠在法國巴黎

二、日本

　　日本的子彈列車是世界上第一個高速營運的高速列車，因為它在 1964 年 10 月 1 號開始行駛於東京到大阪時達到最高速度每小時

130 英哩（210 公里／小時）。於 1959 年日本議會批准建設的高速鐵路路線在一個星期之後開始動工。該路線以 5 年半的時間完工後正好趕上在東京舉行的 1964 年奧運會。東京和大阪之間的路線約 320 英哩建造費用為 6.4 億美元。然而在營運 18 個月後，它成為唯一經營獲利的日本鐵路路線（客運或貨運）。頭五年乘客增加了 300％，在 20 世紀 80 年代末，每年超過 1 億 3 千 5 百萬人次乘坐此子彈列車[97]。

約有 80%的乘客使用新幹線往返東京和大阪之間，其最高時速可達 125 英哩，日本高鐵已打敗其他中程長度（100～500 英哩）的運輸器具。在 2008 年，光是東京到大阪的高速鐵路，每年就有一億五千一百萬乘客的運量，是全球高鐵運量最大的一條路線。第一條建立在一個完全立體交叉路段和百分之百專有路權的方式。日本高速鐵路的路網已達 1,528 英哩（2,459 公里），每日乘客超過 750,000 人次，速度可達每小時 186 英哩（300 公里）[115]。

日本鐵路技術研究所（RTRI）已建立了 ATLAS 計畫繼續進行新幹線的研究和開發。ATLAS 計畫，目的是降低噪音和更快的高速新幹線的，可使新幹線能社會環境中和諧的營運。此外，列車的加速和減速也將做改進[99]。到 2008 年三月，日本高鐵總運量自 1964 年起，在 44 年間，高達 45 億人次，比全球所有其他高鐵的總運量都大[115]。

日本的 Nazomi 高速列車服務，於 1993 年開始營運，整體平均時速每小時 131 英哩，並包含東京和博多之間 663 英哩（1,069公里），6 個車站。此行需要 5 個小時。到目前為止，已有超過 500 萬人使用此高速列車。

三、德國

德國城際特快（ICE）高速鐵路於 1991 年開始營運（*圖 8.13、8.14*）。目前，ICE 第三代的最高時速為每小時 205 英哩（每小時

330 公里）[115]。在德國新建的高速鐵路不僅行使旅客列車，也讓行駛於傳統軌道的貨運列車得以行駛。在 1994 年德國高鐵有 60 列 ICE 城際特快列車（120 輛動力車廂及 700 輛無動力車廂）運行於德國聯邦鐵路路網的 3 條路線。到 2009 年，德國高鐵已從 1994 年的三條線，擴展到八條線。另外有一條線正在興建，還有一條正在規劃中。在 2000 年時，德國高鐵開始用第三代的 ICE 列車進入荷蘭與比利時。

四、西班牙

西班牙 Alta Velocidad Española 高速鐵路（AVE）於 1992 年開始服務。目前，最高時速為 168 英哩（每小時 270 公里）[100]。西班牙政府已同意改變其標準軌距（軌之間的距離）的 5 英呎為歐洲鐵路標準的四英呎八點五英寸，以便能夠讓其他高速鐵路系統如法國及其他歐洲國家相接軌並使用。西班牙的高速鐵路可同時提供載客與載貨的服務。西班牙高鐵目前正在擴建中，預計到 2020 年，將達到 4,300 英哩（7,000 公里）總長度的高鐵路網，連接西班牙所有主要城市[115]。

五、義大利

義大利連接羅馬與佛勞倫斯 Direttissima（高速鐵路），是歐洲最早的高速鐵路，在 1988 年開始營運其最高時速為 158 英哩（254 公里/小時）[115]。目前 ETR500 推拉式高速列車，其每周末營運時速可達 186 英哩/小時（300 公里/小時）。義大利的高速鐵路可提供給旅客及貨物運輸。義大利預計在 2011 年成為全歐洲第一個全開放式的高速鐵路經營者，將使用法國 TGV 高鐵，最新的 AGV 高速電聯車（既無火車頭）。

圖 8.13　德國高速鐵路（ICE）在慕尼黑站

圖 8.14　德國高速鐵路（ICE）在斯圖加特站

六、瑞典

阿西亞布朗勃法瑞（Asea Brown Boveri-ABB），瑞典及瑞士公司所組的聯合公司，總部設在蘇黎世，與瑞典國家鐵路（SJ）研發 X2000 高速擺式列車。該計畫的目的是減少在瑞典城市間利用傳統軌道行駛的時間，因為新建全新的高速鐵路方案無法執行，而高速擺式列的技術使得行車速度增加為約每小時 109 英哩（175 公里／小時）在轉彎時其速度約增加 30～40％[101]。雖然瑞典發明了時速 200 公里的 X2000 列車，但真正的高速鐵路網卻要在 2015 年才可正式完成[115]。

七、英國

英國的第一條正式的高鐵線在 2007 年 11 月 14 日正式通車，連接倫敦與英法海峽隧道[115]。英國鐵路公司的服務，強調成本效益的技術，為全城鐵路網改善，同時利用現有的軌道和信號，避免昂貴的新基礎設施建設。英國的 IC-225 目前的平均時速為每小時 140 英哩（224 公里／小時）[102]。

八、俄羅斯

俄羅斯的 ER–200（快速列車）於 1980 年代中期開始服務。目前列車行駛速度約為每小時 125 英哩往返莫斯科和列寧格勒之間[97]。在 2008 年 12 月 26 日通車的莫斯科到聖彼得堡的高速鐵路，最高速度為每小時 155 英哩（250 公里）。

九、歐洲

歐洲隧道（海底隧道）是全世界私人資助基礎設施計畫中最大的。它提供了聯結英國和法國一個不受天候的公路和鐵路之間的聯繫。歐洲隧道 31 英哩（50 公里）長，其中 24 英哩為位於海底。它是由三條隧道組成，其中兩個隧道直徑為 25 英呎（7.6 米）的營運隧道專門提供車輛單向運行，另一個 16 英呎（4.8 米）直徑的維修隧道連接到提供車輛運行隧道間。歐洲隧道（英吉利海峽隧道）主要是一個鐵路幹線，在隧道的兩端有兩個複雜的車站大廈，其營運的班距非常接近[103]。貨運鐵路在 1994 年 5 月 6 日開始運營於歐洲隧道，客運服務在 1994 年 10 月開始。歐洲 TGV 巴黎——里爾（Lille）路段於 1993 年開放經營其最高速度為每小時 186 英哩（300 公里／小時）[100]。巴黎到倫敦的高速鐵路是依法國 TGV 標準的路線在 2007 年正式全線通車。在 2003 年之前只有部分路段通車。

十、美國

Acela 快車（通常稱為簡單 Acela）為美國鐵路公司（Amtrak）提供高速擺式列車的服務業務，華盛頓特區和波士頓之間途經巴爾的摩、費城、紐約沿著東北走廊沿線（Northeast Corridor -NEC）在美國東北部。命名為「Acela 」的目的是要強調加速性能與其卓越性。第一列 Acela 快車服務於 2000 年 12 月 11 日比預期營運的日期晚一年[104]。

Acela 的傾斜設計藉由降低離心力的概念，使得列車在 NEC 路線高速度的轉彎中仍不干擾旅客。在美國 Acela 快車是唯一真正的高速列車。這個列車非常受歡迎，根據一些計算，美國鐵路公司（Amtrak）已佔據往返華盛頓和紐約的半數以上的市場。在 2006 財政年度中，共有 2,668,174 名乘客乘坐 Acela，比去年同期增長 8.8 ％ [115]。

美國東北部地區人口稠密，東北走廊多數的旅行佔據大部分的美國鐵路客運系統。美國三分之二使用鐵路的旅客住在紐約市，賓州車站（Penn Station）也是全國最繁忙的鐵路車站。此外，沿著

Acela 路線的其他四個主要城市是：波士頓、費城、巴爾的摩和華盛頓都具有全面的軌道交通路網（重運量捷運和通勤鐵路系統）。Acela 快速列車成功的主要原因是其路線連接在人口密度高且具有完整的軌道交通網絡。

　　Acela 快速列車（高速鐵路），可以往返波士頓和紐約在短短 3 個半小時（較先前減少半小時）。紐約到華盛頓只需要 2 小時 45 分鐘。Acela 快速列車的路線如*圖 8.15*。在 2001 年 9 月 11 號後相對於航空旅行的管制及不便，Acela 快速列車提供了從市中心到市中心的服務及時間表，使得 Acela 快速列車比航空班機更具有競爭力。在 2007 年 Acela 高鐵平均每天有 8,743 人次搭乘，年運量在 319 萬人次左右[115]。

十一、中國

　　中國鐵道部計畫建造高速列車並於 2010 年起營運，全長 820 英哩（1320 公里）從北京到上海，最高時速每小時 155 英哩到 220 英哩（250 公里／小時-350 公里／小時）。新的高速鐵線將節省目前往返中國兩個最大的城市——北京和上海的時間由原本的 17 小時減少到 7 小時。該計畫的費用約為 80 億美元（$976 萬美元／每英哩）。

　　第一期的高鐵系統，是從北京到天津，於 2008 年夏天北京奧運會開幕前正式營運。新的高速鐵路連接北京與奧運協辦城市天津，其時速高達每小時 350 公里（220 英哩／小時），輕鬆擊敗法國 TGV 列車的速度，每小時 320 公里，更使日本的子彈列車像緩慢的蒸汽火車頭。

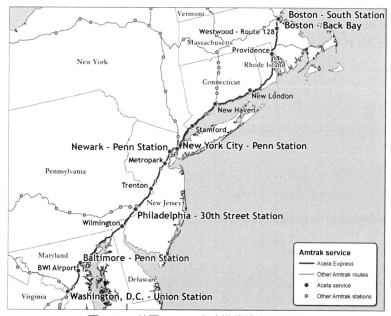

圖 8.15　美國 Acela 高速鐵路路線圖[105]

　　每天將有 47 班次的服務從北京南站（佔地約 50 英畝），只需花 30 分鐘既可抵達 110 公里外（70 英哩）的天津，比原本的旅行時間減少 1 小時。這個計畫佔整個 2008 年北京奧運會 20 億元人民幣（£1.48 billion）的近三分之一，其中包括全方位先進的運動場、高樓大廈及捷運系統等[106]。

　　此外，行駛於福州和廈門之間的高速鐵路全程 168 英哩（270 公里），是福建省和日本合資的企業所營運，使用新幹線的技術。這項工程的費用約為 21 億美元（每英哩約為 1,250 萬美元）[115]。該線行駛的最高時速為每小時 168 英哩（270 公里／小時）[100,107]。

　　在中國，鐵路運送旅客和貨物發揮了非常重要的作用。為了改善其龐大的內陸地面運輸系統，並刺激經濟，中國已經開始歷史上第二大的公共工程計畫，僅次於艾森豪州際高速公路系統的規模。

中國計畫投資超過 1 兆美元擴大其鐵路網，由現今的 78,000 公里至 2012 年的 110,000 公里及 2020 年的 120,00 公里。中國的目標是重塑利用鐵路來重新做改變，如同當年美國以州際公路重新改變美國[108]。也許最大膽的原因是到 2020 年，中國將投資 13,000 公里的高速鐵路（*見圖 8.16*）。

中國投資於兩個主要的軌道類型：超高速鐵路，列車行駛在每小時 350 公里（220 英哩／小時）的速度及典型的高速鐵路，列車行駛在每小時 200-250 公里（125～155 英哩／小時）的速度。後者軌道將與區域列車（regional）、通勤、和貨運列車共用鐵軌，而前者將保留給超高速列車單獨使用[108]。前者快速軌道類型將提供需求較高的人口集散中心使用。在「較慢」高速軌道（每小時125-155 英哩）將用於刺激客運和貨運量。

如*圖 8.16* 所示，有四個主要交通走廊正在準備高速鐵路的建造：北京─香港，北京─上海，徐州─蘭州，上海─長沙。由於絕大多數中國的人口集中在東部沿海，如此大多數的大城市將會受此新增高鐵網絡相當的幫助。北京-香港線將是此路網最長的一條之線，將超過 1,000 英哩長。作為比較，若再美國建一個同樣 1,000英哩的高速鐵路，則將會從東北角的波士頓到東南角的邁阿密[108]。鐵路對於中國的重要性，可以從一個小例子來看，那就是鐵道部是一個獨立的部級單位，與交通部平行，而且直接對國務院總理負責。

十二、韓國

經過 12 多年的建設，京釜線-Gyeongbu Line（首爾連接釜山通過大田，大邱）和湖南線- Honam Line（龍山到光州和木浦）於 2004年 3 月 31 日營運[111]。韓國高速鐵路以法國高速列車（TGV）設計為基礎以每小時 300 公里的速度花 2 小時 40 分完成首爾至釜山的旅程而傳統的鐵路需耗時 4 小時 10 分。此計畫的成本為 150 億美元，共有 46 組列車，12 組由法國的阿爾斯通（Alstom）製造，其餘在韓國的現代（Rotem）製造。列車車長 388 米長，18 個普通艙，提供 935 名座位，列車重達 771 噸。電氣化及 TVM 430 號誌相似於 TGV 巴黎到倫敦的系統。估計每年乘客超過 8,000 萬人。通用電氣阿爾斯通 GEC Alstom 的合約為 25 億美元，其中將包括 46 組列車及信號設備[109]。

圖 8.16　現階段及未來的規畫中的中國高速鐵路路徑圖[108]

2004 年 4 月，韓國高速鐵路的乘客，每天平均為 7.09 萬人次，遠遠低於最初預期的 200,000[111]。雖然營運利潤約為每天 21 億韓元，但這個利潤依然不夠付貸款，建築費用增加由最初估計的 5 兆韓元增高至 18 兆韓元（約為 50 億到 180 億美元）。

然而，營運不到兩年的時間，首爾至釜山間的鐵路市場從 2003 年的 38％增至 2005 年的將近 61％，航空運輸業的運量從 42％下降至 25％和公路運輸也從 20％下降至 14％[117]。於 2006 年 1 月 9 日，韓國高速鐵路報告中提到，在 2005 年 12 月平均每日乘客量已達到 104,600 人次，人數增長了將近 50％，每天的營業利潤高達 28 億韓元預計將於 2007 年初達到財務盈虧平衡點[112]。在 2006 年，韓國高速列車共有 3,649 萬的人次，相對於 2005 年的 3,237 萬人次。相比之下，法國高速列車在第四年的搭乘量為 1,377 萬人次，但法國系統所服務地區的人口數不如韓國系統所服務區域人口數來的高[111]。在 2007 年的農曆新年（2007 年 2 月 18 日），韓國高速鐵路達到 158,967 人次並寫下紀錄。於 2007 年 4 月 22 日營運的第 1116 天，第 100 萬人次搭乘韓國高鐵，收益達 2.78 兆韓元。在 2008 年，平均每天搭乘量為 104,000 人次，以 2009 年最高運量的比較是在 1 月 26 日有 183,000 的人次在農曆新年搭乘[118]。

韓國高速鐵路對航空運輸造成重大的影響。2007 年，由於韓國高速鐵路的競爭使公立機場因不斷下降的搭機人數，出現赤字。於 2008 年，低價的高鐵車票使高速鐵路佔有大約一半原本往來首爾-釜山間的航空市場。雖然一些低價競爭的航空公司已倒閉並退出航線，但仍然有其他的航空公司計畫在 2008 年年底進入市場競爭[112]。

十三、台灣

中華民國交通部於 1990 年 6 月，批准在台灣的西部走廊建造一條高速鐵路計畫。這條高速鐵路將連接台北與高雄經桃園，新竹，台中，嘉義，台南。這條路線的長度將為 214 英哩（345 公里），其運行的最高速度在每小時 155 英哩到每小時 186 英哩（每小時

250 公里～每小時 300 公里）之間[5，18]。台灣高速鐵路（Taiwan High Speed Rail-THSR）於 2007 年 1 月 5 日開始營運。從台北市高雄市，全線約 335.50 公里（208 英哩），*圖 8.17* 所示[113]。

　　採用日本的新幹線技術的核心系統，台灣高速鐵路使用 700T 型車廂，由川崎重工領導的日本企業財團。該計畫總經費預估為 150 億美元[113]，這是目前最大的民間資助運輸計畫之一。特快列車能夠以每小時 300 公里（186 英哩／小時）的速度行駛，台北市到與高雄市只需大約 90 分鐘，相較於傳統的鐵路運輸則需 4.5 小時，雖然高鐵有每站皆停的列車服務，從台北到高雄大約需要兩個小時的時間。

　　然而，這個（Build-Operate-Transfer-BOT）計畫有些問題，從一開始的經費來源絕大部分經費由政府和政府控制的銀行支出。立法委員提出質疑台灣高速鐵路公司（Taiwan High Speed Rail Company-THSRC）違反其承諾，該計畫應為完全私人資金，並指出這個 BOT 案 84％是政府的資助[114]。台灣高鐵公司與台灣新幹線協會（Taiwan Shinkansen Consortium-TSC）簽約，而不是與歐洲列車系統簽約一直受到長期的爭論。台灣高鐵公司依歐洲列車系統得到高鐵局的招標案而不是依日本新幹線系統。但得標後不久，台灣高鐵公司宣布，台灣新幹線協會（TSC）也得標[114]。歐洲列車系列所剩餘的一些傳奇是，由 40 位法國駕駛員及 13 位德國駕駛，開始營運日本製造的列車。台灣高鐵公司希望能訓練足夠的台灣當地的司機於 18 個月後漸漸取代這些外國駕駛[113]。

圖 8.17　台灣高鐵系統圖[113]

　　儘管營運前受到許多質疑，高鐵因為路線而受到歡迎並已減少許多台灣西部國內空運。國內航空公司和長途巴士服務受到高鐵的影響。在 2008 年 8 月高速鐵路已成功地打敗航空運輸，往來台北和西部城市的航線已有一半以上停止營運，國內航空交通量預計由 2006 年的 8 百萬人次減少到 2008 年的 400 萬人次。儘管票價便宜，長途巴士公司，也受到高鐵的影響。根據長途巴士公司的報告，乘客量減少了百分之 20% 到 30%[113]。

　　原先的估計為每日 180,000 人次，在 2036 年將增長到 400,000 人次[119]。但初步估計的乘客量後來被降為到每天 140,000 人次[120]。實際最初的乘客量則完全不符合這些預測。2007 年 9 月，營運後 6 個月，台灣高鐵每月約有 150 萬乘客搭乘[121]，大約換算為每日 50,000 人次。2008 年 7 月，台灣高鐵每日大約有 9.07 萬人次。台灣高鐵於 2008 年 4 月 6 日出現兩次高峰，在清明節假期，當時高鐵運輸量達到 132,000 人次，約發出 130 列的列車[27。在第一年的運作，直至 2007 年年底，台灣高鐵公司的列車有 99.46% 的準點率，佔用使用率為 44.72 %，約有 1,555 萬乘客人次[113]。在第二年，客運量幾乎加倍為 3,058 萬人次[113]。台灣高鐵如 *（圖 8.18-8.21）*。

　　台灣高速鐵路是一個目前最高價的 BOT 案。軌道運輸的 BOT 看起來是雙贏的情況，私人企業建造及營運此系統 35 年後再轉交回給政府。這計畫聽起來很好所以期望也很高。但台灣的經濟走下坡及世界金融海嘯也使得臺灣高鐵營運問題不斷。

　　從 2007 年到 2010 年約三年的時間已有約 700 億台幣（約 21 億美元）的虧損，約佔其資本的 2/3。十幾年前很少人可以預測新台幣 4,200 億（126 億美金）的計畫會如此。在 1980 及 1990 初期的每日運量預估從 280,000 人次驟降到 2009 年的 87,000 人次。其他正在規畫的三個車站均位於較偏僻及低開發的地區 *（圖 8.22）* 使台灣高鐵較台鐵及客運不吸引乘客使用。

圖 8.18　台灣高鐵列車

圖 8.19　台灣高鐵列車停靠在台北站

圖 8.20　台灣高鐵列車的旅客到站後下車

圖 8.21　台灣高鐵高雄站入口

圖 8.22　從新竹市區出發到新竹高鐵站需要一段時間

　　高速鐵路代表著每一個國家獨特的性質。在歐洲高鐵的頭等艙為三位一列（類似飛機上頭等艙的排列）如德國的高速鐵路系統，見*圖8.23*及法國 TGV 高速列車*圖8.24*。在亞洲、中國及台灣的高速鐵路的頭等艙均為四位一列（兩位一組）如*圖8.25*。而標準艙在日本及台灣的系統都為五位一列（3+2 的方式排列*圖8.26-8.27*。這顯示各國對於乘客的體型大小的設計需求各有不同。

　　如前所述，高速鐵路的定義為客運鐵路，其營運的最高速度為每小時 125 英哩（200 公里／小時）或更高。許多較新的高鐵系統，如台灣的高鐵系統，韓國和中國的高鐵系統都有更快的速度（300公里／小時）。*表8.1* 顯示，截至 2009 年初，有 17 個國家營運高速鐵路系統。

表 8.1　營運中的高速鐵路及其最高速度[115]

國家	預定列車	試運行速度記錄
奧地利	230 每公里小時	275 每公里小時
比利時	300, 240 每公里小時	347 每公里小時
中國	431 每公里小時（磁浮） 350, 300, 250, 200 每公里小時（傳統）	502 每公里小時（磁浮） 394 每公里小時（傳統）
芬蘭	220 每公里小時	255 每公里小時
法國	320, 300, 280, 210 每公里小時	574 每公里小時
德國	300, 280, 250, 230 每公里小時（傳統）	550 每公里小時（磁浮） 406 每公里小時（傳統）
義大利	300, 260, 200 每公里小時	368 每公里小時
日本	300, 275, 260 每公里小時（傳統）	581 每公里小時（磁浮） 443 每公里小時（傳統）
挪威	210 每公里小時	260 每公里小時
葡萄牙	220 每公里小時	275 每公里小時
俄羅斯	210 每公里小時	260 每公里小時
南韓	300, 240 每公里小時	355 每公里小時
西班牙	350, 300, 250 每公里小時	404 每公里小時
瑞典	200 每公里小時	303 每公里小時
台灣	300, 240 每公里小時	315 每公里小時
英國	300, 200 每公里小時	335 每公里小時
美國	240, 200 每公里小時	295 每公里小時

圖 8.23　德國的高速鐵路系統（ICE）頭等艙為三位一列（1+2 排列）

圖 8.24　法國的高速鐵路系統（TGV）頭等艙為三位一列（1+2 排列）

圖 8.25　台灣高速鐵路商務艙為四位一列（2+2 排列）

圖 8.26　台灣高速鐵路標準艙為五位一排（3+2 的方式排列）

圖 8.27　日本高速鐵路標準艙為五位一排（3+2 的方式排列）

　　試運行的高速鐵路和磁懸浮列車系統的歷史記錄，（德國的磁懸浮和日本的 ML/MLX）如下所示[115]：

　　1963 年－日本－新幹線－256 公里／小時（第一個國家，發展高鐵的技術）

　　1965 年－西德－103 型火車頭－200 公里／小時（第二個國家，發展高鐵的技術）

　　1967 年－法國-TGV 001－318 公里／小時（第三個國家，發展高鐵技術）

1972 年－日本－新幹線－286 公里／小時

1974 年－西德－EET-01－230 公里／小時

1974 年－法國－Aérotrain－430.2 公里／小時（高速單軌列車）

1975 年－西德－彗星－401.3 公里／小時（蒸汽火箭推進）

1978 年－日本－HSST－01－307.8 公里／小時（輔助火箭推進）

1978 年－日本－HSST－02－110 公里／小時

1979 年－日本－新幹線－319 公里／小時

1979 年－日本－ML-500R（載客）－504 公里／小時

1979 年－日本－ML-500R（載客）－517 公里／小時

1981 年－法國－高速鐵路－380 公里／小時

1985 年－西德－InterCityExperimental －324 公里／小時

1987 年－日本－MLU001（載人）－400.8 公里／小時

1988 年－西德－InterCityExperimental－406 公里／小時

1988 年－義大利－ETR 500-X－319 公里／小時（第四個國家，發展高鐵技術）

1988 年－西德－TR-06–412.6 公里／小時

1989 年－西德－TR-07－436 公里／小時

1990 年－法國－TGV－515.3 公里／小時

1992 年－日本－新幹線－350 公里／小時

1993 年－日本－新幹線－425 公里／小時

1993 年－德國－TR-07－450 公里／小時

1994 年－日本－MLU002N－431 公里／小時

1996 年－日本－新幹線－446 公里／小時

1997 年－日本－MLX01－550 公里／小時

1999 年－日本－MLX01－552 公里／小時

2002 年－西班牙－AVE Class 330－362 公里／小時（第五個國家，發展高鐵技術）

2003 年－德國－TR-08 –501 公里／小時

2003 年－日本－MLX01－581 公里／小時（目前的世界紀錄保
　　　持者）
2004 年－南韓－高鐵－350x－352.4 公里／小時（第六次國家發
　　　展高鐵的技術）
2006 年－德國－西門子 Velaro - 404 公里／小時（未修改商業列車）
2007 年－法國－V150－574.8 公里／小時

第四節　總結

　　高速鐵路可以在不受惡劣天氣影響下，高速度營運。雖然兩個
城市之間相距大於 200 多英哩（320 多公里），但能以每小時 150
英哩以上的速度行駛，既可在一個多小時內抵達原先需一倍多時間
才可抵達的目的地。此功能就是為什麼能讓高鐵系統在許多亞洲和
歐洲國家成為最熱門的選擇。然而，在美國由於汽車的廣受歡迎，
加上完整優良的免費高速公路系統，和非常大的地理區域，以及極
具競爭力的航空業，所以美國目前只有一個高鐵系統，連接東北部
的波士頓、紐約和首都華盛頓特區。除非有一個具有高需求的高度
發達運輸走廊，如波士頓至紐約市和首都華盛頓特區，或其他高需
求的地方及合適的距離（200 至 400 英哩），高速鐵路的成本效益
可能比其他運輸模式還要少。在美國由於地大和人口密度低，這就
是為什麼它只有一個東北地區的高速鐵路系統。

　　作為一個高科技，迫切解決以往任何的交通和環境問題，高鐵
的技術仍然有可能在美國的未來繼續發展，特別是美國東北部以
外。自金融海嘯後，在 2009 年 2 月，美國國會通過一個美國振興
方案，其中國會預留了八十億美元，作為發展城際高速鐵路系統。
而且加州在 2008 年 11 月通過了一個公民投票，授權加州政府發行
美金 99 億 5 千萬元的公債來建設一條南北高速鐵路。設計速度為

每小時 220 英哩（350 公里），建成後由洛杉磯道舊金山只需兩個小時 38 分鐘。加州政府預期將可拿到聯邦經費中相當多的一部分。高速鐵路未來是否能成功的發展，將取決於是否能尋找一個更經濟而有效的系統，並選擇最好的計畫執行（規劃、設計、施工）和管理方法。

第九章　磁浮列車

第一節　簡介

　　磁浮列車最初是起源於美國，磁浮（maglev）是一種新興的技術，當列車漂浮在脈衝磁場時由於沒有與地面接觸，時速可從 125 到 300 英哩以上。雖然美國目前並沒有磁浮列車的營運，但是中國的上海及日本愛知縣均有磁浮列車的營運。

　　使用磁性來推動高速地面運輸的想法早在 1907 年就被提出。第一次「相斥的」磁浮構想於 1912 年由埃米爾‧巴切萊特（Emile Bachelet）一名在美國工作的法國工程師所提出。他也利用磁浮推進一個小模型車。但是，開發一個全尺寸原型需要相當高的電量而在當時是無法達成的，因此該計畫並沒有實行。雖然美國的汽車和航空業對進行磁浮列車的研究有些進展，但相對德國和日本政府對於磁浮列車研究的大力資助及鼓勵，使得美國對於此種技術相對地進步有限。

　　儘管磁浮技術這一概念已經存在多年，只是在最近，它已從研究、開發和測試中蛻變。在美國關心磁浮技術已越來越多，特別是在通過複合式地面運輸效率法案（*Intermodal Surface Transportation Efficiency Act,* ISTEA）後，其中明確提到磁浮列車將作為交通運輸的替代辦法之一。雖然磁浮列車計畫已提出和審議，由於其成本過高實際上在美國，以及航空公司和私人汽車的競賽下並沒有得到執行。還有一些爭議關於美國是否應當投資和開發自己的磁浮技術。如果將來成本可以降低，磁浮列車將可做商業化的營運。

第二節　磁浮技術的特性

　　磁浮列車被認為是世界上最新的交通方式。代替傳統的推進方式，功能強大的磁鐵放置在車輛和沿導軌之間製造磁力，引導和推進了一列火車。當磁浮列車移動時，因為車體沒有接觸導軌，因此除了風的阻力外並沒有其他摩擦。由於磁浮列車的能源需求只相當於使用飛機能源的一小部分，因此操作磁浮列車將較營運飛機便宜。磁浮導軌的維修費用將遠低於鐵路的維修費用，這是因為磁浮列車與軌道沒有接觸和且無摩擦，因而與軌道的磨損將減少許多。

　　磁浮列車系統根據不同技術已有兩個基本的類型。德國是利用電磁懸掛（Electromagnetic Suspension-EMS）的「吸引力」物理原理。它利用了車輛和軌道之間具強力吸引力的電磁鐵。車輛外殼較低的部分圍繞導軌的下方，並中止了對下導軌有吸引力的磁場力量[124]。EMS 的系統需要一個先進的電子控制系統，用以監控並保持適當的間距（約 1 公分），以調整電源的供應使磁鐵保持間距不變。EMS 的系統本身較不穩定，如果車輛與軌道之間沒有間距，表示吸引力較強，則車輛與軌道相接觸列車停止。EMS 系統必須要求有非常準確導軌建造，通常在每 25 公尺內正負 2 毫米，因間隔相差非常小[124]。

　　其他類型的電磁浮系統是電動力懸掛（Electro Dynamice Suspension-EDS）利用磁力「相斥」的物理特性為其動力（*見圖 9.1*）。EDS 已被日本廣泛的開發，在超導磁體中的車輛推離磁鐵用來誘導導軌和導體來暫停車輛，差距大約為 4 英吋的軌距[124]。使用電磁排斥力，推動車輛，EDS 系統具有內在的穩定。與此相反的 EMS 系統，EDS 系統不需要那麼嚴格的軌道建設精確度，差距約為 4 英吋（約 10 公分）。EDS 系統必須設有車輪的，因為磁浮力量是不足在低速時將車廂浮起。當車輛時速達到 60 英哩時，車輪會收回。相較於 EDS 系統，EMS 系統在速度為零的時候可以升空並懸浮。有吸引力的和相斥性的原則解釋如何磁浮列車浮動。推進的磁浮列車的動力是由一系列的磁鐵有「推」和「拉」的不斷變化。這些變化的磁極性所產生的磁力強大到足以浮動和移動了一列火車[125]。

　　高速磁浮列車巡航速度約為每小時 300 英哩。自從城市及州際間的土地漸少，路權較少以及周邊地區發展快速，磁浮的高速可能因路線幾何設計如彎度的限制而其設計速度須減少到每小時 100～150 英哩。這些減少的速度並不構成磁浮發展的障礙，因為在鄰近城市的車站如此高的營運速度是不可行的。即便如此，短距離車站間並不意味著磁浮列車將異常緩慢。阿岡（Argonne）實驗室的報告[126]說明，磁浮列車並不適合每站停靠或短距離行駛。使用離線乘載將可使磁浮列車停靠在選定的車站或過站不停。

第三節　磁浮對於環境的影響

　　磁浮線路對於沿線的居民，噪音污染為最不存在的問題。磁浮車輛既不攜帶電源，也沒有接觸軌道。因此，磁浮列車所發出的聲音只有在高速行進時風與車身接觸的聲音。從大約 50 英呎遠，磁浮運行在高架軌道所偵測的噪音值僅為 70 分貝。這遠低於正常的汽車和卡車所造成的分貝數。令人憂慮的是磁浮所產生的磁場，對人類造成潛在的損害程度，但令研究人員感到欣慰的是磁浮列車內的電磁場強度與普通家用電器相比類似。

第四節　磁浮列車的應用

　　磁浮列車在公路旁的營運對公路及磁浮列車均不會有重大的干擾。可使磁浮列車的軌道能順利通過高速公路的交流道。有兩種方法。首先是提高磁浮軌道，高度約 40 英呎，使它能夠超越現有的交流道（建築物），方能使之營運。在這種情況下，軌道將設置於公路（洲際公路）的中央分隔島或沿著公路而建。第二個方法是使軌道穿過橋的下方（平面軌道）。這作法祇適合在郊區附近的路段，因為郊區的道路中間的中央分隔島空間較大。磁浮列車目前有三種類型的潛在應用，分別為大都會接駁系統、城際走廊系統和州際路網系統。大都會接駁系統連接了都市外圍各個地方圈的核心。城際走廊系統主要的功能是連接兩個大城市，哩程可能超過一百英哩之長。州際路網系統主要是連接兩個或兩個以上距離較遠的州。

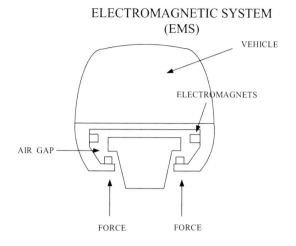

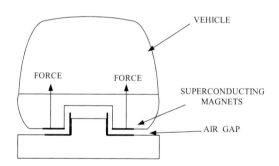

圖 9.1　Electromagnetic（電磁）及 Electrodynamic（電動力學）懸浮列車

　　德國（Transrapid）建造了世界上第一條商業用高速磁浮列車-上海磁浮列車，從上海市區的上海地鐵龍陽站到浦東國際機場，完工於 2002 年，軌道長度超過 30 公里，且創下最高時速 501 公里[127]。

　　根據規畫上海至杭州滬杭磁浮 2 號線是一條長達 175 公里，造價 350 億人民幣的磁浮列車計畫，由德國的磁浮聯合公司建造（主要是蒂森克虜伯和西門子-ThyssenKrupp and Siemens）。滬杭磁浮計畫將由上海市、杭州市，聯合中國財政部，鐵道部共同出資興建，主要出資方是上海和杭州市。原本的計畫是要在 2010 年的世界博覽會前建造完成卻因為某些爭一項目而一再拖延，始終沒有正式動工。而與磁浮計畫有衝突而推後進行的高速鐵路（傳統鋼輪鋼軌），滬杭（上海至杭州）客運專線則於 2009 年 2 月 26 日開工。因此滬杭磁浮及其機場連絡線工程實際處於被長期擱置的狀態[128]。2008 年 8 月初，浙江省政府公佈了磁浮這段的建造計畫，建造時間是 2010 年，投入近 220 億人民幣。而在浙江省計畫出爐後，上海市政府卻公開否認了這個消息。根據專家透露，目前這個計畫仍然沒有通過國家環保部的審批，既使通過了，仍然要經過發改委的審批。從目前情形來看，前景有些渺茫[129]。目前沿線居民對這個計畫的爭議主要有兩個，一個是核磁輻射污染，一個是磁浮沿線方屋貶值的問題。關於核磁輻射污染問題，在上海環保局與居民對話，解說後大部分居民表示能理解。但關於磁浮現沿線高架軌道旁個人方屋貶值是目前最大的難題[129]。

　　如果磁浮造價能降低，則對磁浮列車的建造獲得通過將有極大的益處，例如：連接東部系統和西部系統，兩個大城市的通勤時間將大幅縮短，例如：紐約市和芝加哥，如此一來，汽車或飛機的流量也會大量的減少。

第五節　當前和過去的磁浮系統

伯明翰機場的低速磁浮列車

　　低速磁浮列車服務於英國伯明翰國際機場服役 10 年（1984-1995），全長為 0.38 英哩長（625 公尺）連接機場客運大樓與伯明翰國際火車站和和附近的國家展覽中心，建造費用約為 4,800 萬美元，建造於 1981 年，花了約三年的時間建造，最高時速為 42 公里／小時（每小時 26 英哩），單程的旅行時間為 90 秒。短程磁浮運送系統於 1984 年 5 月 30 完工，在 1984 年 8 月 7 號民眾開始搭乘，在當時是世界上唯一的商業營運的磁浮系統，由於乘客日趨增多，曾改為雙列車服務而非當初的單一列車。機場官員估計，在 1991-1992 財政年度中，乘客大約為 110 萬人。每日乘客量估計為 3,014 人。保守估計，1993 年載客量為大約 630,000 人，而這個系統的最大乘載量為每小時 2,215 人。因此，乘客的數量遠遠低於該系統的最大乘載量，該列車服務的時間是平日早晨 5：00 到隔天凌晨 1：30。

　　1992 年的秋天，該系統停機因為不明原因停機了 4 個月，根據機場總工程師安東尼哈特利的說法，該系統的可靠性超過 98%。1991-1992 年財政年度，整體營運成本，包括勞動力、原材料和能源大概佔了約美元 266,000 元，每車輛英哩的成本大約 $0.24 美元。

　　高架混凝土軌道有雙軌，平均大約 16 英呎（5 公尺）的高度。車輛 19.7 英呎（6 公尺）的長度和 7.4 英呎（2.25 公尺）寬。每一輛車的最大載客量為 40 人，和終端之間的旅行時間為 90 秒。磁浮列車的下方有安裝一個線性電動機（linear-induction motor），車輛的動力來源主要是將一塊金屬極版放在軌道下方中央，經由電力反應產生動能，提供行進動能和煞車的動能，車輛和軌道大約是 0.59 英吋（15 毫米）的間隙，每輛車有兩個碳纖維集電弓，電壓是由 11 千伏轉化為 600 伏特，使集電弓接觸軌道以產生動能[143]。

下列為幾個有利的條件下，促成這條磁浮列車線的建設：

1. 研究指出，英國的鐵路磁浮實驗車輛為三噸荷重，並很容易的擴大到八噸荷重的形式。
2. 電力獲得容易。
3. 機場和鐵路建築物適合當終端平台。
4. 只需跨越一條公共道路，且沒有陡峭的坡面在其中。
5. 土地是屬於鐵路公司或是機場的。
6. 地方工業和議會的支持
7. 一些政府機關提供資助，所須支出的費用並不高。

由於部分零件的取得困難，系統難以保持運行，伯明翰慢速磁浮系統在 1995 年被關閉。其軌道再 2003 年被重新啟用，且改用了高架方式及傳統牽引電纜的空中列車（AirRail）[131]。

高速磁浮列車

由三家德國公司所合資的「磁浮高速運輸系統國際公司」是目前擁有最先進超高速磁浮列車技術的企業。這十五年來的磁浮技術發展計畫總共花費了三十億美金。自從 1983 年開始，全面系統的啟動和運行都是在位於的德國埃姆斯（Emsland）地區的磁浮實驗設施（Transrapid test facility-TVE）（見*圖9.2 和9.3*）。該計畫是從磁浮一號開始，在 1970 年時，它的運行速度為每小時五十五英哩。1979 年，磁浮五號是世界上第一個被核定為客運服務的磁浮系統。1988 年，磁浮六號做了 358 次公開示範運行，總共有大約 2 萬名乘客乘坐在試運行期間時速高達 250 英哩，25 英哩的軌道只花了八分鐘就跑完一圈了。從磁浮六號已接近可以進行正式營運的服務水準。磁浮七號被命名為 Europa（歐羅巴）它是最新、最快的版本。磁浮七號的每一節車廂都裝有 28 個磁鐵，不同於以往磁浮六號的每節車廂 32 個磁鐵。這樣的結果就是減輕了百分之二十的重量。減輕重量的結果就是讓磁浮列車擁有具有更符合空氣動力學的外型和更優越的操縱感，且讓最高速的設計許可來到了 312

英哩。磁浮七號在 1989 年 12 月 18 號，在有搭載乘客的情況下運行到了 271 英哩，創造了新的世界速度紀錄。目前世界最快的磁浮列車是日本在研發中的 EDS 高速磁浮，在 2003 年創下了每小時 361 英哩（581 公里）的高速行駛紀錄。

以下是磁浮系統的特色：

1. 中等距離約 62 英哩至 155 英哩（100 公里至 250 公里）。
2. 長途航線 155 英哩（250 公里）和 621 英哩（1000 公里），每站距約 62 英哩（100 公里）。
3. 車廂可依需求個別配置，座位可調為 100 至 375 名座位。
4. 鋼筋混凝土所建造的高架單或雙軌道。
5. 雙軌道，使 Transrapid 的磁浮列車並沿著現有鐵路的路權，可直接通往（連接）市中心的火車站。
6. 在爬坡、下坡及加速時或須要較高推進力的路段利用長型定子線性驅動（Long-stator linear drive）做為加強列車推動力的動力來源。
7. 運行速度大約在每小時 248 英哩至 310 英哩之間（400 公里每小時 500 公里／小時）。
8. 磁浮軌道提供較好的行駛環境，如轉彎半徑在時速 248 英哩（400 公里／小時）為 1,219.5 英呎（4,000 公尺），轉彎坡度提高 12 度，並可以爬坡 10%以上。這使種列車的性能可克服較陡的地形[130]。

圖 9.2　測試軌道上的德國磁浮列車[125]

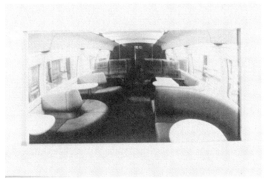

圖 9.3　德國磁浮列車的內裝 [125]

　　上海浦東國際機場的高速磁浮列車，是第一個利用德國磁浮技術於商業運行的系統《見圖9.4》。它是世界上最先進的地面運輸系統：它漂浮於軌道半英吋上方，正如在一個低空中飛的飛機一般，因為與軌道沒有任何接觸，可以讓所有旅客在每小時 267 英哩的速度，完成過一個平順且異常安靜的旅程。該線是從位於埔東的上海地鐵二號線的龍陽路站開始到浦東國際機場。這段 30 公里的距離只需 7 分 20 秒就可完成，列車可以在 2 分鐘內加速到每小時 350 公里（220 英哩），之後可以加速到最高正常運行速度每小時 431 公里（268 英哩）[131]。

　　該線是由上海磁浮交通發展有限公司經營，2008 年 5 月，該線的營運時間為每天 06：45-21：30，單程票價為 50 元人民幣（約 7.27 美元），或利用航空機票的票根或收據購買轉運優惠票價為 40 元人民幣（約 5.81 美元）購買。來回票費用為 80 元人民幣（約 11.63 美元）而貴賓票（商務艙）為標準艙票價的兩倍[132]。

　　上海浦東國際機場的高速磁浮列車，每 15 分鐘一班車。但如果乘客的目的地是西上海地區，則利用計程車將可更容易及更快地直接從浦東國際機場，到達目的地。開幕之後，整個磁浮列車乘客量平均約為乘載量的 20%──大約每天 7,000 名乘客[133]。由於營運的時數有限制、旅途短、高票價、位於浦東龍陽路的航廈地處偏遠，距離上海市中心上有一段距離，所以運輸量較低。在一班營運時段，行車速度和行車時間並不相同，如*表9.1*。

表 9.1　上海浦東機場磁浮列車的營運時間

營運時間	06：45–08：30	08：30–17：00	17：00–21：30
行車時間	8：10 分鐘	7：20 分鐘	8：10 分鐘
最高速度	300 公里／小時（190 英哩）	431 公里／小時（268 英哩）	300 公里／小時（190 英哩）

　　上海磁浮計畫用了 100 億人民幣（約 13.3 億美元），兩年半時間完成。本線共長 30.5 公里（19.0 英哩）及連接到維修機場的軌道。每英哩建造成本約為七千萬美元，對於中國來說並不是很大的花費，因為其勞動成本相較於其他工業國相對便宜。由於工資與生活境的差異，同樣的系統在歐美國家的造價，至少增加一到兩倍以上。

　　2006 年 8 月 11 日下午 2 點 40 分，一輛磁浮列車的車廂在往上海浦東龍陽路車站時起火，所幸並沒有人受傷或死亡。初步報告指出，原因可能是電力問題。上海磁浮系統及高架單軌電車系統都有相同的問題,難以在緊急情況下疏散乘客,如火災和電氣／機械的問題。只有雲梯車可以將乘客救出。

　　許多投資者對上海磁浮公司目前的經營狀況失去信心。上海磁浮公司於 2000 年 8 月成立,由上海 7 家集團公司共同出資人民幣 30 億元組建,後來增資至 45 人民幣。但截至 2008 年下半,其淨資產已下降至 34 億人民幣,負債總額仍高達 72 億人民幣。

　　目前正在營運的上海浦東機場至地鐵龍陽站磁浮線,總耗資近 100 億人民幣,其中銀行貸款 50 億元。在 2003 年通車後一直處於虧損狀態。根據上海磁浮公司財務報表上顯示,在 2004 年到 2007 年財務虧損總計超過 10 億人民幣。上海磁浮公司每年的收入僅 1 億人民幣左右,按照這樣的速度,其收回投資者需要 100 年的時間。這種超低的回收報酬率,自然使投資者對其興趣大為缺少[128]。

圖 9.4　磁浮列車離開上海浦東國際機場

圖 9.5　上海浦東機場的磁浮列車到達龍陽站

日本磁浮技術

東京 HHST 發展公司成立於 1993 年 1 月，其前身為 HHST 公司，共有 49 個投資者，包括日本航空。1980 年代，在幾個日本和溫哥華的展示會場中，HHST 極力的在幾個日本機場發展具有潛力的 HHST-100 城市通勤系統，儘管沒有被建造，但 HHST 的技術還是被認同的[134]。

日本中央鐵路局（JR）在山梨縣建設 26.25 英哩（42 公里）的磁浮試驗軌道，測試工作定在 1995 年春季開始（見圖 9.6）。根據 JR 中央主席浩田（Hiroshi Suda）的說法，該測試將以密集的方式持續到 2000 年 3 月。根據測試結果，將會確定是否使用磁浮技術，未來將把中央新幹線東京和大阪之間的新幹線也納入試驗軌道。

圖 9.6　測試及展示的 HSST-03 磁浮列車

1997 年 12 月 12 日，3 節車廂的磁浮列車 MLX01 創造世界紀錄，此載人列車運行中達到最高速度 531 公里／小時。在 12 月 24 日無載客的列車運行中達到最高時速為 550 公里／小時。1999 年 3 月 18 日，MLX01 列車由 5 節車廂組成進行測試其最高時速達到 548 公里／小時。1999 年 4 月 14 日，MLX01 的 5 節列車搭乘試乘人員進行極速測試，其速度達到每小時 552 公里[135]。2000 年 3 月，日本交通部的磁浮列車實用技術評估委員會的結論「JR 磁浮

列車是可行及具超高速的大規模運輸系統」。委員會還指出，但有
必要進一步運行測試，用於下列目的：（1）確認此系統的長期耐
用性和可靠性，（2）降低建設和運營的成本，（3）改善車輛的空
氣動力學對環境的影響。根據這些建議，進行 5 年期的試驗以改善
這些技術問題。自 2000 年起磁浮列車的技術開發已在第二階段。
2003 年 12 月 2 日，一列 3 節車廂搭乘人員的磁浮列車，其營運的
最高時速達到 581 公里／小時[135]。

在日本，第一個商業應用的磁浮列車是從 2005 年 3 月開始位
於日本名古屋市郊區愛知縣（Aichi）的東武 Kyuryo 線。這是一個
低速無人駕駛（全自動）城市磁浮系統。列車是利用電磁鐵懸浮在
0.3 英吋軌道上使用線性電動機（LIM）推進。車身是用鋁合金打
造，是目前唯一營運中的低速磁浮列車（100 公里／小時）。日本
東武 Kyuryo 線的建設費用約為每公里 1 億美元線的建設費用，即
為每英里建設費用為 1.6 億美元[136]。

東武 Kyuryo 線，也是世界上第一個商業全自動化「城市磁浮
列車」的系統。東武 kyuryo 線也稱為 Linimo。總長八點九公里（5.6
英哩）共九站。該線的最低營運半徑為 75 公尺，最大坡度為 6 %。
線性電機磁浮列車最高時速為 100 公里／小時。該線服務於當地社
區以及作為連接 2005 年世博會所在地，列車運量為 3500 名乘客／
小時，來回一趟的行程時間約為 15 分鐘，尖峰班距為六分鐘和離
鋒為 10 分鐘一班。列車是由 Chubu HSST 發展公司設計，其中還
在名古屋設有一個測試軌道[131]。

低速磁浮系統對交通所帶來的好處如下：

- 操作：無人駕駛，列車自動運行
- 最大速度：六十五英哩每小時，最大加速度為 2.5 英哩／小
  時／秒
- 最低轉彎半徑：165 英呎
- 環保：無噪音和振動
- 坡道能力：7 %

- 安全和舒適：沒有脫軌風險
- 全天候運作：在暴風雪下也可工作

第六節　美國磁浮試驗

在美國聯邦公共交通管理總局（FTA）的城市磁浮技術示範計畫的設計提供了資金給若干城市低速磁浮示範計畫。有評估 HSST 的馬里蘭交通部和科羅拉多州交通部的磁浮技術。聯邦公共交通管理局還資助美國賓夕法尼亞大學的通用原子的新磁浮設計（MagneMotion M3）及佛羅里達 EDS 系統的 Maglev2000。其他美國城市磁浮示範計畫值得注意的是華盛頓州的 LEVX 和麻州的 Magplane[131]。

在 2008 年，聯合太平洋（UP）委託進行了一項研究為 8 公里磁浮穿梭輸送器，設置於洛杉磯到長灘之間的港口及其內部複合轉運中心[137]。聖地亞哥目前正在開發合適的技術，目前通用原子已經建立了一個大約 120 公尺長的測試跑道。和上海的磁浮列車利用電磁鐵的車輛不同的是，通用原子採用了被動的技術將設備設置於軌道上。在過去 15 年至 20 年中製造永磁材料的技術有很大的進步，因此系統可以完全利用被動式的永磁材料作為懸浮和推進的動力。這可以避免在列車上配載電源。

與此同時，聯合太平洋與合作夥伴研究美國磁浮技術（AMT）已在喬治亞州的馬利耶塔（Marietta）使用列車上的推進器完成了 500 公尺載客測試軌道。美國磁浮技術和通用原子這兩家公司都著眼於發展商業型的「高速」磁浮列車，因為此種研究應會可受到聯邦交通管理局的研究補助金額約為 9000 萬美元。至少有四個路線正在研究：阿納海姆（Anaheim）拉斯維加斯、華盛頓特區的巴爾的摩華盛頓機場、匹茲堡和亞特蘭大間的機場聯繫[137]。

在美國維吉尼亞州，諾福克老道明大學（Old Dominion University in Norfolk）有條建造不到一英哩長的示範軌道。美國磁浮技術公司最初的構想磁浮系統原型造價應為 2,100 萬美元，其中 700 萬美元來自民營企業，700 萬美元的貸款來自維吉尼亞州還有 700 萬美元來自聯邦政府。儘管該系統最初是由美國建造磁浮技術公司建造，因為聯邦政府的 700 萬美元一直沒有拿到，加上其他的一些問題造成該公司放棄該計畫，並把它交給大學。該系統目前沒有進行營運，但對於研究是有益的。2006 年 10 月，研究小組對這列車進行了不定期的測試。這列車移動非常順利。不巧的是整個系統因附近的電力施工必須暫停運行，所以必須待工程竣工後才能再次運行。該系統使用了「智能列車，固定軌道」大多數傳感器、磁鐵都是在列車上，而不是在軌道上。這一系統將比現有系統每英哩造價成本還低。但是該系統原定的一千四百萬美元經費是不可能建造完成的[131]。

第七節　美國磁浮系統的建議計畫

在美國，過去 20 年裡，許多磁浮系統規畫被提出。但是，沒有一提案從「提案」階段進行到「實施」階段，因為所涉費用高昂和缺乏固定的資金來源。兩個主要反對的勢力來自於航空業的強烈反對及尋求納稅人的支持資助該項目遇到的困難。一些失敗的提案案例將在下列進行討論：

東北部

一個 12 年 7.5 億美元高速地面運輸（HSGT）計畫於 1993 年 11 月 8 日提出。新提議的路線將連接紐約、奧爾巴尼市（New York City, Albany）和水牛城。它最初將提供每小時一百二十五英哩的高速鐵路服務，於 2005 升級到磁浮系統。州長馬里奧郭默（Governor Mario Cuomo）宣布，他打算在 2005 年前花費 5.9 億美元建造一個的磁浮系統連接紐約市和奧爾巴尼市。以下為各階段磁浮系統的簡要介紹提議：

第 1 階段：2,200 萬美元，1.25 英哩的磁浮試驗軌道在紐約州紐堡的斯圖爾特國際機場（Stewart International Airport）。

第 2 階段：在 5 至 7 年間將花費 8.32 億美元建造 25 至 50 公里的示範路線。

第 3 階段：第 2 階段在最終將成為第 3 階段，紐約市和奧爾巴尼市的磁浮線。

第 4 階段：磁浮列車的服務將擴大從奧爾巴尼市到麻州的波士頓。軌道建設費用估計為每英哩 2 千 7 百到 4 千 5 百萬美元[138]。

美國陸軍工兵部隊研究實驗（ACERL）總部設在伊利諾州的香檳市，在美國馬里蘭州巴爾的摩市和紐澤西州紐瓦克之間進行了理論性的磁浮列車的測試。四個磁浮系統的概念定義計畫（SCD）對磁浮進行了建議評估，並認為磁浮將可進行營運服務，但進一步的改善是需要的，以提高未來的服務能力。

Betchel 公司的 SCD 磁浮設計的是一個以 EDS 系統，利用一個單一車廂內傾斜殼。研究報告建議修改工字鋼軌結構，以便提供兩側更多的支持。有人建議增加「鎚頭式基礎墩」（hammerhead pier）以增加負荷穩定。費用大約為每英哩 1230 萬美元。

格魯曼航空公司（Grumman Aerospace Corporation）的 SCD 採用單一車輛或連結車輛的傾斜能力作為一個環境管理體系。單一橋墩支撐雙導軌被確定為「非常有效」的直線區間磁浮列車運行。然而，單一橋墩的支撐在轉彎的路段中被認為是較不有效的方式，在美國東北部有許多地方需要這樣的設計，費用估計約為每英哩 1320 萬美元。

福斯特‧米勒（Foster-Miller）所設計的 SCD，又叫做 EDS 系統，其中包括擺式客車模式和車鼻聯結式的部分使得各節車廂相連而形成一列車。這一設計增加模糊不定的問題，像是軌道底部開放能力的問題。更多的交叉支撐中央部分的導軌底部被提議出來，這種特殊的設計是在寒冷氣候盡量減少冰雪集結，它的估計費用是 1720 萬美元每英哩。

第四設計是由米爾潘公司（Magneplane International）提交，基本上是 EDS 在單一車輛的概念，和其他三個 SCD 相比，這大大提高每英哩的成本，據估計，費用約是每英哩 3,400 萬美元。比起愛知縣低速磁浮造價高達每英哩 1 億 6 千萬美元（每公里 1 億美元）的造價，上述的造價仍太樂觀。除了高的成本之外，這種特殊的設計被發現很難進行研究，因為鋁板建造在其「圓形槽」軌道，必須要加強和推進磁浮。由於這一事實的呈現，唐納德普洛特（Donald Plotkin）ACERL 工程和材料部的計畫主持人承認，我們沒有花太多的時間在結構上。普洛特也將研究的結果編輯並命名為磁浮軌道和成本評估（Maglev Guideway and Cost Evaluation）。

雖然這四個設計的評估並沒有被美國國家磁浮計畫（National Maglev Initiative – NMI）選擇成為最喜愛的的設計，但經過成本分析，米爾潘公司的設計無疑是最不受到喜歡[139]。*表 9.2* 為四個設計的總結包括一般的性能、成本、德國 TR07 高速磁浮和法國 TGV 高速鐵路的比較。

佛羅里達州奧蘭多市

在佛羅里達州奧蘭多市有一段規畫長 13.5 英哩的磁浮列車線，磁浮交通公司（Maglev Transit, Incorporated）原定於 1994 年 6 月建造，但因為資金問題而延遲。1991 年使用德國 Transrapid 的技術被批准用於該項目其最高行駛時速為 310 英哩。最初估計之經費為六億美元（每英哩約四千四百萬美元），其中聯邦政府在 ISTEA

計畫下提供九千七百五十萬美元補助[143]。由於該計畫缺乏資金
該項目沒有實現。

紐堡（Newburg），紐約

　　1993 年，一個新的財團其中的主要成員包括格魯曼公司（Grumman）、Bethlem 鋼鐵及西屋公司（Westinghouse），提出了一項計畫，以建立一條 1.25 英哩的磁浮測試軌道在斯圖爾特國際機場（Stewart International Airport），近紐約紐堡。普格魯門公司將負責設計建造，並測試車輛和磁鐵。Bethlem 將建立軌道，而西屋將供應的推進及指揮控制系統，該財團曾尋求資金來自國防部技術轉換計畫[140]。破土儀式於 1994 年 10 月 28 日，在紐約紐堡。但由於缺乏資金該項目沒有實現。

表 9.2　高速磁浮和高速鐵路綜合性能和成本數據的比較[142]

參數	法國 TGV 高鐵	德國 TR07	貝泰公司	福斯特公司尺勒公司	格魯曼公司	米爾潘公司
概念	HSR	EMS	EDS	EDS	EMS	EDS
每列車組成	1-10-1	2	1	2	2	1
座位組成	485	156	106	150	100	140
機艙面積／席（平方英呎）	13.07	9.04	8.71	8.06	10.13	6.64
巡航速度（公尺每秒）	273.9	442.2	442.2	442.2	442.2	442.2
最小班距（秒）	240	57	36	55	30	45
巡航速度之最小半徑（英呎）	19,800	19,140	8,580	9,240	10,890	7,260
設計速度（公尺每秒）	211.2	184.8	105.6	165	214.5	330
關鍵氣隙（英吋）	NA	0.315	1.968	2.953	1.575	5.905
懸浮速度（公尺每秒）	NA	0	33	165	0	165
成本（百萬元）	27	9.4	4.1	13	8.3	20
每座位成本（千元每座位）	56	60	39	87	83	143
完成高架雙軌道系統（每英哩百萬元）1993 年數據	22.4	20	19.3	27.8	17.5	25.1
完成平面雙軌道系統（每英哩百萬元）1993 年數據	3.38	35.6	13.4	24.5	11.1	11.6

紐約市，紐約

　　磁浮列車也曾是紐約和紐澤西港務局考慮的選項之一，在 2003 年預計用以連接約翰甘迺迪國際機場和拉瓜迪亞機場。全長約 20 英哩，二十五億美元（每英哩 1.25 億美元）的計畫，此計畫將需要與其他三個較具標準化的技術選項競爭，包括專用公車道（dedicated busway），自動導軌系統（automated guideway transit），和單軌電車（monorail）。本計畫在尖峰時期班距為 5 分鐘，在離峰時為 10 分鐘，分別往返時間約為 12 至 15 分鐘，票價每張 9 美元至 12 美元，其中將包括機場班車服務費[141]。由於缺乏資金該項目沒有兌現。

加州

　　成立於 1992 年的美國加州米格林集團，一個新的磁浮集團，由四家公司組成，包括加州洛杉磯的 Thyssen-Henshel America, Incorporated，維吉尼亞的 Booz, Allen & Halmiton of McLean，聖地亞哥的美國通用原子公司（General Atomics）及洛杉磯的休斯飛機公司 Hughes Aircraft Company。提交一項提案，建立一個高速磁浮線從洛杉磯國際機場至帕姆代爾（Palmdale），並打算以此出口磁浮技術到世界各地，該財團表示努力將國防技術應用至民用領域[140]。但由於缺乏資金該項目並沒有實現。

第八節　世界上的磁浮計畫

德國

　　德國曾有一個雄心勃勃的計畫，預計建立一條 175 英哩（283 公里）磁浮列車連接柏林和漢堡。該計畫的費用估計為 8.9 億馬克或 55 億美元[143]，每英哩的建造成本約為 3,140 萬美元。該系統將採用磁浮——TR07 技術。於 1994 年 10 月，德國的上下議會批准了該計畫。聯邦資金提供 5.6 億馬克（約合 33 億美元）約 60% 的總建造成本，准許系統的設施建造。然而，未來計畫的資金來源主要來自民間團體，而這將是執行此計畫的一大障礙。

為了加快磁浮計畫，德國的聯邦運輸部宣布於 1994 年 10 月 13 號成立了公部門及私部門的聯合公司，稱為磁浮規畫股份有限公司（Transrapid Planning Corporation GmbH），規畫的工作立即展開，且將於兩三年內開始建造。預計於 2005 開始營運[144]。

德國磁浮規畫公司將獲得一半的資金，總值德國四點九億馬克，由私部門提供，其餘資金由聯邦政府提供，蒂森亨舍爾磁浮交通技術（Thyssen Henschel Maglev Transportation Technology）是主要領導私部門公司。

其他公司參與的磁浮：

西門子（Siemens）推進和運行控制系統開發

AEG 能源供應

Stahlbau Lavis 鋼導軌的設計

Dyckerhoff & Widmann 混凝土結構與設計導軌

其他公司包括：

西門子（Siemens AG）

AEG（Daimler-Benz）

Dyckerhoff & Widmann AG

Hochtief AG

Philipp Holzman AG

Deutsche Bahn（the federal railway company）

正如上述許多其他的案例，由於缺乏資金，該計畫並沒有執行。原因之一，磁浮列車一直沒遇到適合的買家，因為德國雖然為磁浮技術的領導者和創建者，但德國本身從來沒有建立一條商業化的磁浮列車系統。

2007 年 9 月 25 日，德國巴伐利亞州（Bavaria）宣布將建造高速磁浮——鐵路服務從慕尼黑市中心到機場，巴伐利亞州政府與德國鐵路、磁浮系統、西門子和蒂森克虜伯（ThyssenKrupp）簽訂的計畫，經費十八億五千萬歐元（約 26 億美元）。2008 年 3 月 27 日，德國交通部長宣布，由於建設軌道的成本上升使得該項計畫已經被取消。新的估算需要的項目需要 32 億到 34 億歐元，這即是每英里的建造成本就高達 3.4 億美元，這是高速磁浮列車的另一挫折。該計畫目前也被擱置。

中國

在中國的上海至杭州，擬興建高速磁浮鐵路，總長度為一六九公里（105 英哩），其中 64 公里（40 英哩）在上海，105 公里（65 英哩）在浙江省。預計在 2010 年世博會將有四個車站被建造：世博會的主辦地上海東部，上海南部，嘉興，和東杭州。擬議的列車設計速度是每小時 450 公里，這列車將在 27 分鐘內行駛總長 169 公里的距離。總預算為 35 億元人民幣（約 50 億美元，2008 年 4 月）。一旦建造完成，該路線將成為世界上第一個城市間提供商業服務的磁浮列車線，此路線為中國上海浦東國際機場磁浮列車的延伸。目前為止，中國上海浦東國際機場磁浮列車是世界上唯一一條高速磁浮鐵路[145]。

2007 年 5 月 26 日媒體報導表示，上海市政府宣布，此項計畫已被暫停，其理由是「輻射波污染」但上海市政府迅速否認這些報導。2008 年 1 月 2 日環境評估報告公佈，磁浮鐵路對當地環境影響微乎其微。2008 年的 1 月和 2 月，數百名居民表示反對這條列車線的建造太靠近他們的住宅，據報導，居民關注對健康的危害、噪音、和土地及房屋財產的價格下跌。上海的相關部門因應此抗爭已計畫將設置一塊緩衝區，將有 22.5 公尺寬，較德國標準寬鬆，德國標準——路線需要離住宅 300 公尺。居民代表向上海公安局提出正式請求與陳情，但被拒絕。

在 2009 年 2 月，中國宣布，該公司將在 3 月下旬開工建設「傳統的」高速鐵路，連接上海和廣州建造費用約為二百九十七億元人民幣，約四十三億五千萬美元[137]。列車速度將達 350 公里／小時，行車時間從目前的一個多小時縮短到 38 分鐘。上海市長表示，2009 年 9 月計畫的延伸到杭州的磁浮列車線可能會延遲。

即使中國是第一個擁有商用高速磁浮列車的國家，但傳統鐵路還是帶給磁浮列車很大的競爭。因為磁浮技術是有專利權的技術並不如傳統的鐵路技術方便取得，這也使買家考慮在三及其技術是否會對健康和環境造成危害。上海居民激進反對磁浮列車擴建就是一個很好的例子。

第九節　高鐵和高速磁浮列車的比較

高速磁浮列車其中的一個賣點是高速磁浮如同列車可以不用翅膀飛行並且行駛不需輪胎。然而，隨著科技日益進步，傳統的鋼輪鋼軌高速鐵路（高鐵-HSR）系統也能夠行駛至每小時 300、400 甚至 500 公里的速度。傳統高鐵變成在技術上不困難，速度也不遜色的強力競爭對手。最終結果是，即使是在德國和日本擁有高速磁浮列車技術的專利，但是在決定建造磁浮或高鐵時，磁浮也無法在德國或日本勝出。

一個較系統化的比較磁浮列車系統，特別是德國的磁浮技術與高速鐵路系統 Vuchic 和 Casello 於 2002 年清楚地表明，為什麼台灣、韓國選擇了高速鐵路而不是高速磁浮系統（見*表 9.3 和 9.4*）。結果是建造高鐵的成本比建造高速磁浮系統的成本要來的少。

高速鐵路與高速磁浮的系統性在客觀的比較下，結果如下：[146]
1. 由於科技的進步，新式的高速鐵路速度不亞於高速磁浮。

2. 高速鐵路因與現存之鐵路系統可互相包容而高速磁浮無法做到這點。

3. 高速鐵路造價低於高速磁浮，而營運費用在目前高速磁浮也無法證明其優於高速鐵路。

經過估計高速鐵路的能源消耗量較低。其他方面，如搭乘舒適性，系統形象，列車爬坡能力，噪聲等，兩者沒有一項絕對優於對方。一年前的上海居民抗議規畫中的浦東機場延長線擔心磁浮列車將排放有害輻射和降低土地及房屋價值。高鐵則沒有這個問題。

此外，高速磁浮列車是專利技術，因此購買者必須考慮未來設備採購，運營和維護的要求。另一方面，高鐵的軌道也如同典型的軌道轉換技術較高速磁浮列車簡單許多。各高鐵製造商也保證競爭採購價將會比磁浮列車的價格來的低。這就是為什麼高鐵乃是最新營運高速運具國家的首選，如台灣、韓國和中國，儘管都盼望著磁浮系統，但最終都選擇高鐵作為長途客運的運輸系統。高鐵軌道可以與其他的鐵路系統相配合成了一個磁浮系統無法打敗的特點。

表 9.3　磁浮和高鐵技術關鍵系統之特徵比較 [146]

系統	磁浮列車	高速鐵路
旅行時間因素		
最大速度	時速 420－450 公里 時速（261－280 英哩）	時速 300－350 公里 時速（186－217 英哩）
加速率	高轉速範圍之上	
國際兼容性		
網絡連接	無／單線	良好／廣泛的網絡
利用現有的基礎設施	需要新的高架導軌，隧道及車站	新的路線可以使用現有軌道和車站

表 9.3　磁浮和高鐵技術關鍵系統之特徵比較 [146]（續）

系統	磁浮列車	高速鐵路
費用		
投資成本	每公里 1,200 萬到 5,500 萬美元	每公里 600 萬到 2,500 萬美元
操作和維護成本	不確定	知道
能源消費	高於高鐵	
其他因素		
平順性		高
系統映像／乘客的吸引力	良好的，加上最初的創新興趣	良好／極佳的路網
影響環境	較低的噪音和振動	大多數為平面軌道

表 9.4 選擇的高速軌道運輸系統 HSGT 優勢技術[146]

選定特徵	新高速鐵路	磁浮列車
旅程時間和收入業績	+	+
初始成本		
現有鐵路升級	+	+
共用軌道	+	
服務成熟的技術和成本結構	+	

第十節　總結

　　上海高速磁浮列車對於磁浮列車的可行性是一個成功的案例。但其高額的建設成本使得磁浮系統要廣泛的應用是不容易的。既使高速磁浮專利技術擁有者的德國和日本，也都在高鐵或磁浮的選項中選擇了高速鐵路。這自然使需要購買這些技術的國家對高速磁浮敬而遠之。而全球第一個高速磁浮商業營運的上海，其賠本的經驗與需要 100 年才可回收其投資的負面經驗，使得原先上海至杭州的高速磁浮線被傳統的高速鐵路所取代。除非磁浮系統的成本可以大大的降低，不然高速磁浮列車的技術將無法與傳統的鋼軌鋼輪高速鐵路技術相競爭，不管是在高速路網或低速接駁系統的應用。

第十章　個人捷運

第一節　簡介

　　個人捷運（PRT）是一種利用科技，在一個路網裡使列車可以直接前往乘客所選擇的目的地，其所需要等候的時間不超過三分鐘。列車車廂／車輛大小近似於私家汽車，可以搭載單一個旅客或一小群（3 至 5 個人）同行的旅客。因為個人捷運中的 PERSONAL（個人／私人）使的這項技術非常的昂貴且困難執行，所以很難成真。在 2009 年初，沒有一個實際經營的運輸系統可稱為個人捷運（PRT）。唯一勉強可算是個人捷運的美國西維吉尼亞大學 1975 年通車的校內無人駕駛自動導軌運輸系統，但其車廂略大，可乘座最多 20 位乘客。

　　個人捷運這個想法從 1950 年代就存在了。然而，自 1950 年代開始個人捷運的概念就一直在穩定發展。個人捷運在美國的發展可追朔到 1950 年代初期，當愛德華豪洛姆（Edward Halom）建立一個單軌電車的軌道。他發現為了滿足最大容量的需求，建設一個大型軌道將是必要的。邏輯上來說，這意味著成本增加。為了彌補運輸能力並兼顧成本考量，豪洛姆發現減輕車輛的重量來降低成本，而這些節省下來的軌道成本將用來增加系統的營運需求。於是，豪洛姆製造第一個版本的個人捷運稱為單體小車（Monocab）。

　　另外，在 1960 年代初，威廉奧爾登（William Alden）發明了一種小型電動車，可以從某一戶人家的軌道出發，然後自動駕駛到達目的地。其他早期發明個人捷運系統的人包括勞埃德伯根（Lloyd Bergren,1961 年），莫頓溫伯格（Morton Weinberg），唐費希爾（Donn Fitcher）和羅伯特沃爾夫（Robert Wolf）。

　　布萊克（L. R. Blake）將個人捷運概念帶入英國並著手發展。日本還製作了電腦控制車輛系統。*表10.1和10.2*顯示了個人捷運在1970年代和1980年代是個先進的發明，但現在沒有一個被積極地運用。在美國，個人捷運支持者認為這是解決運輸流動和降低空氣污染的方法之一，因為持續地城市郊區化的趨勢和城市擴張使得交通擁堵繼續惡化。低燃料價格，大型汽車的擁有率增加，和廣泛方便的高速公路系統這些的相結合，造成傳統運輸系統無法與汽車競爭。個人捷運，因其個人化、快速旅行和方便，因此得到更多的關注。但因為強調「個人」捷運，因而成本太高，以至到2009年，全球都尚未有一個真正商業運行的個人捷運系統。

第二節　個人捷運技術

　　迄今為止，還沒有真正的個人捷運系統在營運；技術仍處於發展階段。該技術最接近實際執行，或許是TAXI 2000。在1993至1998，雷神公司（Raytheon）買了TAXI2000的設計權，並打算在芝加哥郊區建立第一個PRT2000個人捷運系統。但由於種種問題，在1999年計畫取消。即使此計畫並未成功，也在初期引相當的回響。位於西維吉尼亞州，摩根鎮的西維吉尼亞大學校園中有一套自動導軌系統，由於車廂尺寸較大，此系統通常被稱為一個「準個人捷運系統」。然而，它只有在某一部分上類似於個人捷運（其車廂可乘座最多20位乘客），它提供五個車站，從校園和市中心之間的直達服務。

　　在這一章中，將介紹TAXI 2000系統和丹麥發明家帕列河詹森（Palle R. Jensen）所開發的另一個個人捷運技術。規畫中的英國倫敦希斯羅機場的極快（ULTra 個人捷運）系統，利用電池驅動，相當於每加侖汽油跑100英哩，全線高架的個人捷運（PRT）系統每輛車最多搭乘四人，預定在 2010 年春季營運，本章中也將會討論這個系統。而類似個人捷運的摩根城系統也會在本章中作介紹。

表 10.1 1970 年代發明的個人捷運系統

系統	國家
Fitcher	美國
Monocab	美國
Hovair	美國
Starr Car	美國
Uniflo	美國
Cabtrack	香港
CVS	日本
Cabintaxi	德國
Aerospace	美國
Elan	瑞士
Aramis	法國

表 10.2 1980 年代發明的個人捷運系統

系統	國家
Taxi 2000	美國
Pathfinder	美國
Mitchell	美國
Stan Peterson	美國
Doug Maleweski	美國
Intamin	瑞士
Flyway	瑞典
Skycab	瑞典

第三節 TAXI 2000 個人捷運

TAXI 2000 個人捷運技術，原本由 TAXI 2000 公司發展，但被雷神公司收購整併後，將其早期的研究、設計加以分析其他個人捷運系統再整合後所創造的概念。

一、外觀材質

Taxi 2000 的車身是由輕質材料製成。內部的座位包含一個高平台及符合美觀的考量下完成。所有的座位最多可搭載三名乘客，或一個輪椅及一名乘客，所有安全面的要求均得到滿足。此列車完全符合美國無障礙法律規定（ADA）*（見圖 10.1）*。安裝在車輛正面的是視頻通信設備和儀表板。內部還裝有足夠的照明，這將提供在天色較暗中和氣候不佳時適當能見度。該系統還具有空調、暖氣和通風系統。個人捷運車頭有防撞設備並裝有安全氣囊。車輛前端的「擋泥板」是有保護作用的液壓緩衝器。該系統融合了兩對氣動雙橡膠輪胎──一個在前面，一個在車尾。車輛的控制裝置位於車輛底板。控制單元包含兩個直線感應電動機和兩個數字控制處理器。這款車還配備了高頻驅動器和板載開關。

Taxi 2000 個人捷運系統採用鋼桁架（steel truss）軌道，其尺寸為每節 3.5 英呎乘 3.5 英呎。軌道重量約每英呎 140 磅。高壓充氣橡膠輪胎使得車輛在軌道上運行產生最小的噪音。

圖 10.1　符合美國無障礙法律規定的個人捷運車輛

二、系統營運

　　所有車站都將建造在離線軌道上，並非建造在個人捷運的主幹線網路上，因此車輛入站或停止時不會影響其他後方直行的車輛。此外，路線很容易擴展，因為它採取了網格狀的形式。Taxi 2000 的特點是相對於其他軌道運輸方式提供更多的車站方便使用。所有車輛可以全自動控制，當購買車票後列車會自動行駛到目的地。此全自動控制的機制已於 1975 年德國的 Cabin Taxi 中使用及測試，加上近年科技得進步使得 Taxi 2000 的營運更好。

Taxi 2000　績效目標和目的
- 運量：每小時每方向 1,000～3,000 人次
- 速度範圍：每小時 20～55 英哩
- 系統大小：依需要而決定
- 可靠性： 99.9 ％
- 全壽命週期費用：預期應相當低，可以利用票箱收入有效地將投資回收
- 天氣：各種形式的天氣條件都可以操作
- 舒適度：超過 ISO 標準
- 噪聲大小：幾乎覺察不到

　　表10.3 為 Taxi 2000 個人捷運的技術特點總結。Taxi 2000 個人捷運系統的資金成本每軌道英哩（per lane mile）估計為 1,500 萬美元（1994 年數據）其預期經營成本每乘客英哩為 0.21 美元。

三、安全性

　　為了有效地減少系統故障或失敗的可能性，Taxi 2000 個人捷運透過以下設計減少發生意外：

(1)盡量減少會動的零件，任何機械系統中，最容易出問題的就是會動的零件：Taxi 2000 個人捷運系統設計會動的零件部分為：

a.四個主要運行車輪

b.八側向穩定車輪

c.四個可替換的輪子

d.四個 LIM-結構轉向架車輪

e.開關臂

f. 停車剎車

g.門

表 10.3 Taxi 2000 個人捷運主要的設計特性

每輛車最大載客數量	3
路線速度	20 - 50 每小時英哩
路線運量	7,200 車輛／小時
車站運量	2,000 車輛／小時
最大爬坡度	15%（30 英呎高度）
最小轉彎半徑	36 英呎
電力消耗	每英哩-145 瓦小時
天候	在各種天氣條件下運行
運行時數	一天 24 小時
可及性	無障礙進出
風速影響	在風速高達每小時 80 英哩之下可正常運作
等待時間	尖峰時刻時，80%的狀況下等待時間不超過 30-60 秒

(2)避免增設特製的零件所帶來的壓力，如避免使用機械、熱力和電力特殊零件來組裝個人捷運系統，既使這不會對成本有相當大的影響。

(3)降低人為破壞和其他因外力所引發的故障，車站將有充足的照明，並配合自動和人員巡查的監測方式；利用電視監控攝影機，以及僱用保全人員。夜晚將利用紅外線感應器避免未經授權的人員進入。

(4)為了盡量減少／或消除火災的機會，車輛內將不放置高電壓設備。

(5)萬一車輛發生故障或拋錨時，車輛將可被另一台個人捷運車輛拖走。車輛很容易相互聯結。

(6)車輛的四個輪胎採用輕量化和不可燃材料-增加系統的穩定性。

(7)個人捷運車輛的內部裝有避震緩衝器。

四、現況

在 1990 年，芝加哥區域交通管理局（Regional Transportation Authority, RTA）宣布將探討個人捷運的概念。芝加哥區域交通管理局選擇考慮個人捷運技術，因為它可能是解決日益嚴重的郊區交通問題的方法之一。1990 年 8 月，在芝加哥區域交通管理局要求提案後有 12 家廠商提出個人捷運的計畫書。1990 年 10 月，兩個工程公司被選定做為初步工程研究。從 1990 年底至 1993 年 6 月，芝加哥區域交通管理局開始進行可能建造個人捷運地點的實地調查。有興趣的 22 個社區中，有六個提出建議方案。在完成各地的調查後，其中包括運量的研究，最後選擇在芝加哥國際機場附近的羅斯蒙特（Rosemont）執行。1993 年 6 月，芝加哥區域交通管理局選定的合資企業雷神與史東及衛伯斯工程公司共同開發和測試個人捷運系統。

雷神公司已有初步設計，當時也在公司的總部馬爾伯勒，麻薩諸塞州（波士頓附近）設置測試。軌道預計於 1995 年底建設。在 24～36 個月完成後，將個人捷運系統運轉測試和評估[147]。

不幸的是，雷神公司並沒有依照合約於羅斯蒙特，伊利諾伊州，芝加哥附近將工程完工，當時的估計費用上升到每英哩 5,000 萬美元。據稱，由於設計變更，增加了重量和成本，使得雷神系統相對於安德森的原始設計高出許多。這更加證明，使一個新的發明運用於日常生活中是一個困難的例子。技術上可行的並不意味著它於實際中能夠成功，雷神公司終止了這個計畫實現。在 2000 年，技術權利回歸到美國明尼蘇達大學，隨後並被 Taxi2000 購買[148]。

第四節　羅夫個人捷運系統

近年來，儘管經由一些創新運輸技術及現有系統的修正，試圖改善都市間的公共交通品質，但都市公共交通品質及效率仍然是有下降的趨勢。這些下降的趨勢以兩種方式產生：

- 一是車輛的不足，或是交通網絡系統的不便利，無法滿足需求；或
- 另一個情況是，即有足夠的車輛，但人們喜歡使用私人汽車。

這使一個丹麥的公司-羅夫國際，推出一個新的交通運輸概念，即個人化的雙模式系統，可以用來緩解都市交通的一些問題。羅夫-個人捷運車輛是雙模式電動車，可在道路及軌道上營運。它有 2 組車輪，一組可供在一般道路上運行。此外，在車底下側有一個三角形缺口，是為符合特殊製作的三角鐵軌運行所設。該車輛運行於道路時的動力來源為車載電池。這些電池將提供約 30 英哩的路程，有足夠長的時間，使此電動車達到軌道的接入點[149]。由於羅夫-個人捷運車輛是具彈性的交通工具，將可運用於下列的方式：

- 作為通勤
- 作為自動導軌系統（APM）
- 作為一個城市的公共車
- 作為一種油電混合動力車

羅夫個人捷運系統的技術特性列於*表10.4*。

表 10.4 羅夫個人捷運系統的技術特性

車輛重量	每公尺 300 公斤
最大載客量	4 人
最大營運速度 -----在公路上 -----在軌道上	每小時 50 英哩（80 公里） 每小時 62.5 英哩（100 公里）
動力來源	電池與第三軌

第五節　電腦控制車輛系統

　　日本第一個發展個人捷運系統的想法是在 1968 年由日本東京大學教授開發出一套運輸遊戲時所啟發的。在這交通遊戲中，幾十個電動車輛都由電腦單獨控制並在每五公尺見方的網路軌道上運行。到 1970 年，日本開始關注城市各種交通的問題。一個 1 比 20 的模型因此被建造用以模擬交通並以電腦運行、分析。如果此模擬的結果被接受則將實地試做測試。

　　東村山市（Higashimurayama City）東京郊外的電腦控制車輛系統設備，是世界上最大的個人捷運試運設施。擁有四點八公里的軌道，兩個車站並配有旅客等待區及貨運自動化的處理區，全設施有超過 80 台車輛並由電腦控制。這些車輛均為橡膠輪胎，如一般的汽車。幾乎每天都有營運測試，其班距約為 1 至 3 秒，在 1975 年底開始運作。系統成本從 1970 年至 1975 年底，大約 2000 萬美元。

　　從車站，自動售票和收票機，以及盲人和殘疾人士使用的升降機都精心設計。特別設計的電梯能同步的配合車輛的到站及離站。地底車站與這些直達月台的特殊電梯將有助於減少犯罪發生[150]。

第六節　Cabinetaxi

　　德國在 1970 年想發展一種運輸系統，包括以下特點：高平均速度、個人使用非共乘、不需中途停靠、不需轉乘、隨叫隨到的 24 小時服務、距離車站短路程及無污染及低噪音。這些特徵所引發的想法：完全自動化操作、完全獨立的個人軌道、小型車輛、班距短和電力供應[151]。

　　在 1973 年西德的哈根（Hagen），Cabinetaxi 系統達到了第三階段，2 公里長的試驗設施。該系統只有 5 輛車，3 輛為支撐式（supported）和兩輛為懸吊式（suspended），0.5 秒的班距其運行速度從每小時 0 到 36 公里。該 Cabinetaxi 系統可以行駛較大容量的車輛（最多 12 名乘客）。由於在美國及歐洲找不到買這項技術來實際作業的買家，德國公司終於決定退出大眾運輸系統的市場。

第七節　結合新技術

　　最近由肯薩斯大學化學與石油工程學系蘇佩教授所提出的研究，建議一種新的個人捷運系統利用磁懸浮及管道運輸中以減少壓力。低壓環境和磁懸浮將降低噪音。此外，減少壓力將可使用較小的運輸管道，這代表其路徑將有更大的靈活性。使用磁懸浮也將減少車輛維修費用。個人捷運磁懸浮列車的優點是個人捷運服務，具有先進的購票機制。

一、技術特點

磁懸浮個人捷運系統在減壓力的管道運行,將可使市區間及城市間的運輸服務運用同一系統。該系統可成為交通網絡,類似州際公路的高速公路路網。當地的 Metro(個人捷運)磁懸浮管道將連接到州際管道,每節管道都設有車速限制(部分路段)以供正常運行。城市中,一般最大時速為 100 英哩,這取決於旅程的距離以及列車是行駛在低壓管道或開放空間。州際網絡將連接到當地的運輸管線,初步設定的時速為 500 英哩[152]。

比較新的系統與空中旅行,G. J. Suppes 指出,個人捷運磁懸浮列車的最高速度 300 英哩／每小時,將有較短的旅行時間(transit time),如果空中旅行距離小於 907 英哩。最大速度 500 英哩／每小時,它會縮短在美國境內旅行的所有時間。

二、資金支出和運營成本

假設列車以 60%的搭乘率和以及行駛 800 公里所消耗的能源,其往返所需成本每名乘客約為 29 美元。以每年 1 千 7 百萬搭乘量來計算,每天營運 8 小時,每小時／每方向約有 6,000 名乘客,其電力成本每年約為 100 萬美元。

如果車輛的重量減少將有助於減少總成本的支出。車輛重量減少,以雙向軌道為例,每英哩造價估計為 1,000 萬美元。相比較來說,如果以 Taxi 2000 個人捷運系統其成本估計為每單向車道英哩 1,500 萬美元。而總長 13.5 英哩在佛羅里達州奧蘭多市的磁懸浮列車線,造價為每英哩 4,440 萬美元。

第八節　倫敦希斯羅機場（Heathrow）系統

城市輕型運輸（ULTra）是一種先進個人快速運輸系統，由先進交通有限公司（Advanced Transport Systems, Ltd）所發展，公司總部設在英國威爾士的加的夫（Cardiff）。城市輕型運輸是電動車輛（見*圖 10.2*）有 4 個座位，其乘載重量可達 500 公斤，此系統的時速約為 40 公里（每小時 25 英哩），可爬坡坡度可達 20%，但建議在一般營運時坡度以 10%為限。它是由電池提供平均 2 千瓦的電力，此電池約增加 8%的車輛總重量。其他規格包括一個 5 公尺的轉彎半徑，能源需求為 0.55 兆焦耳／乘客-公里，其運行噪音量在時速 21.6 公里、距離 10 公尺時噪音的偵測值約為 35 分貝。這些車輛可搭載輪椅，購物車和其他行李[153]。

該系統是由馬丁勞森和他的設計團隊，投資 1,000 萬英鎊所開發。2003 年 1 月，其原型系統-城市輕型運輸由先進運輸系統有限公司在威爾士的加的夫，被准許在 1 公里（0.6 英哩）測試賽道搭載乘客。目前還沒有任何商業營運的系統，但目前，在倫敦的希斯羅機場正在建造試營運軌道，此系統由英國機場管理公司及先進運輸系統有限公司共同合作。於 2008 年 12 月開始運行測試，並計畫於 2009 年秋季開始營運[154]。很可能這將成為世界上第一個商業化運作個人捷運系統。

最初該系統計畫將乘客從停車場運送到中央航空站（連接第五航廈及長期停車場）。如果這個最初的規畫效果良好，則未來的計畫將此系統擴大到整個機場及其周邊地區。

圖 10.2　城市輕型運輸個人捷運在加的夫的測試軌[151]

　　為了降低製造成本，城市輕型運輸-ULTra 使用大量的現有技術，如使用橡膠輪胎在軌道上運行。AST 相信這種方式相較於使用特製的技術將會更節省成本。該公司的報告指出這個系統的總花費（車輛、基礎設施和控制系統）約在每軌道公里 300 萬英鎊到 500 萬英鎊之間[154]。

　　倫敦希斯羅機場的第五航廈計畫包括總長 2.4 英哩（3.9 公里）的 ULTra 個人捷運系統，預計使用 18 輛電動車營運。它將連接新航廈到位於機場北部的北三長期停車場（[155]。開發商預計，這時速 25 英哩運輸系統的平均等待時間約 12 秒，95%的乘客的等待時間不到一分鐘。如果此計畫成功的話，英國機場管理公司表示，他們將延伸其服務路網至整個機場和附近的旅館使用，預計那時將有 400 輛電動車投入此一系統服務[154]。

第九節　摩根鎮（Morgan town）個人捷運系統

　　摩根鎮個人捷運系統座落於西維吉尼亞大學內提供校園內及摩根鎮市區的交通服務，是目前唯一營運的全自動「準」個人運輸系統（圖 10.3～10.5）。該系統的開發是由美國都市大眾運輸總局

（現改名為大眾運輸總局）所提供，在 1971 年和 1979 年之間分兩個階段完成[156]。

雖然摩根鎮系統經常被稱為個人捷運，但有一個重大區別使個人捷運系統和運人系統（people mover）得以區別。個人捷運系統提供從起點到目的地不需停靠中途一站的直達服務小型車，但是摩根鎮準個人捷運系統，它的目的不僅是提供私人專享或服務特定乘客的系統，還提供學生團體和教職員工的交通運輸系統。

許多自動軌道系統的設計或運行上都仿效摩根鎮個人捷運系統系統。雖然摩根鎮個人捷運系統其車輛的最大乘載量（極端負載）為 25 人而也只有 5 個站（*圖 10.6*），也與 Taxi 2000 及羅夫個人捷運不同。相反的，它展現了一個個人捷運的基本特徵，就是用戶選擇，點對點、不停中點的直達服務。

一、技術特點

個人捷運系統的軌道總長為 3.6 英哩的雙軌道組成，包括在平面和高架段。高架路段約占全長的 54%，而平面路段約為 42%。高架軌道是由鋼鐵、預燼鋼骨及預力混凝土樑（prestressed concrete beams）而這些樑則由預力混凝土柱所支撐。軌道表面則以水泥為鋪面，軌道內部並有管道空間以提供暖氣和通信管線使用。平面軌道也同樣的設計。其他技術特點列於*表 10.5*。

二、營運

乘客在旋轉門插入車票磁卡並選擇目的地後進入車站上車。車廂上有燈光顯示本車輛的終點站。如果乘車處沒有車輛則中央控制中心將會從最近的車站增調一輛車到乘車處。此系統的設計不會讓等待的時間超過 5 分鐘。

圖 10.3 坐落於西維吉尼亞大學校園的個人捷運系統

圖 10.4 坐落於西維吉尼亞大學校園的個人捷運系統

圖 10.5　西維吉尼亞大學校園的個人捷運系統-車廂及車站

圖 10.6　西維吉尼亞大學校園的個人捷運系統的車廂大小約如箱型車。

表 10.5　摩根鎮個人自動化運輸的技術特點

系統長度	3.6 英哩
運行速度	每小時 30 英哩
平均運行速度	每小時 14 英哩
最大旅行時間	10.5 分鐘
最大爬坡度	10%
車站數	5
列車車廂數	1
運行高峰期班距	3.5 分鐘
車輛總數	71
系統運量	N/A
車輛容量	8 個座位及 12 個站位
動力來源	第三軌

三、通信系統

- 援助電話：電話位於月台上且方便使用，並且標示，「資訊與援助」。最有可能使用電話系統詢問的是操作上的問題、安全性和保障的問題。
- 緊急無線電：無線設備放置在車輛內，使乘客可和中央控制中心取得聯繫。主要使用無線電系統是報告任何故障問題。這種故障可能包括車輛到達車站車門無法打開時、車輛內溫度異常、車輛延誤離開車站及有異物在軌道上等等。
- 閉路電視：在月台上的電視攝影機主要是用於監視乘客安全、車站安全和協助乘客。

四、摩根鎮個人捷運的獨特功能

- 被動式軌道開關可以個別為單一車輛轉換，即使在惡劣的天氣，它還是可以完美的被切換。
- 一個路側／車輛通信系統是利用感應線圈嵌入並沿著軌道的迴路。
- 加熱的軌道表面以防止冬天軌道結冰。

- 依需求模式以提供服務，可指派車輛運送一個乘客或一小團體的乘客。

五、摩根鎮個人捷運系統的可靠性

- 旅程短且是可以預知的。
- 每個乘客都有座位空間。
- 無共乘旅客。
- 班距或等候時間減少。
- 有最安全的保障。
- 可 24 小時運行。
- 足夠的空間可以放置行李。
- 旅程是個人的，沒有擁擠，只有愉快和舒適的旅行。
- 易於使用及操作。

六、資金成本

表10.6 為主要子系統成本要素，可分為三組：

- 成本基本上是看車隊的規模，其中成本包括軌道、車站、及控制和通信。
- 成本取決於車隊規模，其中包括車輛費用、電力及其他設備以及維修。
- 系統的工程和技術管理，其中提供了技術和合約管理的制度設計、施工及完工營運服務時的業務。

表 10.6　1981/1982 年的成本財務報表

項目	每英哩花費 （$ 1,000 美元）	總花費 （$ 1,000 美元）	總花費所佔百分比
軌道	4,900	42,800	26
車站	1,570	7,830	5
控制與通訊	3,740	32,150	19
電力與其他設施	1,230	10,600	6

表 10.6　1981/1982 年的成本財務報表（續）

項目	每英哩花費 （$ 1,000 美元）	總花費 （$ 1,000 美元）	總花費所佔百分比
車輛	303	22,130	13
維修／保養	783	6,730	4
工程與計畫管理	5,260	45,260	27
總和	17,786	167,500	100

七、營運成本

表 10.7　摩根鎮個人捷運的營運和維護費用（1981/1982）

人事費用	
管理與工程	$252,177
營運	$222,513
維修	$638,722
其他	
一般	
行政管理	$90,000
公共設施（水、電等）	
電機工程	$243,823
其他	$131,872
維護和服務	
零件與材料	$261,019
契約服務	$227,638
其他	$208,097
總和（美元）	$2,275,861

表 10.8　摩根鎮個人捷運系統歷年營運成本（1976-1982）

摩根鎮個人捷運營運花費 （以千元美金為單位）	1976	1977	1978	1979	1980	1981	1982
非車輛部份	498	521	582	N/A	1,087	1,100	1,113
公共設施	205	183	185	N/A	368	403	376
材料及服務	541	472	399	N/A	699	591	697
一般行政	143	147	167	N/A		165	90
系統總合	1,387	1,323	1,330	N/A	2,154	2,259	2,276

表 10.9 摩根鎮個人捷運系統歷年營運統計（1976-1982）

營運統計	1976	1977	1978	1979	1980	1981	1982
車輛旅行－每千英哩	631	581	550		1,219	995	912
載客人數（千人）		1,944			3,010	3,114	2,861

第十節　總結

　　即使倫敦希斯羅機場的個人捷運系統預定於 2010 年春季開始營運，但個人捷運仍處於發展階段，因此，很難太早對其未來作出任何預測。個人捷運的優勢是它提供了「個人」服務，但它的弱點是要達到個人化的服務，它的價格會相當昂貴，而使用者可能無法支付實際需要的費用。個人捷運對於傳統的大眾運輸系統來說最主要是改進其不方便性，但也增加了對使用新科技的高成本顧慮。舉例來說，個人捷運系統意味著密集軌道網路，每半英哩一個車站。比較傳統的軌道運輸系統，個人捷運系統雖然車輛重量較輕，軌道建設成本可能較低，但車輛及密集的主線和離線軌道都可能增加了系統總成本。此外高架軌道將使市容受到影響，無論高架軌道多麼精緻，都可能是另一個令人關注的問題，尤其是將要在住宅區興建許多軌道。因此需要更多的考慮及研究，是使個人捷運不能在較短的時間之內成為被廣泛接受的另一種運輸工具。

表 10.10　摩根鎮個人捷運年度業務統計（1979-1992）

財政年度	營運時間	有效系數	車隊里程	載客人數	雇用人數	年度營運預算	註冊學生總數
1979/1980	3,681.0	0.96	1,214,058	3,038,502	72	$2,209,996	21,289
1980/1981	5,175.5	0.97	1,083,362	3,087,314	77	$2,248,440	21,220
1981/1982	4,769.8	0.98	972,752	3,072,454	71	$2,355,480	21,265
1982/1983	3,736.8	0.98	895,140	2,786,607	67	$2,101,098	21,337
1983/1984	3,883.0	0.99	865,567	2,672,655	65	$2,199,688	20,624
1984/1985	3,748.2	0.99	830,901	2,450,955	63	$2,235,524	19,071
1985/1986	3,638.0	0.99	807,361	2,374,662	63	$2,359,043	17,175
1986/1987	3,638.8	0.99	749,992	2,090,795	63	$2,518,297	17,270
1987/1988	3,715.9	0.99	801,006	2,305,567	63	$2,376,269	18,746
1988/1989	3,637.3	0.98	790,054	2,304,228	63	$2,532,384	19,600
1989/1990	3,669.3	0.99	804,980	2,444,878	64	$2,554,471	20,854
1990/1991	3,669.7	0.99	773,693	2,340,101	61	$2,680,987	22,300
1991/1992	3,687.6	0.99	790,786	2,455,459	61	$2,585,479	22,470

第十一章　軌道運輸系統建設成本

第一節　簡介

　　本書所討論的九種大眾運輸系統，除公車外，其他八種皆需要軌道才能行駛。公車因其可行駛於一般路面，所以其費用最為低廉。與公車運輸相比，固定軌道（輕軌、捷運、自動導軌系統、以及通勤鐵路等），通常需要更大的初期投資。主要是由於路權的取得、軌道的鋪設、立體交叉、高架或地下施工、精密控制和通信技術及大型車輛等。雖然有可用的固定軌道成本，但相同的設備再加上不同的系統其成本與費用之間有很大的差異。這些成本差異必須要經過詳細分析後才有意義（每個案子均不同）。此外，總成本經費對於預估新系統的費用並無所助益。為了使新系統可獲得更好的成本估算，將做更深入的研究和分析，以便展現一些重要的因素，包括捷運、輕軌、自動導軌系統等項目成本。這個調查包括最初的資本投資，以及各項成本也包含系統的升級及試運轉的費用。

　　通勤鐵路系統一般來說並不擁有路權，通常需要與現有鐵路路權擁有者協調、安排。這種協調安排使通勤鐵路相對來說有較低的初始資本比較容易開始興建，其成本通常從每英哩 5 百萬美元到 1 千萬美元之間。當然，這是指一般不擁有路權的通勤鐵路。若通勤鐵路因運量大而需有專有路權則其興建成本將大幅提昇，直追捷運系統之造價。因此，本章在此軌道建設成本分析中並不包括通勤鐵路。在本章中，初始資本數據收集到目前，有下列三個系統：捷運，輕軌及自動導軌（既係台北木柵線（現文山線）、內湖線的無人駕駛中運量系統，或國內簡稱「中運量」）。資金成本的數據是以 1994

年美元為基準,並以美國國家成本指數(national cost index)以相對區域做調整後的數值。共分為八類,其類別如下:

1. 房地產——這包括路權的收購和購買房地產的設施,如維修廠,儲存(廠)空間和控制中心。捐贈的房產土地也包括在內。其他有關購買土地費用,也包括在這一類中。
2. 軌道——所有路權上的基礎結構、軌道及特殊軌道的相關工程,包括特殊的結構,如橋樑。
3. 車站——基礎結構如車站、月台、停車場和車庫、行人越橋及圖形與標誌。
4. 車輛——費用用於購買車輛,包括營運用車輛和非營運用車輛。
5. 保修廠——行政大樓(包括辦公家俱)、維修廠、存儲(廠)空間(包括軌道)及控制中心。
6. 系統——信號系統,供電,通訊,統一收費中心及車站和車輛上的費用收集。
7. 工程設計和管理——可行性研究、工程設計、施工管理、計畫管理和監督、財務費用、培訓、啟動和測試等。
8. 緊急意外事故和其他項目——除了緊急,有關的費用設施系統的搬遷,拆遷,道路的施工,環境相關問題,和造景美化等。

第二節　捷運系統成本

美國地大物博,除阿拉斯加和夏威夷以外,三億人口絕大部分分佈東西兩岸之間許多主要及次要城市,和鄉鎮之間。大部分的大眾運輸系統都可在美國找到,加上資料公開,所以本書大部份資料均取用美國的案例。*表11.1* 概述 12 個美國捷運系統的一般特徵。

表 11.2 顯示了 7 個較新的捷運系統成本資料。其他的成本數據如紐約及紐澤西州港務局、紐約、芝加哥、和波士頓等較老的系統均無相關資料。而舊金山捷運系統的成本資料也無法取得。*表 11.2* 的部分數據只包括初始階段及曾經被延伸的系統。例如，亞特蘭大系統的延長路段和洛杉磯紅線系統在九十年代初期仍在建設中。從表中可以看出，每英哩成本，以 1994 年為基準從 7,889 萬美元（邁阿密）到 3 億 1 千零 72 萬美元（洛杉磯）。其平均是每英哩為 1 億 4 千 8 百零 1 萬美元。*表 11.3 和 11.4* 分別代表這七個系統的六種費用類別，*表 11.3* 為總成本，*表 11.4* 為百分比。由於華盛頓特區的成本資料為分段給于，所以也已分段的方式展示。

表 11.1　捷運系統的一般特徵（1994 年資料）[157]

城市	主管機關	營運年份	路線長度（英哩）	車站數	車輛數
亞特蘭大	MARTA	1979	39.80	29	240
巴爾的摩	MTA	1983	14.00	12	50
波士頓	MBTA	1952	42.00	53	420
芝加哥	CTA	1896	104.00	138	1,274
克利夫蘭	GCRTA	1955	19.00	18	60
洛杉磯	LACTA	1993	4.40	5	30
邁阿密	MDTA	1984	21.00	21	136
紐約紐澤西州	PATH	1912	14.00	13	342
紐約市	NYCTA	1904	246.50	469	5,840
費城	SEPTA	1906	76.10	76	356
舊金山	BART	1977	71.50	34	589
華盛頓特區	WMATA	1976	81.00	70	746
平均值			61.11	78	840
低			4.40	5	30
高			246.50	469	5,840

表 11.2　捷運系統的一般特徵和成本資料[157]

城市／系統	主管機關	營運年份	軌道長度（英哩）	車站數	車輛數	總成本（百萬美元）（1994年資料）	每英哩成本
亞特蘭大（南／北線）	MARTA	1979	22.20	18	169	2,258.75	101.75
巴爾的摩（巴爾的摩地鐵）	MTA	1983	14.00	12	50 Pairs	1,334.31	95.31
波士頓（橙色線）	MBTA	1980	4.70	9	120	951.49	202.44
芝加哥（西南線和奧黑爾機場線）	CTA	1978	7.60	12	88	750.53	98.75
洛杉磯（紅線）	LACTA	1993	4.40	5	30	1,367.15	310.72
邁阿密	MDTA	1984	21.00	21	136	1,656.60	78.89
華盛頓特區	WMATA	1976	81.00	70	746	12,005.86	148.22
平均			22.13	21	191	2,903.53	148.01
低			4.40	5	30	750.53	78.89
高			81.00	70	746	12,005.86	310.72

表 11.3　捷運系統成本 [157]

（以 1994 年美國費用估計單位為百萬美元）

城市	房地產	軌道	車站	車輛	維修場站	系統	工程設計及計畫管理	緊急及其他	系統總成本
亞特蘭大（北／南）	111.47	608.82	485.32	299.39	41.61	153.08	504.78	54.27	2,258.75
巴爾的摩	27.09	335.73	375.31	111.94	19.60	115.00	313.77	35.88	1,334.31
波士頓（橙色線）	28.96	275.33	168.78	123.14	0.00	54.10	189.88	111.30	951.49
芝加哥（西南）	19.29	89.53	112.50	73.32	20.46	56.36	104.96	0.23	476.65
芝加哥（奧黑爾機場線）	0.00	77.41	91.81	0.00	24.22	47.59	27.59	280.90	549.52
洛杉磯（紅線）	135.23	184.77	323.17	52.78	51.52	82.31	518.94	18.43	1,367.15
邁阿密	187.05	343.51	339.88	168.06	65.56	159.89	360.04	32.60	1,656.60
華盛頓哥倫比亞特區（A）	203.48	814.12	827.94	226.09	86.67	237.11	707.77	103.75	3,206.93
華盛頓哥倫比亞特區（B）	102.25	398.22	327.21	156.97	57.31	142.06	293.43	56.64	1,534.10
華盛頓哥倫比亞特區（C）	68.47	548.52	452.90	199.20	118.78	196.89	416.78	45.48	2,047.01
華盛頓哥倫比亞特區（D）	61.96	570.24	618.54	215.29	41.54	217.23	442.07	83.76	2,250.63
華盛頓哥倫比亞特區（E）	6.69	85.54	142.68	45.77	0.00	28.52	38.90	16.73	364.85
華盛頓哥倫比亞特區（F）	22.36	189.07	187.74	83.42	0.00	48.55	85.62	14.59	631.34
華盛頓哥倫比亞特區（G）	10.02	174.90	98.13	49.32	0.00	38.14	113.63	16.99	501.13
華盛頓哥倫比亞特區（J,H）	20.45	26.85	44.77	12.55	0.00	29.80	49.47	5.68	189.56
華盛頓哥倫比亞特區（K）	31.90	220.24	233.58	116.64	59.41	108.35	297.62	30.12	1,097.86
華盛頓哥倫比亞特區（L）	2.97	135.10	0.00	0.00	0.00	15.81	69.26	7.49	230.64

表 11.4　捷運系統之成本分佈，費用類（百分比顯示）[157]

城市	房地產	軌道	車站	車輛	維修場站	系統	工程設計及計畫管理	緊急及其他	系統總成本
亞特蘭大（北/南）	4.94%	26.95%	21.49%	13.25%	1.84%	6.78%	22.35%	2.40%	100.00%
巴爾的摩	2.00%	25.16%	28.13%	8.39%	1.47%	8.62%	23.52%	2.69%	100.00%
波士頓（橙色線）	3.04%	28.94%	17.74%	12.94%	0.00%	5.69%	19.96%	11.70%	100.00%
芝加哥（西南）	4.01%	18.59%	23.36%	15.22%	4.25%	11.70%	21.79%	1.09%	100.00%
芝加哥（奧黑爾機場線）	0.00%	28.79%	34.14%	0.00%	9.01%	17.70%	10.26%	0.10%	100.00%
洛杉磯（紅線）	9.89%	13.52%	23.64%	3.86%	3.77%	6.02%	37.96%	1.35%	100.00%
邁阿密	11.29%	20.74%	20.52%	10.15%	3.96%	9.65%	21.73%	1.97%	100.00%
華盛頓哥倫比亞特區（A）	6.35%	25.39%	25.82%	7.05%	2.70%	7.39%	22.07%	3.24%	100.00%
華盛頓哥倫比亞特區（B）	6.67%	25.96%	21.33%	10.23%	3.74%	9.26%	19.13%	3.69%	100.00%
華盛頓哥倫比亞特區（C）	3.34%	26.08%	22.12%	9.73%	5.80%	9.62%	20.36%	2.22%	100.00%
華盛頓哥倫比亞特區（D）	2.75%	25.34%	27.48%	9.57%	1.85%	9.65%	19.64%	3.72%	100.00%
華盛頓哥倫比亞特區（E）	1.83%	23.45%	39.11%	12.55%	0.00%	7.82%	10.66%	4.59%	100.00%
盛頓哥倫比亞特區（F）	3.54%	29.95%	29.74%	13.21%	0.00%	7.69%	13.56%	2.31%	100.00%
華盛頓哥倫比亞特區（G）	2.00%	34.90%	19.58%	9.84%	0.00%	7.61%	22.67%	3.39%	100.00%
華盛頓哥倫比亞特區（J, H）	10.79%	14.16%	23.62%	6.62%	0.00%	15.72%	26.10%	3.00%	100.00%
華盛頓哥倫比亞特區（K）	2.91%	20.06%	21.28%	10.62%	5.41%	9.87%	27.11%	2.74%	100.00%
華盛頓哥倫比亞特區（L）	1.29%	58.58%	0.00%	0.00%	0.00%	6.85%	30.03%	3.25%	100.00%

表 11.5　捷運系統軌道成本[157]

（根據 1994 年美國單位成本估計：百萬美元）

系統	軌道成本	路線長度（英哩）	每英哩成本	系統總成本	佔整體系統成本的百分比
亞特蘭大（北／南）	608.82	22.20	27.42	2,258.75	26.95%
巴爾的摩	335.73	15.00	22.38	1,334.31	25.16%
波士頓（橙色線）	275.33	4.70	58.58	951.49	28.94%
芝加哥（西南）	89.53	9.00	9.95	481.64	18.59%
芝加哥（奧黑爾機場線）	77.41	7.60	10.19	268.89	28.79%
洛杉磯（紅線）	184.77	4.40	41.99	1,367.15	13.52%
邁阿密	343.51	21.00	16.36	1,656.60	20.74%
華盛頓特區，Shady Grove（A）	814.10	18.09	45.00	3,206.93	25.39%
華盛頓特區，Glenmont（B）	398.22	11.80	33.75	1,534.10	25.96%
華盛頓特區，Huntington（C）	548.52	12.13	45.22	2,047.00	26.80%
華盛頓特區，New Carrollton（D）	570.24	11.83	48.20	2,250.63	25.34%
華盛頓特區，Greenbelt（E）	85.54	1.65	51.84	364.85	23.45%
華盛頓特區，Branch（F）	189.07	4.32	43.77	631.34	29.95%
華盛頓特區，Addison（G）	174.90	3.52	49.69	501.13	34.90%
華盛頓特區，Franconia／Springfield（J, H）	26.85	3.51	7.65	189.56	14.16%
華盛頓特區，Vienna（K）	220.24	11.90	18.51	1,097.86	20.06%
華盛頓特區，L'Enfant（L）	135.10	1.72	78.55	230.64	58.58%
華盛頓特區，總計	3,217.01	80.56	39.93	12,005.86	26.80%
平均		13.61	36.05	1,798.82	26.34%
低		1.65	7.65	189.56	13.52%
高		80.56	78.55	12,005.86	58.58%

　　軌道建設費用從每英哩 765 萬美元，到每英哩 7,855 萬美元（華盛頓特區 L 段為地下段），平均每英哩 3,600 萬美元。軌道建設成本如此大，是因為有許多因素影響軌道建築成本。這些包括土壤條件，地面、高架或地下施工的需求，對於強風和地震的特別設計。例如，根據洛杉磯交通運輸管理局的工程師指出，軌道的抗震設計增加了約百分之十五的成本。*表 11.5* 所展現的因素對影響軌道建築的成本將在未來進一步調查。*表 11.6* 所展現的數據、軌道類型、軌道長度及不同軌道興建方法的單位成本均與 1994 年的數據

Amodei 和 Schneck 展示的型態不同。從**表 11.6** 可以看出，平面軌道的成本範圍從每英哩 268 萬美元到每英哩 3,116 萬美元，其平均每英哩約為 975 萬美元。除洛杉磯紅線外，平均每英哩成本為 547 萬美元。高架導軌，其費用從每英哩 1,136 萬美元到每英哩 5,267 萬美元之間，平均每英哩約為 2,446 萬美元。地下施工的成本範圍為每英哩 3,442 萬美元到每英哩 9,279 萬美元間，平均約為每英哩 5,997 美元。兩個系統均使用明渠（Retained Cut）建造方式，其每英哩的費用介於每英哩 5,104 萬美元和每英哩 5,228 萬美元。每英哩軌道成本的範圍在三種常見的建造類型也顯示在**圖 11.1**。

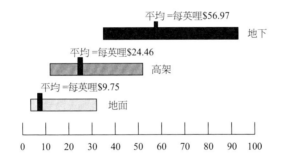

圖 11.1　估計不同建設類型的軌道每英哩成本（單位：百萬美元）

　　表 11.6 結果顯示，不同類型的建造方式對於軌道的成本影響很大。當比較平均軌道每英哩的成本與實際軌道成本在不同類型的建造下，可以得出一個結論，那就是這些平均成本的資訊對於預估新建軌道的成本預估並無幫助。在**表 11.6** 顯示，軌道的建造成本以平面為比較的基準與其他不同類型的建造方式加以比較。如果平面的軌道成本因素（cost factor）為 1，則高架軌道的成本因素為 2.51，而地底建造為 5.84。部分車站的建造成本由**表 11.7** 展現。車站成本範圍從 1,406 萬到 6,463 萬美元間，平均為 3,421 萬美元。與軌道類似，其費用也受不同建築類型及其他特殊條件所影響。

表 11.6　捷運系統軌道工程造價分析

（費用為 1994 年百萬美元為單位計算）

城市	路線英哩數						軌道總造價	每英哩費用					
	平面	高架	高架(回填)	地底	明渠	總計		平面	高架	高架(回填)	地底	明渠	平均
亞特蘭大（A 期）	8.50	6.70	0.00	7.00	0.00	22.20	612.65	11.27	27.16	-	47.84	-	27.60
巴爾的摩（MTA）	6.00	3.00	0.00	6.00	0.00	15.00	271.14	5.11	11.36	-	34.42	-	18.08
波士頓（橙色線）	0.00	0.00	0.00	0.53	4.17	4.70	267.19	-	-	-	92.79	52.28	56.85
芝加哥（西南）	0.00	2.70	6.30	0.00	0.00	9.00	68.15	-	18.80	2.76	-	-	7.57
芝加哥（奧黑爾機場線）	6.65	0.00	0.00	0.47	0.00	7.12	44.55	2.68	-	-	57.72	-	6.26
洛杉磯（紅線）	0.51	0.00	0.00	2.46	0.38	3.35	166.16	31.16	-	-	53.20	51.04	49.60
邁阿密	0.50	20.50	0.00	0.00	0.00	21.00	254.44	3.35	12.33	-	-	-	12.12
華盛頓特區	32.53	7.13	0.00	40.90	0.00	80.56	2,819.03	4.92	52.67	-	55.83	-	34.99
高							2,819.03	31.16	52.67	2.76	92.79	52.28	49.60
低							44.55	2.68	11.36	2.76	34.42	51.04	6.26
平均							562.91	9.75	24.46	2.76	56.97	51.66	26.63
相關因素								1.00	2.51	0.28	5.84	5.30	

表 11.7　捷運系統的車站成本[157]

（根據 1994 年美國單位成本估計：百萬美元）

系統	車站成本	車站數	每站成本	系統總成本	成本中所佔的百分比
亞特蘭大（北／南）	485.32	18	26.96	2,258.75	21.49%
巴爾的摩	375.30	12	31.28	1,334.31	28.13%
波士頓（橙色線）	168.78	9	18.75	951.49	17.74%
芝加哥（西南）	112.50	8	14.06	481.64	23.36%
芝加哥（奧黑爾機場線）	91.80	4	22.95	268.89	34.14%
洛杉磯（紅線）	323.17	5	64.63	1,367.15	23.64%
邁阿密	339.88	21	16.18	1,656.60	20.52%
華盛頓特區，Shady Grove（A）	827.94	15	55.20	3,206.93	25.82%
華盛頓特區，Glenmont（B）	327.21	10	32.72	1,534.10	21.33%
華盛頓特區，Huntington（C）	452.90	13	34.84	2,047.01	22.12%
華盛頓特區，New Carrollton（D）	618.54	14	44.18	2,250.63	27.48%
華盛頓特區，Greenbelt（E）	142.68	3	47.56	364.85	39.11%
華盛頓特區，Branch（F）	187.74	6	31.29	631.34	29.74%
華盛頓特區，Addison（G）	98.13	3	32.71	501.13	19.58%
華盛頓特區，Franconia／Springfield（J,H）	44.77	1	44.77	189.56	23.62%
華盛頓特區，L'Enfant（L）	0.00	0	0.00	230.64	0.00%
華盛頓特區，Vienna（K）	233.58	8	29.20	1,097.86	21.28%
華盛頓特區，總計	2,870.38	73	39.32	12,005.86	23.91%
平均			32.59	1,798.82	24.94%
低			14.06	189.56	17.74%
高			64.63	3,206.93	39.11%

　　地下車站其一般成本超過高架車站，當然較平面車站更為昂貴。此外，車站還受到月台大小的限制。車站的建築風格、結構形式和美學也影響到經費成本。*表 11.8* 展示部分捷運系統車站的專業數據（完整的系統）。

表 11.8　捷運系統車站的特色

城市	車站				月台高度	輪椅通道
	平面	高架	地底	總計		
亞特蘭大	15	6	8	29	高	完善
巴爾的摩	3	3	6	12	高	完善

表 11.8　捷運系統車站的特色（續）

城市	車站				月台高度	輪椅通道
	平面	高架	地底	總計		
波士頓	n/a	n/a	n/a	53	高	部份
芝加哥	33	85	20	138	高	部份
克利夫蘭	16	0	2	18	高	部份
邁阿密	0	21	0	21	高	完善
紐約紐澤西州（PATH）	n/a	n/a	n/a	13	高	部份
紐約（NYCTA）	n/a	n/a	n/a	469	高	部份
費城	n/a	n/a	n/a	76	高	部份
舊金山	n/a	n/a	n/a	34	高	完善
華盛頓特區	23	4	46	73	高	完善

　　部份重量運系統的車站特點敘述如**表 11.9**。**表 11.10** 概述不同類型所建造的車站成本及不同的月台配置。**表 11.11** 展示部份車站月台長度，及其費用成本。由於車站的費用受到不同類型的建築所影響，月台的長度和平面、高架或地下車站的建造因素將在後面的章節在行討論。

表 11.9　部份重量運系統的車站特點 [157]

系統	車站／月台						
	平面／島式	平面／側式	地下／島式	地下／側式	高架／島式	高架／側式	總計
亞特蘭大（北／南線）	1	0	5	3	9	0	18
巴爾的摩	3	0	6	0	3	0	12
波士頓（橙色線）	0	0	2	1	6	0	9
芝加哥（西南）	6	0	0	0	2	0	8
芝加哥（奧黑爾機場線）	3	0	1	0	0	0	4
洛杉磯（紅線）	0	0	5	0	0	0	5
邁阿密	0	0	0	0	16	5	21
華盛頓特區（A）	5	0	8	2	0	0	15
華盛頓特區（B）	4	0	3	2	1	0	10
華盛頓特區（C）	2	1	1	6	1	2	13
華盛頓特區（D）	4	1	8	1	0	0	14
華盛頓特區（E）	0	0	3	0	0	0	3
華盛頓特區（F）	0	0	5	1	0	0	6
華盛頓特區（G）	0	1	2	0	0	0	3
華盛頓特區（J, H）	1	0	0	0	0	0	1
華盛頓特區（K）	3	1	1	3	0	0	8
華盛頓特區（L）	0	0	0	0	0	0	0

表 11.10　部份捷運系統的車站成本
（根據 1994 年美國單位成本估計：百萬美元）[157]

系統	系統長度（英哩）	車站／月台						車站總成本／路線英哩（百萬）
		平面／島式	平面／側式	地下／島式	地下／側式	高架／島式	高架／側式	
亞特蘭大（北/南線）	22.20	22,912,310	0	39,587,684	37,800,202	24,836,088	0	21.86
巴爾的摩	15.00	11,176,765	0	48,799,919	0	15,276,317	0	25.02
波士頓（橙色線）	4.70	0	0	14,130,336	25,734,529	19,128,540	0	35.91
芝加哥（西南）	9.00	10,499,735	0	0	0	17,142,710	0	12.50
芝加哥（奧黑爾機場線）	7.60	15,032,336	0	40,825,515	0	0	0	12.08
洛杉磯（紅線）	4.40	0	0	64,634,953	0	0	0	73.45
邁阿密	21.00	0	0	0	0	13,915,631	13,925,584	16.18
華盛頓特區 (A)	18.09	9,199,473	0	79,041,023	53,465,993	0	0	45.77
華盛頓特區 (B)	11.80	7,761,897	0	56,496,674	45,111,012	11,129,055	0	27.73
華盛頓特區 (C)	12.13	8,242,237	15,607,546	47,902,680	51,721,657	11,817,770	11,817,770	37.34
華盛頓特區 (D)	11.83	9,970,262	18,879,742	57,945,704	57,945,704	0	0	52.29
華盛頓特區 (E)	1.65	0	0	33,168,902	0	0	0	86.47
華盛頓特區 (F)	4.32	0	0	30,123,311	30,123,331	0	0	43.46
華盛頓特區 (G)	3.52	0	12,919,501	39,652,533	0	0	0	27.88
華盛頓特區 (J,H)	3.51	12,887,159	0	0	0	0	0	12.76
華盛頓特區 (K)	11.90	6,637,849	12,569,467	38,578,207	38,578,207	0	0	19.63
華盛頓特區 (L)	1.72	0	0	0	0	0	0	0.00
平均		11,432,002	14,994,064	45,452,880	42,560,079	16,178,016	12,871,677	34.39
低		6,637,849	12,569,467	14,130,336	25,734,529	11,129,055	11,817,770	12.08
高		22,912,310	18,879,742	79,041,023	57,945,704	24,836,088	13,925,584	86.47

表 11.11　車站月台的大約長度和平均車站成本

系統	車量乘載量			車長 （英呎）	最大營運列車 組成	平均車站成本 （百萬美元）
	座位	正常	理論			
亞特蘭大	64		136	75	8	26.96
巴爾的摩	76		274	75	4	31.28
波士頓	64		160	70	6	18.75
芝加哥	47		150	49	8	14.06
克利夫蘭	80		144	76	3	n/a
洛杉磯	59		301	75	6	64.18
邁阿密	76		166	75	6	16.18
紐約紐澤西州	42		140	51	8	n/a
紐約州	70		n/a	60	11	n/a
費城	65		180	68	6	n/a
舊金山	75		n/a	75	10	n/a
華盛頓特區	80		187	75	8	39.32

　　捷運的車輛費用已總結於*表 11.12*。捷運車輛一般為 75 英呎長，其乘載量從 136 至 274 人。對於本章所敘述的系統／階段，其車輛的成本範圍從美金 83 萬（芝加哥）至 177 萬美元（亞特蘭大 Phase A），但不包括芝加哥西南延伸線，其車輛成本約為 83 萬美元。捷運的車輛成本平均為 138 萬美元。車輛成本與車輛的乘載量力比較如下所示。每輛捷運車廂的費用除以其最大乘客運載量，可得到平均每乘載乘客的車輛成本。平均每乘載乘客的車輛成本為 7,519.26 美元，其最低為 4,087.59 美元及最高為 13,014.71 美元。

　　表 11.13 為系統成本。其每英哩成本範圍從 626 萬到 1,871 萬美元，平均值為 1,130 萬美元。這部分的費用與車站和車輛的成本相比差異甚大。差異的原因為何，需要加以調查。每個捷運系統計算成本時，有不同的考量，或把系統成本放在其他的造價中，以致造成差異很大的原因。

表 11.12 捷運的車輛成本

（根據 1994 年美國單位成本估計單位：百萬美元）

系統	車輛成本	車輛數	每輛車的成本 A	車輛乘載量 B	運載每一乘客的車輛成本 A/B	所佔總成本中的百分比
亞特蘭大	299.39	169	1.77	136	13,014.71	13.25%
巴爾的摩	111.94	100	1.12	274	4,087.59	8.39%
波士頓	123.14	120	1.03	163	6,319.02	12.94%
芝加哥（西南）	73.32	88	0.83	150	5,533.33	15.22%
洛杉磯	52.78	30	1.76	n/a	n/a	3.86%
邁阿密	168.06	136	1.24	166	7,469.88	10.15%
華盛頓特區，Shady Grove（A）	226.09	156	1.45	187	7,754.01	7.05%
華盛頓特區，Glenmont（B）	156.97	110	1.43	187	7,647.06	10.23%
華盛頓特區，Huntington（C）	199.20	135	1.48	187	7,914.44	9.73%
華盛頓特區，New Carrollton（D）	215.29	150	1.44	187	7,700.53	9.57%
華盛頓特區，Greenbelt（E）	45.75	30	1.53	187	8,181.82	12.54%
華盛頓特區，Branch（F）	83.42	60	1.39	187	7,433.16	13.21%
華盛頓特區，Addison（G）	49.32	35	1.41	187	7,540.11	9.84%
華盛頓特區，Franconia / Springfield（J,H）	12.55	10	1.25	187	6,684.49	6.62%
華盛頓特區，Vienna（K）	116.64	80	1.46	187	7,807.49	10.62%
華盛頓特區，TOTAL	1,105.26	766	1.44	187	7,700.53	9.21%
平均		136	1.38	184	7,519.26	10.15%
低		10	0.83	136	4,087.59	3.86%
高		169	1.77	274	13,014.71	15.22%

表 11.13 捷運系統的系統成本

（根據 1994 年美國單位成本估計單位：百萬美元）

系統	系統成本	長度（英哩）	每英哩成本	系統總成本	所佔總成本之百分比
亞特蘭大（北／南線）	153.08	22.20	6.90	2,258.75	6.78%
巴爾的摩（巴爾的摩地鐵）	115.00	15.00	7.67	1,334.31	8.62%
波士頓（橙色線）	54.10	4.70	11.51	951.49	5.69%
芝加哥（西南）	56.36	9.00	6.26	481.64	11.70%
芝加哥（奧黑爾機場線）	47.59	7.60	6.26	268.89	17.70%

表 11.13　捷運系統的系統成本（續）

（根據 1994 年美國單位成本估計單位：百萬美元）

系統	系統成本	長度（英哩）	每英哩成本	系統總成本	所佔總成本之百分比
洛杉磯（紅線）	82.31	4.4	18.71	1,367.15	6.02%
邁阿密	159.89	21.00	7.61	1,656.60	9.65%
華盛頓特區，Shady Grove（A）	237.11	18.09	13.10	3,206.93	7.39%
華盛頓特區，Glenmont（B）	142.06	11.80	12.04	1,534.10	9.26%
華盛頓特區，Huntington（C）	196.89	12.13	16.23	2,047.01	9.62%
華盛頓特區，New Carrollton（D）	217.23	11.83	18.36	2,250.63	9.65%
華盛頓特區，Greenbelt（E）	28.52	1.65	17.29	364.85	7.82%
華盛頓特區，Branch（F）	48.55	4.32	11.24	631.34	7.69%
華盛頓特區，Addison（G）	38.14	3.52	10.83	501.13	7.61%
華盛頓特區，Franconia / Springfield（J, H）	29.80	3.51	8.49	189.56	15.72%
華盛頓特區，Vienna（K）	108.35	11.90	9.10	1,097.86	9.87%
華盛頓特區，L'Enfant（L）	15.81	1.72	9.19	230.64	0.0685
華盛頓特區，總計	1,013.21	80.56	12.58	12,005.86	8.44%
平均			11.30	1,798.82	9.27%
低			6.26	189.56	5.69%
高			18.71	3,206.93	17.70%

　　各系統及不同階段的工程和計畫管理費用列於*表 11.14*。其最低值為每英哩 363 萬美元（芝加哥奧黑爾機場擴建），最貴的為每英哩 1 億 1 千 794 萬美元（洛杉磯），平均為每英哩 3,093 萬美元。其次，如此昂貴的工程和計畫管理費用，如洛杉磯的案例應將加以研究。因此也許是一個特別的例子。

　　最後，預估的系統乘載能力和系統成本已作相關比較見*表 11.15 和 11.16*。再次，必須再進行更詳細的分析後，才能作出相關結論，因為系統的乘載能力並不是唯一影響成本的因素。

表 11.14　捷運系統工程管理成本

（根據 1994 年美國單位成本估計單位：百萬美元）

系統	工程管理成本	路線長度（英哩）	每英哩成本	系統總成本	所佔成本中的百分比
亞特蘭大（北／南線）	504.78	22.20	22.74	2,258.75	22.35%
巴爾的摩	313.77	15.00	20.92	1,334.31	23.52%

表 11.14　捷運系統工程管理成本（續）

（根據 1994 年美國單位成本估計單位：百萬美元）

系統	工程管理成本	路線長度（英哩）	每英哩成本	系統總成本	所佔成本中的百分比
波士頓（橙色線）	189.88	4.70	40.40	951.49	19.96%
芝加哥（西南線）	104.96	9.00	11.66	481.64	21.79%
芝加哥（奧黑爾機場線）	27.59	7.60	3.63	268.89	10.26%
洛杉磯（紅線）	518.94	4.4	117.94	1,367.15	37.96%
邁阿密	360.04	21.00	17.14	1,656.60	21.73%
華盛頓特區，Shady Grove（A）	707.77	18.09	39.12	3,206.93	22.07%
華盛頓特區，Glenmont（B）	293.43	11.80	24.87	1,534.10	19.13%
華盛頓特區，Huntington（C）	416.78	12.13	34.36	2,047.01	20.36%
華盛頓特區，New Carrollton（D）	442.07	11.83	37.37	2,250.63	19.64%
華盛頓特區，Greenbelt（E）	38.90	1.65	23.58	364.85	10.66%
華盛頓特區，Branch（F）	85.62	4.32	19.82	631.34	13.56%
華盛頓特區，Addison（G）	113.63	3.52	32.28	501.13	22.67%
華盛頓特區，Franconia/Springfield（J, H）	49.47	3.51	14.09	189.56	26.10%
華盛頓特區，Vienna（K）	297.62	11.90	25.01	1,097.86	27.11%
華盛頓特區，L'Enfant（L）	69.26	1.72	40.27	230.64	30.03%
華盛頓特區，共計	2,538.47	80.56	31.51	12,005.86	21.14%
平均			30.93	1,798.82	21.70%
低			3.63	189.56	10.26%
高			117.94	3,206.93	37.96%

表 11.15　捷運系統的運量（尖峰時刻最大運量）[158]

系統	車輛乘載量			最大營運列車組成*	最小班距（分鐘）*		每小時每方向最大營運容量	每小時每方向最大理論容量
	座位	正常	理論		經營	理論		
亞特蘭大	64		136	8	8	1.5	8,160	43,520
巴爾的摩	76		274	4	6	1.5	10,960	43,840
波士頓	64		160	6	3.3	3	17,455	19,200
芝加哥	47		150	8	2.75	n/a	26,182	n/a
克利夫蘭	80		144	3	6	2	4,320	12,960
洛杉磯	59		301	4	6	3	12,040	24,080
邁阿密	76		166	6	6	3	9,960	19,920
紐約紐澤西州	31		130	8	3	1.5	20,800	41,600
紐約州	70			11	2	2	0	0
費城	65		180	6	3	3	21,600	21,600
舊金山	75			10	3	2.5	0	0
華盛頓特區	80		187	6	2	1.5	33,660	44,880

表 11.16　整體系統成本與乘載能力之比較

系統	系統總成本	每小時每方向最大營運容量	每小時每方向最大理論容量	運每一千人的營運總成本	運每一千人的理論總成本
亞特蘭大（北／南線）	2,258.75	8,160.00	43,520.00	279.00	51.90
巴爾的摩	1,334.31	10,960.00	43,840.00	122.00	30.00
波士頓（橙色線）	951.49	17,455.00	19,200.00	54.51	49.56
芝加哥	750.53	26,182.00	n/a	28.67	n/a
洛杉磯（紅線）	1,367.15	12,040.00	24,080.00	113.55	56.78
邁阿密	1,656.60	9,960.00	19,920.00	166.32	83.16
華盛頓特區（地鐵）	12,005.86	33,660.00	44,880.00	356.68	267.51
平均				160.10	89.82
低				28.67	30.00
高				356.68	267.51

第三節　輕軌系統的成本

　　輕軌系統的成本通常遠低於捷運系統，這主要是因為輕軌不一定需要獨占路權，可使用較小或較低的平面車站和較小的車隊。在這一章所用的輕軌系統之成本資料。其資料來源是出自 1992 年 9 月的聯邦大眾運輸總局所出版的城市交通系統特色。*表11.17* 總結了美國 15 個輕軌系統的特點。*表 11.18 和 11.19* 提供資金成本及比例分佈的 5 個選定的輕軌系統。

　　表 11.20 顯示五個系統的軌道成本，範圍從每英哩 1257 萬美元（匹茲堡），到每英哩 332 萬美元（沙加緬度），平均費用為每英哩 655 萬美元。*表 11.21* 介紹了一些美國輕軌系統的類型、特點、建築，包括軌道部分及其長度和軌道建設的單位成本。這可以看出，平面軌道成本範圍從每英哩 97 萬美元到每英哩 489 萬美元里，其每英哩平均約為 327 萬美元。高架軌道，其成本範圍從每英哩 292 萬美元到 1466 萬美元，平均每英哩約為 981 萬美元。地底建

設費用範圍從每英哩 875 萬美元到每英哩 4398 萬美元，平均每英哩約為 2943 萬美元。

　　部分的車站費用列於*表 11.22*。每車站的費用範圍從 311 萬美元到 19 萬美元，平均為 170 萬美元。就像軌道一樣，建築的類型及其他特殊條件影響了車站的成本。此外，車站的大小和平台配置的比例也會增加成本費用。*表 11.23* 顯示了幾個選定的輕軌車站的成本與軌道的長度比較，以最高每站每英哩 126,549 美元，和最低每站每英哩 9,548 美元和平均 68,926 美元。*表 11.24* 顯示出一些美國輕軌系統車站的技術資料，以及關於車站方便性的資訊。

　　輕軌系統的車輛費用列於*表 11.25*。最低成本為每輛 69 萬美元、最貴的為 177 萬美元，其平均值約為 129 萬美元。*表 11.26* 是在分析車輛費用和車輛乘載量之關係。

　　輕軌的系統成本每英哩平均 313 萬美元（見*表 11.27*）。*表 11.28* 列出美國輕軌系統的工程管理費用。工程管理費的平均成本為 997 萬美元、最低為 223 萬美元、最高為 2,623 萬美元。

表 11.17　輕軌系統一般特性

城市	主管機關	營運年份	軌道長度（英哩）	車站數	車隊規模	資本成本（1994 年百萬美元）
巴爾的摩	馬里蘭軌道交通管理	1992	22.50	19	35	372.58
波士頓	馬薩諸塞州交通管理局	1897	52.00	85	229	n/a
水牛城	尼亞加拉邊境交通管理局	1980	6.40	14		567.10
克利夫蘭	大克利夫蘭地區性的交通運輸管理局	1930	13.50	29	48	n/a
丹佛	Regional Transportation District	1994	5.30	14	11	116.50
洛杉磯	洛杉磯縣城市交通管理局	1990	22.60	22	54	875.77
紐澤西州	紐瓦克市地鐵		4.30	17	22	n/a
費城	東南賓夕法尼亞運輸局		69.30	174	240	n/a
匹茲堡	阿勒格尼縣港務局	1988	41.10	13	21	661.55
波特蘭	奧勒岡三郡都會區	1986	15.10	25	26	299.45
沙加緬度	沙加緬度區域大眾運輸區	1987	18.30	27	37	202.58
聖地牙哥	都市交通發展局	1981	34.50	35	75	n/a
舊金山	舊金山市鐵路	1912	49.70	9	128	n/a

表 11.17　輕軌系統一般特性（續）

城市	主管機關	營運年份	軌道長度（英哩）	車站數	車隊規模	資本成本（1994年百萬美元）
聖荷西	Santa Clara County Transit	1987	19.90	22	50	354.89
聖路易斯	Bi-State 開發署	1993	18.10	20	31	366.76

表 11.18　輕軌系統成本 [157]

（根據 1994 年美國費用估計 單位：百萬美元）

城市	不動產成本	軌道成本	車站成本	車輛成本	維修廠成本	系統成本	工程設計與計畫管理成本	應急費用及其他	系統總成本
洛杉磯	60.72	143.75	62.84	75.39	41.73	108.16	227.57	157.63	877.79
匹茲堡	27.58	131.94	40.39	66.78	44.43	68.28	275.40	11.82	666.62
波特蘭	18.90	113.42	17.73	34.43	13.91	24.59	71.09	6.80	300.87
沙加緬度	20.39	60.76	19.70	31.25	6.00	24.73	40.79	8.53	212.15
聖荷西	54.93	59.69	4.20	53.61	19.62	27.37	131.91	7.85	359.18

表 11.19　輕軌成本費用類別分配百分比[159]

城市	不動產所佔比例	軌道所佔比例	車站所佔比例	車輛所佔比例	維修廠所佔比例	系統所佔比例	工程設計與計畫管理所佔比例	應急費用及其他	系統總成本
洛杉磯	6.93%	16.41%	7.17%	8.61%	4.76%	12.35%	25.99%	17.99%	100.00%
匹茲堡	4.17%	19.94%	6.10%	10.09%	6.72%	10.32%	41.63%	1.79%	100.00%
波特蘭	8%	37%	5%	11%	6%	8%	23%	2%	100.00%
沙加緬度	10.07%	29.99%	9.72%	15.43%	2.96%	12.21%	20.13%	1.18%	100.00%
聖荷西	15.48%	16.82%	1.18%	15.11%	5.53%	7.71%	37.17%	2.21%	100.00%

表 11.20　輕軌軌道系統成本

（根據 1994 年美國費用估計單位：百萬美元）

系統	軌道成本	長度（英哩）	每線每英哩成本	總系統成本	所佔總成本的百分比
洛杉磯	143.75	22.60	6.36	875.77	16.41%
匹茲堡	131.94	10.50	12.57	661.55	19.94%
波特蘭	113.42	15.10	7.51	299.45	37.88%
沙加緬度	60.76	18.30	3.32	202.58	29.99%
聖荷西	59.69	19.90	3.00	354.89	16.82%
最高			12.57	875.77	37.88%
最低			3.32	202.58	16.41%
平均			6.55	478.85	24.21%

表 11.21　輕軌系統路線特徵

城市	路徑英哩				軌道成本（百萬美金）	每英哩成本（百萬美元）		
	路面	高架	地下	總和		路面	高架	地下
巴爾的摩	21.60	0.60	0.00	22.50				
波士頓			15.00	52.00				
水牛城	1.20	0.00	5.20	6.40				
克利夫蘭				13.50				
丹佛	5.05	0.25	0.00	5.30				
洛杉磯	19.90	2.00	0.70	22.60	143.75	4.46	13.39	40.18
紐澤西州	3.10	0.00	1.20	4.30				
費城	64.90	0.00	4.40	69.30				
匹茲堡	27.10	2.90	11.10	41.10	131.94	0.97	2.92	8.75
波特蘭	9.90	5.20	0.20	15.10	133.42	4.89	14.66	43.98
沙加緬度	17.60	0.70	0.00	18.30	60.76	3.08	9.25	27.76
聖地牙哥	34.50	0.00	0.00	34.50				
舊金山	36.90	0.00	12.80	49.70				
聖荷西	19.70	0.20	0.00	19.90	59.69	2.94	8.82	26.46
聖路易斯	17.00	0.60	1.50	18.10				
最高					143.75	4.89	14.66	43.98
最低					59.69	0.97	2.92	8.75
平均					105.91	3.27	9.81	29.43

表 11.22　輕軌系統車站成本

（根據 1994 年美國費用估計單位：百萬美元）

系統	車站成本	車站數	每個車站成本	總車站成本	整體系統成本的百分比
巴爾的摩	6.39	19	2.72	373.87	1.71%
洛杉磯	62.84	22	2.86	875.77	7.17%
匹茲堡	40.39	13	3.11	661.55	6.10%
波特蘭	17.73	25	0.71	299.45	5.92%
沙加緬度	19.70	32	0.62	202.58	9.72%
聖荷西	4.20	22	0.19	354.89	1.18%
最高			3.11	875.77	9.72%
最低			0.19	202.58	1.18%
平均			1.70	461.35	5.30%

表 11.23　輕軌系統的車站成本與軌道的長度比較

（根據 1994 年美國費用估計單位：百萬美元）

系統	車站成本	車站數	每個車站成本	軌道長度	車站成本／長度
巴爾的摩	6.39	19	2.72	22.50	120,889
洛杉磯	62.84	22	2.86	22.60	126,549
匹茲堡	40.39	13	3.11	41.10	75,669
波特蘭	17.73	25	0.71	15.10	47,020
沙加緬度	19.70	32	0.62	18.30	33,880
聖荷西	4.20	22	0.19	19.90	9,548
最高			3.11	41.10	126,549
最低			0.19	15.10	9,548
平均			1.70	23.25	68,926

表 11.24　輕軌系統車站特徵

城市	平面	高架	地下	總和	月台高度	輪椅通道／類型
巴爾的摩	19	0	0	19	低	全／低-高平台
波士頓				85	低	無
水牛城				14	高／低	全／低-高平台
克利夫蘭				29	低	無
丹佛	14	0	0	14		N/A
洛杉磯				22	高	全／高平台
紐澤西州				17	低	無
費城				174	低	無
匹茲堡（PAT）				13	高／低	部分/高平台
波特蘭（Tri-Met）				25	低	全／平台升降機
沙加緬度（SRTD）	27	0	0	27	低	全／低-高平台
聖地牙哥（MTDB）	35	0	0	35		
舊金山	0	0	9	9	高／低	部分／高及低-高平台
聖荷西				22	低	全／平台升降機
聖路易斯	13	3	4	20		N/A

表 11.25　輕軌車輛的成本

（根據 1994 年美國費用估計單位：百萬美元）

系統	車輛成本	車輛數	每輛車輛成本	車流容量（乘客）	系統總成本	佔整體系統成本的百分比
巴爾的摩	61.92	35	1.77	201	373.87	16.56%
丹佛	17.38	11	1.58	154	116.50	14.92%
洛杉磯	75.39	56	1.35	160	875.77	8.61%
匹茲堡	66.78	97	0.69	125	661.55	10.09%

表 11.25　輕軌車輛的成本（續）

（根據 1994 年美國費用估計單位：百萬美元）

系統	車輛成本	車輛數	每輛車輛成本	車流容量（乘客）	系統總成本	佔整體系統成本的百分比
波特蘭	34.43	26	1.32	166	299.45	11.50%
沙加緬度	31.25	33	0.95	175	202.58	15.43%
聖地牙哥	124.93	77	1.62	200		
聖荷西	53.61	50	1.07	211	354.89	15.11%
最高			1.77	201	875.77	16.56%
最低			0.69	125	116.50	8.61%
平均			1.29	174	412.09	13.17%

表 11.26　輕軌系統的車輛成本與車輛的乘載量比較

（根據 1994 年美國費用估計單位：百萬美元）

系統	車輛成本	車輛數	每輛車輛成本	每小時每方向運載量	車輛費用／地點
巴爾的摩	61.92	35	1.77	201	8,806
丹佛	17.38	11	1.58	154	10,260
洛杉磯	75.39	56	1.35	160	8,438
匹茲堡	66.78	97	0.69	125	5,508
波特蘭	34.43	26	1.32	166	7,952
沙加緬度	31.25	33	0.95	175	5,429
聖地牙哥	124.93	77	1.62	200	8,100
聖荷西	53.61	50	1.07	211	5,071
最高					10,260
最低					5,071
平均					7,445

表 11.27　輕軌系統之系統成本

（根據 1994 年美國費用估計單位：百萬美元）

系統	系統成本	長度（英哩）	每英哩成本	系統總成本	佔整體成本的百分比
洛杉磯	108.16	22.60	4.79	875.77	12.35%
匹茲堡	68.28	10.50	6.50	661.55	10.32%
波特蘭	24.59	15.10	1.63	299.45	8.21%
沙加緬度	24.73	18.30	1.35	202.58	12.21%
聖荷西	27.37	19.90	1.38	354.89	7.71%
最高			6.50	875.77	12.35%
最低			1.35	202.58	7.71%
平均			3.13	478.85	10.16%

表 11.28　輕軌系統工程管理之成本

（根據 1994 年美國費用估計單位：百萬美元）

系統	工程管理成本	長度（英哩）	每英哩成本	系統總成本	整體系統成本的百分比
洛杉磯	227.57	22.60	10.07	875.77	25.99%
匹茲堡	275.40	10.50	26.23	661.55	41.63%
波特蘭	71.09	15.10	4.71	299.45	23.74%
沙加緬度	40.79	18.30	2.23	202.58	20.13%
聖荷西	131.91	19.90	6.63	354.89	37.17%
最高			26.23	875.77	41.63%
最低			2.23	202.58	20.13%
平均			9.97	478.85	29.73%

表 11.29　輕軌線總量根據理論的車乘載量 [158]

系統	車乘載量			車長（英呎）	最大運營列車組成	最小班距（分）		最小車站長度（英呎）	每小時每方向最大營運容量	每小時每方向最大理論容量
	座位	一般	理論			營運	理論			
巴爾的摩	84		201	95	3	15	15	285	2,412	2,412
波士頓	50		112	72	2	0.75	n/a	144	17,920	n/a
水牛城	51		180		3	5	2	n/a	6,480	16,200
克利夫蘭	84		144	80	2	6	2	160	2,880	8,640
丹佛	64		154	80.5		n/a	n/a	n/a	n/a	n/a
洛杉磯	76		160	89	2	6	3	178	3,200	6,400
紐澤西州	55		125	46	1	2	0.25	46	3,750	30,000
費城	51		91		2	1	0.5	n/a	10,920	21,840
匹茲堡	63		125		2	3	3	n/a	5,000	5,000
波特蘭	76		166		2	3	3	n/a	6,640	6,640
沙加緬度	64		175	80	4	15	15	320	2,800	2,800
聖地牙哥	64		200		4	4.25	5	n/a	11,294	9,600
舊金山	48		132		4	2.62	1	n/a	15,840	31,680
聖荷西	75		211		3	10	n/a	n/a	3,798	n/a
聖路易斯	72		250					n/a	n/a	n/a

第四節　自動導軌系統的成本

在本章中將對於無人駕駛中運量系統（APM）在都會區及機場的運用進行討論。只要有足夠的成本資料都將在此介紹和討論。*表 11.30* 描述五個都會區的無人駕駛中運量系統的一般特性，其中還包括邁阿密（Metromover）系統的兩個階段。這些系統比起捷運系統相對小型。

一、城市運輸系統成本的比較

這五個城市運輸系統的比較如*表 11.31*，其成本已隨時間和地點作調整。此外，各系統的成本在*表 11.32*，以每英哩成本、每英哩每條成本、和每容量方向英哩成本的方式作比較。

從*表 11.32* 可以看出，都會區無人駕駛中運量系統的成本約在每英哩每線 2,770 萬美元與 9,310 萬美元之間，平均每英哩每線約為 4,970 萬美元。溫哥華空中列車系統（SkyTrain）是第二個最便宜的系統，而底特律的無人駕駛中運量系統是五個系統中最貴的一個。值得注意的是，這兩個系統是由同一公司所建造-龐巴迪公司。為什麼底特律系統會比較貴，其中有許多原因。然而，有一個明顯影響到成本的原因可能是這一個系統是單軌而另一系統是雙軌。

表 11.32 也顯示，溫哥華空中列車在每 1,000 人乘載量－英哩中有最低成本，為 121 萬美元，而最貴是坦帕港島接送列車系統（Tampa Harbor Island Shuttle）為 923 萬美元。而都會運輸無人駕駛中運量平均成本，為每千人乘載量──英哩為 607 萬美元。有此可知坦帕港島接送列車系統是最昂貴的系統。但相同的系統，若以每英哩每線的計算成本是最便宜的，其成本約為 2,770 萬美元。這兩種評量的方式，每英哩每線和每 1,000 人乘載量──英哩，給予

截然不同的指標。應當小心使用其中的評量方式。而計算無人駕駛中運量系統在都會區的費用使用每英哩每線是合適的成本-效益評估方式。這是因為大多現有的系統可以很容易地增加更多的車輛和操作的最小班距。此外，車輛的成本只是一個影響無人駕駛中運量系統成本的因素之一。而利用每英哩－方向－容量－英哩作為成本比較僅適用於該系統的乘載量已經達到極限。然而，科技的進步將繼續發展，使系統乘載容量增加。

表 11.30　城市無人駕駛中運量系統一般特點
（根據 1994 年美國費用估計單位：百萬美元）

城市	建造年份	系統配置	長度（英哩）	車站數目	車輛數	總費用
底特律	1987	單向循環，鋼輪，自推進，線性感應馬達，600 伏直流電	2.9	13	12	270
傑克遜維	1989	交叉環狀，橡膠輪胎，自推進，750 伏直流電	0.7	3	2	48
邁阿密	1986	雙向循環，橡膠輪胎，自推進，600 伏直流電	1.9	9	12	264
邁阿密	1994	雙程接送，橡膠輪胎，自推進，600 伏直流電	2.5	12	17	248
坦帕	1984	單線雙向接送，橡膠輪胎，電纜驅動	0.47	2	2	13
溫哥華	1986	鋼輪，自行驅動，600 伏直流電	13.4	15	130	814

表 11.31　城市無人駕駛中運量系統的軌道成本
（根據 1994 年美國費用估計單位：百萬美元）

地點／建造年份	長度（英哩）	車站數量	車輛數量	在建造年時的成本（百萬美元）	總費用
底特律（1986）	2.9	13	12	201	270
傑克維遜（1989）	0.7	3	2	32	48
坦帕（1985）	0.47	2	2	7.5	13
邁阿密（1986）	1.9	9	12	159	264

表 11.31　城市無人駕駛中運量系統的軌道成本（續）

（根據 1994 年美國費用估計單位：百萬美元）

地點／建造年份	長度（英哩）	車站數量	車輛數量	在建造年時的成本（百萬美元）	總費用
邁阿密（1994）	2.5	12	17	248	248
溫哥華（1986）	13.4	15	130	615	814

表 11.32　城市無人駕駛中運量系統建造成本的比較

（根據 1994 年美國費用估計單位：百萬美元）

地點	1994 年造價	長度（英哩）	每英哩造價	每單向英哩造價 A	每小時每方向運量 B	每一千乘客單向英哩造價 A/B
底特律	270	2.9	93.1	93.1	12,000	7.76
傑克維遜	48	0.7	68.6	34.3	4,140	8.28
坦帕	13	0.47	27.7	27.7	9,000	9.23
邁阿密	264	1.9	138.9	69.5	12,000	5.79
邁阿密	248	2.5	99.2	49.6	12,000	4.13
溫哥華	814	13.4	60.7	30.4	25,000	1.21

二、系統構成要素之成本分析比較

　　不同的系統總成本之比較僅能大概了解實際的成本及範圍。將總成本劃分成較小的系統組成要素更能夠研究其成本和分佈。本章將五個城市自動導軌系統的成本數據分為五類；軌道、車站、車輛、控制／通信以及工程管理的費用。每個類別將個別介紹和個別討論。

軌道的成本

　　表 11.33 為 5 個城市無人駕駛中運量系統的軌道成本。其成本約從每英哩 1,150 至 2,970 萬美元，平均約為每英哩 1,810 萬美元。軌道建設成本佔整體系統成本的 19% 至 41% 的，平均約為 28%。由於底特律的無人駕駛中運量系統的軌道成本包括車站，在此假設車站成本為 210 萬美元以便做比較。這一假設是根據邁阿密和傑克森維爾系統的平均單位成本所做的（見*表 11.34*），這個假設，在許多方面符合底特律的系統。

表 11.33　城市無人駕駛中運量系統的軌道成本

(依據 1994 年美元計算單位：百萬元)

系統	軌道費用	長度(英哩)	每英哩費用	總系統成本	站總成本之百分比
底特律無人駕駛乘客運輸系統[1]	113.4	2.9	39.1	270	42%
底特律無人駕駛乘客運輸系統[2]	86.1	2.9	29.7	270	32%
傑克維遜無人駕駛乘客運輸系統	9.2	0.7	13.1	48	19%
坦帕	5.4	0.5	11.5	13	41%
邁阿密	56.0	2.5	22.4	248	23%
溫哥華空中列車	187.6	13.4	14.0	814	23%
平均[3]	68.9	4.0	18.1	281	28%

注：[1] 包括車站成本。
　　[2] 扣除每車站 210 萬美元成本。
　　[3] 計算排除估算的底特律車站成本。

車站的費用

　　城市自動導軌系統的 4 個車站成本列於**表 11.34**。由於底特律系統的軌道和車站成本並無分離，因此在計算平均數時，並沒有將該系統納入。每個車站的成本範圍從 80 到 420 萬美元，平均為 230 萬美元。車站的成本約佔總成本的 8%～12%，平均約為 11 %。由下表可看出，傑克遜維爾和邁阿密系統有著非常相似的車站單價也幾乎是溫哥華空中列車的一倍。然而，溫哥華的空中列車車站可容納更長的列車（6 節車廂），比起邁阿密和傑克維遜只能停靠兩節車廂好的許多。

表 11.34　城市無人駕駛中運量系統的車站成本

(依據 1994 年的美元計算：百萬元)

系統	車站費用	車站數目	每個車站費用	所有系統費用	佔總系統費用的百分比
底特律無人駕駛乘客運輸系統[1]	N/A	13	N/A	270	N/A
傑克維遜 無人駕駛乘客運輸系統	5.8	3	1.9	48	12%

表 11.34 城市無人駕駛中運量系統的車站成本（續）

（依據 1994 年的美元計算：百萬元）

系統	車站費用	車站數目	每個車站費用	所有系統費用	佔總系統費用的百分比
坦帕	1.5	2	0.8	13	12%
邁阿密	27.9	12	2.3	248	11%
溫哥華空中列車	63.0	15	4.2	814	8%
平均 [2]	24.6	8	2.3	281	11%

注：[1] 包含軌道成本。
　　[2] 不包含底特律無人駕駛中運量系統

車輛費用

　　表 11.35 列出了這五個城市無人駕駛中運量系統的車輛費用。每輛車費用的範圍從 80 到 460 萬美元，平均每輛車大約為 210 萬美元。車子的費用大約佔總成本的 9%～19%平均大約為 13%。除了坦帕港島的車子之外，其餘的都是自行驅動。簡易的車上控制系統是坦帕港島系統車輛是鋼纜驅動所以便宜，成本約為每輛 80 萬美元。而車輛的價格也反映在車隊的規模大小。如傑克維遜的系統，只有兩輛車，每台車的造價高達 460 萬美元，相對於溫哥華系統，該系統已擁有 130 輛車，平均每輛售價為 90 萬美元。如果不包括傑克森維爾的系統，車輛的平均成本成約為 142 萬美元而不是 210 萬美元。

通信／控制成本

　　城市自動導軌系統中，通信控制佔整體經費的一大部分。*表 11.36* 呈列了 5 個城市自動導軌系統的通信控制成本。某種程度上來說，通訊控制設備的費用與其規模大小和複雜性成正向的關係，但也不盡然。通信控制的成本大約佔總成本的 6%～15%之間，平均大約是 10%左右。

表 11.35　城市無人駕駛中運量系統的車輛成本

(依據 1994 年的美元計算單位：百萬元)

系統	系統總成本	車輛費用	車輛數目	每輛車的費用	車輛的乘載量（人）	佔總系統費用的百分比	每英哩車輛數目
底特律無人駕駛中運量系統	270	32.4	12	2.7	100	12%	4.1
傑克維遜無人駕駛中運量系統	48	9.1	2	4.6	92	19%	2.9
坦帕	13	1.7	2	0.8	100	13%	4.0
邁阿密	248	21.3	17	1.3	100	9%	6.8
溫哥華空中列車	814	117.8	130	0.9	100	14%	9.7
平均	279	36.5	33	2.1	98.4	13%	5.5

工程管理成本

　　無人駕駛中運量系統（AGT）是先進且複雜的。這些工程需要付出相當多的心力及工程管理。尤其這五個城市無人駕駛中運量系統如此繁雜再加上建造在人口稠密的地區，使得複雜性大大的增加。這五個城市無人駕駛中運量系統的工程管理費用列於*表11.37*，約佔總成本的 9%～22%，平均約佔總成本的 14%。

三、機場無人駕駛中運量系統的成本

　　此節將 11 個機場無人駕駛中運量系統的成本加以編輯和分析。所有的資料及數據都與上一節的展示方式相同而且所有的數據均已做過相關的時間和地點修正。無人駕駛中運量系統可分為以下三組：地下，高架及高架／路面。*表11.38 和11.39* 概述了這 11 個機場無人駕駛中運量系統的基本資訊和建造成本。

軌道成本

8 個機場無人駕駛中運量系統的軌道成本如*表 11.40*。地下軌道的成本約是每英哩每線 1,240 萬美元，其範圍約為每英哩每線 840 萬美元到 1,700 萬美元之間。高架軌道約為每英哩每線 600 萬美元到 1,160 萬美元之間，平均約為每英哩每線 800 萬美元。

車站成本

機場自動導軌系統的車站成本如*表 11.41*。地下站的費用大約是在 70 到 220 萬美元之間，平均約為 140 萬美元，高架車站約為 70 到 320 萬美元之間，平均大約是 190 萬美元。值得一提的是，雖然地下軌道的建置費用高於高架導軌，但其地下車站的費用卻少於高架車站。

車輛成本

表 11.42 列出了機場無人駕駛中運量系統的車輛成本，每輛車的成本約在 10 到 130 萬美元之間，平均大約是 100 萬美元。

表 11.36　城市無人駕駛中運量系統通訊／控制設備成本

(依據 1994 年的美元計算單位：百萬元)

系統	通訊／控制費用	長度(英哩)	每英哩費用	系統總費用	佔總成本的百分比
底特律 無人駕駛中運量系統	24.3	2.9	8.4	270	9%
傑克維遜 無人駕駛中運量系統	7.2	0.7	10.3	48	15%
坦帕	1.7	0.5	3.5	13	13%
邁阿密	19.2	2.5	7.7	248	8%
溫哥華空中列車	48.8	13.4	3.6	814	6%
平均	20.2	4.0	6.7	279	10%

表 11.37　城市無人駕駛中運量系統的工程管理費用

（依據 1994 年的美元計算單位：百萬元）

系統	工程管理費用	長度（英哩）	每英哩費用	總系統費用	佔總成本百分比
底特律無人駕駛中運量系統	24.3	2.9	8.4	270	9%
傑克維遜 無人駕駛中運量系統	7.2	0.7	10.3	48	15%
坦帕	包含在歐帝斯（Otis）合約中	0.5	N/A	13	N/A
邁阿密	25.4	2.5	10.2	248	10%
溫哥華空中列車	179.1	13.4	13.4	814	22%
平均 [1]	59.0	4.0	10.1	345	14%

注：[1] 不將坦帕列入計算

通訊／控制系統成本

　　無人駕駛中運量系統主要的一項開支就是通訊／控制系統設備，**表 11.43** 列出了機場無人駕駛中運量系統通訊／控制系統成本。其成本約為總成本的 5%～12%，平均約為總成本的 11%。

工程成本管理成本

　　表 11.44 列出了八個機場無人駕駛中運量系統的工程管理成本。其成本範圍約佔總成本的 10%～27%，平均約是總成本的 17%。而工程管理費用在城市無人駕駛中運量系統和機場無人駕駛中運量系統有很大的不同，每英哩每單向相差約為 360 萬美元。

表 11.38　機場無人駕駛中運量系統的一般特性

（依據 1994 年的美元計算單位：百萬元）

系統	開放年份	系統結構	長度（英哩）	車站數目	車輛數目	總成本
亞特蘭大機場	1980	雙通道，地下	2.27	10	17	108.80
芝加哥奧黑爾機場	1991	交叉環狀，高架／平面	5.00	5	13	128.20

表 11.38　機場無人駕駛中運量系統的一般特性（續）

（依據 1994 年的美元計算單位：百萬元）

系統	開放年份	系統結構	長度（英哩）	車站數目	車輛數目	總成本
達拉斯／沃斯堡機場	1974	單線多迴路，高架／平面	13.04	28	51	147.70
丹佛機場	1993	交叉環狀地下	1.85	4	16	94.40
休斯敦機場	1981	單線迴路，地下	1.37	5	18	38.00
拉斯維加斯麥卡坦機場	1985	雙線道，高架	0.50	2	4	10.70
邁阿密機場	1980	雙線，高架	0.51	2	6	26.20
紐瓦克機場	1994	交叉環狀，高架	4.40	7	72	165.20
奧蘭多機場	1981	3 線，高架	2.21	6	18	45.00
西雅圖塔科馬機場	1973	2 單線循環，地下	1.70	8	24	99.80
坦帕機場	1971	5 雙線，高架	1.90	12	10	34.40

表 11.39　機場無人駕駛中運量系統的成本

（依據 1994 年的美元計算單位：百萬元）

系統	供應商	建造年份	系統結構	導軌長度（英哩）	車站數	總成本	每英哩每單向成本
亞特蘭大機場	AEG	1980	雙線，地下	2.3	10	108.8	47.3
西雅圖塔科瑪機場	AEG	1973	雙單線環狀，公車接駁，地下	1.7	8	99.8	58.7
丹佛機場	AEG	1993	交叉環線，地下	1.8	4	94.4	52.4
休士頓機場	華德迪士尼公司	1981	單線環狀，地下	1.4	5	38.0	27.1
平均每英哩的成本（地下化）=							46.4
邁阿密機場	AEG	1980	雙線，高架	0.5	10	26.2	52.4
奧蘭多機場	AEG	1981	3 條雙線，高架	1.5	6	45.0	30.0
坦帕機場	AEG	1971	5 條雙線，高架	1.3	12	34.4	26.5
平均每英哩的成本（高架）=							36.3
達拉斯／堡沃斯機場	Vaught Corporation	1974	單線迴路，高架／平面	12.8		147.7	11.5

註：AEG 已被龐巴迪買下。

表 11.40　機場無人駕駛中運量系統軌道成本

(依據 1994 年的美元計算單位：百萬元)

系統	軌道成本	長度(英哩)	每英哩每線	總成本	佔總成本百分比
亞特蘭大機場	32.6	2.3	14.2	108.8	30%
西雅圖塔科瑪機場	28.9	1.7	17.0	99.8	29%
丹佛機場	15.1	1.8	8.4	94.4	16%
休士頓機場	13.7	1.4	9.8	38.0	36%
地下無人駕駛中運量系統平均			12.4		28%
邁阿密機場	5.8	0.5	11.6	26.2	22%
奧蘭多機場	9.0	1.5	6.0	45.0	20%
坦帕機場	8.3	1.3	6.4	34.4	24%
高架無人駕駛中運量系統平均			8.0		22%
達拉斯／堡沃斯機場	31.0	12.8	2.4	147.7	21%

表 11.41　機場無人駕駛中運量系統車站的成本費用

(依據 1994 年的美元計算單位：百萬元)

系統	車站成本	車站數	每車站成本	總成本	佔總成本的百分比
亞特蘭大機場	17.4	10	1.7	108.8	16%
西雅圖塔科瑪機場	13.0	6	2.2	99.8	13%
丹佛機場	2.8	4	0.7	94.4	3%
休士頓機場	8.4	9	0.9	38.0	22%
機場地下無人駕駛中運量系統平均費用			1.4		14%
邁阿密機場	6.3	2	3.2	26.2	24%
奧蘭多機場	7.2	4	1.8	45.0	16%
坦帕機場	5.2	8	0.7	34.4	15%
機場高架無人駕駛中運量系統平均費用			1.9		18%
達拉斯／堡沃斯機場	16.2	14	1.2	147.7	11%

表 11.42　機場無人駕駛中運量系統的車輛成本

(依據 1994 年的美元計算-百萬元)

系統	車輛成本	車輛數	每車站成本	車量乘載量(人)	總成本	佔總成本百分比
亞特蘭大機場	21.8	17	1.3	50	108.8	20%
達拉斯／堡沃斯機場	29.5	52	0.6	28	147.7	20%

表 11.42　機場無人駕駛中運量系統的車輛成本（續）

（依據 1994 年的美元計算-百萬元）

系統	車輛成本	車輛數	每車站成本	車量乘載量（人）	總成本	佔總成本百分比
丹佛機場	30.2	16	1.9	56	94.4	32%
休士頓機場	1.9	18	0.1	12	38.0	5%
邁阿密機場	5.2	6	0.9	52	26.2	20%
奧蘭多機場	9.0	8	1.1	51	45.0	20%
西雅圖塔科瑪機場	28.9	24	1.2	57	99.8	29%
坦帕機場	6.5	8	0.8	50	34.4	19%
平均	16.6	19	1.0	44.5	74.3	21%

表 11.43　機場無人駕駛中運量系統通訊／控制系統成本

（依據 1994 年的美元計算單位：百萬元）

機場系統	通訊／控制系統成本	長度（英哩）	每英哩每線成本	總成本	佔總成本百分比
亞特蘭大機場	7.6	2.3	3.3	108.8	7%
達拉斯／堡沃斯機場	16.2	12.8	1.3	147.7	11%
丹福機場	11.3	1.8	6.3	94.4	12%
休士頓機場	4.2	1.4	3.0	38.0	11%
邁阿密機場	1.8	0.5	3.6	26.2	7%
奧蘭多機場	9.9	1.5	6.6	45.0	22%
西雅圖塔科瑪機場	5.0	1.7	2.9	99.8	5%
坦帕機場	3.4	1.3	2.6	34.4	10%
平均	7.4	2.9	3.7	74.3	11%

表 11.44　機場無人駕駛中運量系統工程管理成本

（依據 1994 年的美元計算單位：百萬元）

系統	工程管理成本	長度（英哩）	每英哩每線成本	總成本	佔總成本百分比
亞特蘭大機場	16.3	2.3	7.1	108.8	15
達拉斯／堡沃斯機場	35.4	12.8	2.8	147.7	24
丹福機場	25.5	1.8	14.2	94.4	27
休士頓機場	8.4	1.4	6.0	38.0	22

表 11.44　機場無人駕駛中運量系統工程管理成本（續）

（依據 1994 年的美元計算單位：百萬元）

系統	工程管理成本	長度（英哩）	每英哩每線成本	總成本	佔總成本百分比
邁阿密機場	4.2	0.5	8.4	26.2	16
奧蘭多機場	4.5	1.5	3.0	45.0	1
西雅圖塔科瑪機場	14.0	1.7	8.2	99.8	14
坦帕機場	3.8	1.3	2.9	34.4	11
平均	14.0	2.9	6.6	74.3	17

四、城市無人駕駛中運量系統和機場無人駕駛中運量系統之比較

由表 11.44 可以看出，機場無人駕駛中運量系統的費用比城市無人駕駛中運量系統的費用少。在其他幾項費用中，機場無人駕駛中運量系統較便宜的原因可能是環境和系統的需求都較城市無人駕駛中運量系統單純。機場無人駕駛中運量系統不需要面對和城市無人駕駛中運量系統相同的問題，如路線的限制，崎嶇困難的地形，自然和人為的障礙，與其他運具的接駁，必須預防建築物與道路間的配合，施工期避免因施工而使交通中斷和美觀等問題。這兩項工程管理的成本有很大的差異，約為每英哩每線 360 萬美元。關於車輛的成本，機場系統的車輛成本一般都低於城市系統，這可歸因於機場車輛的規模只有城市系統的一半；機場系統通常也有比較簡單的軌道設計及配置，且控制程序簡單，這可能是通訊／控制成本低的主要原因。

有一點必須提出，將機場系統和城市無人駕駛中運量系統拿來比較是不公平的，因為機場系統通常不包括房地產成本，但土地成本對無人駕駛中運量來說往往是一個非常龐大的數字。如邁阿密無人駕駛中運量擴建工程的房地產成本是 1,470 萬美元（2.5 英哩雙

軌道），或約 6% 的總成本。溫哥華空中列車的房地產成本是 6,000 萬美元（13.4 英哩，大多雙向軌道）或 9.8% 的總成本。

車輛的乘載能力也直接影響到價格，一輛乘載量較大的車輛其價格往往比乘載量較小的貴。此外，車隊規模也會影響車輛的費用，換句話說，大量的訂單可能購買到的價格較低，反之則車輛價格較高，如僅有兩輛車的傑克森維爾系統（兩輛車費用 910 萬美元）。這兩輛車都是與台北木柵線（現文山線）相同的馬特拉中運量系統，這也是稍後傑克森維爾決定將昂貴的馬特拉系統以較便宜的龐巴迪無人駕駛單軌電車系統取代的原因。

以小型系統來說，例如所有的機場無人駕駛中運量系統，坦帕港島無人駕駛中運量系統和傑克森維爾系統，其控制／通訊設備似乎沒有明顯增加或減少的趨勢。事實上，電子價格在過去十年裡大幅降低，但並沒有導致控制／通信系統的降價。有兩種可能的解釋，一個是控制／通信系統需要大量的軟體開發工作。而此軟體已被開發並測試使用，如此的測試及重覆使用都是勞力密集及昂貴的。另一種解釋是，控制／通信技術的專利價格和制度不一定反映個別控制／通信系統的真實成本，但可能反映長期投資發展此專利的成本。因此，昂貴的無人駕駛中運量系統，由於其技術成本過高，使得其建造成本無法降低，這是導致其在機場外難以被接受的主要原因。

第五節　總結

在這一章，我們討論了影響建造三種軌道運輸系統成本的各種因素。雖然我們主要是依靠輕軌、無人駕駛中運量系統、捷運系統的成本數據，但這種討論方式也適用於其他種類的運具，因為它們有著同樣的成本因素。這些因素包括通貨膨脹、土地購買、建造長度的選擇、路權的選擇方式——高架、或地下的選擇；天然的條件如地質和土壤狀況，列車控制技術的選定、車隊規模及承包的方法等。最適當大眾運輸系統之選擇取決於工能與造價，但有時是政治和政策的決定也可能影響到設計和成本。例如，紐約州水牛城原本平面的輕軌系統因為居民的反對而被迫地下化，因而提高了不少建造成本。

選擇是否設置驗票柵門或無驗票柵門的榮譽制度，有時候必須依賴政策決定。加拿大溫哥華的空中列車是一個全自無人駕駛中運量系統，儘管和捷運相似，其入口並無設置管制措施而是利用榮譽制度。搭乘此系統需要購買門票，而驗票員將隨時檢查門票，同時為乘客提供適當的幫助。此種作法降低了收費設備的成本，在氣候允許的情況下，車站的設計將可以非常簡約。有時候，看似完全技術性決定也不單單只考量技術性的部份。這有兩個例子可以說明一是沙加緬度、另一是聖地牙哥輕軌系統。以沙加緬度輕軌系統來說，原本只建立一條單一的軌道。而聖地牙哥輕軌後來利用現有的貨運鐵路路權加以改良後，輕軌便可以使用。其目的主要是避免建造費用過於昂貴。

選擇何種類型的軌道運輸系統也許是在規劃階段最重大決定項目，因為這決定除了影響建造成本外還包括一個基本的問題，那就是何時完工。應以高性能捷運系統或以較低成本的輕軌建成？此設計是為了滿足眼前的需求，還是須配合未來的需求以及與其運具的相互結合及和滿足土地開發的規畫？如果系統只提供基本服務或吸引更多的人搭乘？或者以乘客舒適度為最高的目標？是否採用最的先進技術？或強調未來的升級性？這些將決定工程的造價。

有一個不爭的事實，民意的支持是相當重要的，因為成本費用的多少是在於民意的支持與否。如果軌道運輸系統可以被接受但大家仍然抱著懷疑的態度，此時設計應要以簡單但具功能性且不昂貴的系統，以贏得公眾及民選地方官員的支持。如果此計畫必須分階段完成這種支持是特別重要的。分階段完成的系統可能就無法吸引所需的乘客，而且必須在所有的階段完成前提供必要的接駁路線

（網）。如果第一階段就非常昂貴，這將導致更多的懷疑，甚至強烈的反對，這將使得爾後的必需完成的階段難上加難，如果計畫依然可行。在這種情況下，一個好的方法是在初期使用最低成本建造效果最好的（既需求最大的）第一段系統，即使此段的性能或容量無法達到預訂的標準，但強調其好處，並贏得大眾的支持。將來的系統升級和擴充可納入規畫設計中，這可能在未來經費來源確定時可行的方法之一。

如果考慮到缺乏聯邦政府對於新建軌道系統的補助及持續郊區都市化的情況下，階段式的建造方式可能是必須的。既使高密度的路網系統是必要的，但一次建造完畢在經濟上是不可行的。雖然高密度的社區發展是可預期的但尚未發生，若部分區段有使用公共運具的需求，則分段建造可以提供所需的服務。雖然分階段的建置系統是一個挑戰，如果可以建立一個低成本的系統且具有相當人數的搭乘使用，這將使未來的系統再升級或延伸更有可能。

分階段建設的最成功的例子之一是聖地牙哥輕軌系統。此系統也被稱為「聖地牙哥電車（Trolley）」，該第一階段的系統是建立在現有的貨運鐵路線。此階段的建造成本低於每英哩 700 萬美元，仍然是美國目前成本最低的輕軌計劃。如此低成本的主要原因是使用現有的貨運軌道的路權和城市的街道及現有之軌道加以改進（此法比建築全新的軌道成本節省三分之一至二分之一）。此外，在最初階段建造只有使用地方和州所提供的資金。因為沒有涉及聯邦補助款項，所以不須滿足項目多而且複雜的聯邦採購與施工規定，建設只花費了四年。這也有助於減少通貨膨脹對此計劃的經費影響。因為初期階段的成功，輕軌系統已經獲得民眾的支持，到 2009 年，已延伸到 51.1 英哩和 53 個車站。雖然新階段的系統較為昂貴（每英哩 2,500～3,000 萬美元）是由於有部份是高架／地下段，徵收私有路權及其他因素，而這些所增加的經費，被認為是非常值得的。

類似的例子是，沙加緬度的輕軌系統。其建造費用每英哩 9 百萬美元，此系統是美國聯邦政府所補助過最便宜的輕軌計畫。此計畫主要是因為全線 60%以上是單軌軌道才如此便宜，雖然後來也因需求不斷增加而擴建成為雙軌系統。

　　大多數在這一章所用的數據大約是在 1990 年初到中期的資料。所有的成本資料必須考量到現今的通貨膨漲。消費者物價指數（CPI）是營建工程最常用的通貨膨脹調整指標。簡單來說，使用一個經驗法則，如果要在 2009 年使用本章的建造費用（成本）其價格約為原本的兩倍左右。

　　例如，在 2008 年底啟用的美國鳳凰城輕軌系統，費用約為每英哩 7000 萬美元。邁阿密捷運（高架系統）延伸到邁阿密多式聯運中心（靠近邁阿密國際機場），費用大約每英哩 2 億 2 千萬美元（捷運系統）。同樣地，華盛頓特區地鐵的延伸線到杜勒斯機場（Dulles）的銀線，每英哩也耗資約 2 億 2 千 6 百萬美元（捷運）。不同的是邁阿密運捷運系統的的延伸線是完全高架與先前的系統相同。而美國首都華盛頓的地鐵的 23 英哩延長線結合了一小段地鐵，其餘高架和平面的路線，與現在華盛頓特區的地鐵完全一樣。

　　另一方面無人駕駛中運量系統（自動導軌系統）在台北木柵線（現文山線）（棕線），第一階段於 1994 年營運，每英哩約 1 億 3 千 5 百萬美元（部分路線地下化）。木柵線（現文山線）的延長線內湖線（第二階段）於 2009 年 7 月開放營運。此延長線的經費約為每英哩 2 億 1 千 8 百萬美元（部分路線地下化）。相比之下，根據最新數據（2009 年）台北地鐵最新的延長費用約每英哩 3 億 5 千 2 百萬美元（100 ％路線地下化捷運系統）。

　　除了這些影響成本最顯著的基本決定外，有很多因素，可以降低成本，包括下列：

1. 在經濟能力允許下，力求簡單設計和滿足客戶需求。
2. 避免使用有專利的系統（中運量），利用成熟的和行之有年的技術，以減少建造，運行和維護上的風險，並為公眾所接受。

3. 將現有路權充分的利用，如公路的中間分隔帶，公共地等，以降低房地產收購成本。
4. 在可能的情況下及確保安全的前提下建立平面軌道。在決定建設高架或地下軌道之前應仔細比較，此系統以平面建構時所可能發生的事故成本是否低於高架或地下化的建造成本。
5. 只購買標準化能營運的車輛。避免誘惑，追求最先進的設備，而不計較其所能產生的利益。
6. 發展公私經營的夥伴關係，聯合開發及一些創新的經營方式，既減少公部門的財政負擔，並確保長期、成功合作以刺激週遭的經濟活動。
7. 仔細選擇訂約和採購方法，以減少公部門技術和財政風險。

有一點需要注意，雖然這一章是專門檢驗分析軌道運輸系統的成本（捷運、輕軌、和自動導軌系統-無人駕駛中運量系統），營運和維修的成本再評估替代模式，技術和設備也是很重要的考慮因素。也有可能一個系統有較低的初始成本，但完工後可能需要大量的營運和維修成本，包括額外的重大改進成本和升級費用。因此，當評估一個建議的系統，其整個壽命週期費用（life-cycle cost）一定要加以研究，並與其他替代辦法比較，以確定它們所帶來的經濟效益和福利。

軌道運輸系統需要大量的投資。雖然高成本往往是追求高運量及高性能所必須付出的代價，但事實上，高運量和高性能是要付出相當高的代價。重要的是成本問題不光只是一個經濟的因素，而成本似乎是決定軌道系統成敗最主要因素。一個軌道運輸計畫的執行可能是被認為符合成本效益但也可能由於其費用高得令人無法接受而胎死腹中。因此，我們應在減少費用的支出與達成計畫目標下尋求平衡。

正如前面提到的，軌道運輸系統的興建費用決定於許多因素，包括運用的系統和技術，性能要求如方便性，速度和安全性，減輕對環境影響的要求，以及一系列其他因素的影響，如當地環境因素和地方政策決定。在規畫投資軌道交通系統，討論有關系統性能和成本的關係，建立計畫目標，確定可接受之性能和服務水準，未來的升級和系統延伸，節省成本的措施，以及其他因素等，這些將是確保公共投資符合民眾的需求，達到應有之功能並反映良好管理的重要因素。最成功的軌道交通系統科則是選擇最適合的系統，改善規畫方案，更好地施工法，及選擇最佳的計畫執行及管理方法。

參考文獻

1. Lam, William H.K. [2003]. Advanced Modeling for Transit Operations and Service Planning. Elsevier publishing. ISBN 0080442064

2. U.S. Census Bureau, American Community Survey 2006, Washington, D.C., August 2007.

3. Metropolitan Transportation Authority, Subway and Bus Ridership Statistics 2007, State of New York, August 2008.

4. Asian Development Bank（ADB）, Urban Indicators for Managing Cities： Data Book, 2001.

5. Bureau of Transportation Statistics（BTS）, Transportation Statistics Annual Report 2007, U.S. Department of Transportation, Washington, D.C., 2007.

6. Department of Energy（DOE）, Energy Information Administration（EIA）, Annual Energy Review 2007. Report No. DOE/EIA-0384（2007）. Washington, D.C., June 23, 2008.

7. Public Broadcasting System（PBS）. *NOVA*, Car of the Future, Washington, D.C. April 22, 2008. http：//www.pbs.org/wgbh/nova/car/

8. Wall Street Journal. *Joseph B. White*. One Billion Cars. Wall Street Journal, 2006-04-17 *Page R1*.

9. Lester R. Brown. Global Temperature near Record for 2002, Earth Policy Institute, December 2002. http：//www.earth- policy.org/Updates/ Update20.htm

10. Wall Street Journal. *John Larkin*. Developing Problem： As Indians hit the road, the country is scrambling to keep up. Wall Street Journal, 2006-04-17 *Page R6*

11. NBC News. *Dan Harris*. Gas Prices Worldwide, NBC News, May 19, 2008.

12. U.S. Bureau of the Census, Statistical Abstract of the United States： 1996, U.S. Government Printing Office, Washington, DC, 1996.

13. United Nations Population Fund, *State of World Population 2007*; United

Nations Population Division, *World Urbanization Prospects : The 2005 Revision,* 2006.

14. Worldwatch Institute, State of the World 2007： Our Urban Future, Washington, DC, January 2007.

15. American Public Transit Association（APTA）, 1994 Transit Fact Book, Washington, DC, January 1994.

16. Weyrich and Lind, How Transit Benefits People Who Do Not Ride It： A Conservative Inquiry, The Free Congress Foundation, Washington, DC, 2008.

17. United Nations(UN), World Population Prospects(2004 revision). http： //esa.un.org/unpp/

18. Transit Cooperative Research Program（TCRP）, Transit Capacity and quality of Service Manual, 2nd Edition, Transportation Research Board, Washington, DC, 2003.

19. Urban Mass Transportation Administration(UMTA), Section 15 data for 1989, UMTA 's new name is Federal Transit Administration(FTA), U.S. Department of Transportation, Washington, DC, 1989.

20. Nehasi, A., New Urban Transit Systems Reconsidered： A Better Transport Environment for the Next Century, Japan Railway & Transport Review, June 1998.

21. American Public Transit Association(APTA), Public Transportation Ridership Continues To Climb in 2007, Washington, DC, October 4, 2007.

22. Marisol Bello, Ridership on mass transit breaks records, USA TODAY, June 1, 2008.

23. Associated Press, "Facts About London Subway, Bus Service, Associated Press", posted July 7, 2005.

24. Department of Transportation (DOT), 2008 US DOT Transportation Pocket Guide, Washington, D.C., 2008.

25. Charles A. Fuhs; High-Occupancy Vehicle Facilities： A Planning, Design, and Operation Manual; Parsons, Brinckerhoff, Quade, & Douglas; 1990.

26. Herbert S. Levinson; "Analyzing Transit Time Performance"; Transportation Research Record 915; Transportation Research Board, Washington, D.C., 1983.

27. Transportation Research Board, 1985 Highway Capacity Manual, Washington, D.C., 1985.

28. Urban Mass Transportation Administration (UMTA), Section 15 data for 1989, Washington, D.C.

29. Passenger Transport, September 30, 1991, American Public Transit Association, Washington, D.C.

30. F. Johnson; "What About Small Buses"; Bus Ride; July 1991

31. *Urban Transit Monitor*, November, 1994. Burke, Virginia.

32. Munn, W. D. (1989). "Twin Bus Tunnels Advance Through Soft Ground," *Highway and Heavy Construction,* March 1989, 132(3), pp 88-90.

33. Vuchic R. V. (1981). Urban Public Transportation - Systems and Technologies, Prentice Hall, New Jersey.

34. Black, A. (1994) *Urban Mass Transportation Planning,* McGraw-Hill, Inc., NY, NY.

35. Federal Transit Administration, Transit Bus Life Cycle Cost and Year 2007 Emissions Estimation Final Report, July 2, 2007, FTA-WV-26 -7004.2007.1.

36. General Accounting Office (GAO), Mass Transit - Bus Rapid Transit Shows Promise, GAO-01-984, September 2001, Washington, D.C.

37. Alasdair Cain and Georges Darido, "Applicability of Bogota's Transmilenio BRT System to the United States," Paper 07-1538：Transportation Research Board's 86th Annual Meeting, January 2007, Washington D.C.

38. Schumann, J.W. (1992). "Status of North American LRT Systems：1992 Update". *Light Rail Transit Planning, Design, and Operating Experience, Papers* Presented at the Sixth National Conference on Light Rail Transit, N. C. Kassabian, A. G. Tobias, L. Crayton, S. E. Gober, N. Solomon (eds), Calgary, 1992.

39. Schumann, J.W. (2006). "Status of North American LRT Systems：Year 2006 Update," Transportation Research Circular Number E-C112, pp. 3-20, January 2007, Transportation Research Board, Washington, D.C.

40. Pushikarev, B. S., Zapan, J. M., and R. S. Camella, R. S. (1982). "Urban Rail in America."

41. Transit Cooperative Research Program (1994). Rail Transit Capacity - Interim Report, Transit Cooperative Research Program, Vancouver, Canada.
42. General Accounting Office (GAO). Mass Transit：Bus Rapid Transit Shows Promise, United States General Accounting Office Report GAO-01-984, September 2001, Washington, D.C.
43. Pushikarev, B. S., Zapan, J. M., and R. S. Camella, R. S. (1982). "Urban Rail in America."
44. Parkinson, T. (1992). "Rail Transit Performance." *Light Rail Transit Planning, Design, and Operating Experience,* Papers Presented at the Sixth National Conference on Light Rail Transit, N. C. Kassabian, A. G. Tobias, L. Crayton, S. E. Gober, N. Solomon (eds), Calgary, 47-52.
45. Rohr, J. V. (1992). "Low Floor Light Rail Vehicle Development In Europe." Light Rail Transit Planning, Design, and Operating Experience, Papers Presented at the Sixth National Conference on Light Rail Transit, N. C. Kassabian, A. G. Tobias, L. Crayton, S. E. Gober, N. Solomon beds), Calgary, 66 72.
46. Trevor Griffin, "Center Truck Performance on Low-Floor Light Rail Vehicles," Transportation Research Circular Number E-C112, pp. 59-70, January 2007, Transportation Research Board, Washington, D.C.
47. Hickey, T. R. (1992). "Coordination of Intermodal Transfers at LRT Stations." Light Rail Transit：Planning, Design, and Operating Experience, Papers Presented at the Sixth National Conference on Light Rail Transit, N. C. Kassabian, A. G. Tobias,'L. Crayton, S. E. Getter, N. Solomon (eds), Calgary, 136-140.
48. Read, B. (1993). "The Dawn of the New Ridership in St. Louis." Mass Transit, September/October 1993, 32.
49. Light Rail Now, St. Louis：Model of Light Rail Success Hosts international Light Rail Conference, 2006/4/24, www.lightrailnow.org.
50. Light Rail Now, Portland：Westside Light Rail Line Ridership Exceeds 2008 Forecast, September 2005, www.lightrailnow.org.
51. Schumann, J.W. and Loetterie, F.E. (2003). "Status of North American LRT Systems：Year 2003 Update," Transportation Research Circular Number E-C058, pp. 3-24, November 2003, Transportation Research Board, Washington, D.C.

52. TriMet, MAX ： The Next Generation, http ： //trimet.org/max/newtrains. htm

53. Light Rail Now, Minneapolis ： More spectacular ridership gains for Hiawatha light rail transit Portland ： Westside Light Rail Line Ridership Exceeds 2008 Forecast, August 8, 2008. www.lightrailnow.org.

54. New York Metropolitan Transportation Authority (MTA), "Top 10 subways in the world," November 2008, New York, New York.

55. Don Pickrell, Urban Rail Transit Projects ： Forecast Versus Actual Ridership and Costs; prepared for Office of Grants Management, Urban Mass Transportation Administration; October, 1989.

56. Thomas Dooley; Transportation Systems Center, U.S. DOT; 1982.

57. Passenger Transport; published by American Public Transit Association, January 2, 1989 to September 30, 1991 issues.

58. Fixed Guideway Capital Costs, Heavy Rail and Busway/HOV Lane, Booz Allen & Hamilton Inc. for FTA, September 1994.

59. Urban Mass Transportation Administration (UMTA), Section 15 data for 1989, U.S. Department of Transportation, Washington, D.C.

60. Washington Metropolitan Area Transit Authority (WMATA), the proposed Dulles Corridor Metrorail Project, informally dubbed the Silver Map of system envisioned system by 2030, based on an April 24, 2008 proposal to the Metro board, Washington, D.C.

61. Washington Metropolitan Airport Authority (WMAA), "Dulles Metrorail is Coming," Dulles Corridor Metrorail Project, April 2008, Vienna, Virginia.

62. Bay Area Rapid Transit (BART), "Feds green light BART's Warm Springs Extension project," BART, 11.02.2006, Oakland, California.

63. Bay Area Rapid Transit (BART), BART Warm Springs Extension Project, October 31, 2008, Oakland, California.

64. Los Angeles County Metropolitan Transportation Authority (LACMTA), LACMTA Westside Extension Transit Corridor Study, 2008-1-2. Los Angeles, California.

65. Los Angeles County Metropolitan Transportation Authority (LACMTA), LACMTA Westside Extension Alternatives Analysis, May 2008. Los Angeles, California.

66. Los Angeles County Metropolitan Transportation Authority (LACMTA), "Metro Board Acts to Put New Transportation Sales Tax on November Ballot," July 24, 2008.

67. Long Island Railroad, About the Long Island Rail Road, A subsidiary of New York State's Metropolitan Transportation Authority, October 2009, New York, New York.

68. Federal Transit Administration (1995). Section 15 Reports, U.S. Department of Transportation (DOT), Washington, D.C.

69. Shen, L. D., and Wu, 1. (1992). Commuter Rail： State of the Art： A Study of Current Systems, for the Federal Transit Administration, Miami, Florida.

70. Transit Cooperative Research Program (TCRP), Transit Capacity and Level of Service Manual, Transportation Research Board, TCRP Project A-15, 1999, Washington, D.C.

71. Passenger Transport, May 1995, American Public Transit Association (APTA), Washington, D.C.

72. American Public Transit Association (APTA), Commuter Rail Ridership Report, Second Quarter 2008, Washington, D.C.

73. Mid-Region Council of Governments (MRCOG), About the New Mexico Rail Runner Express, November 2008, MRCOG, Albuquerque, New Mexico.

74. New Mexico Department of Transportation (NMDOT), Belen to Santa Fe Commuter Rail Project Overview and Status of Project Elements, Revised October 8, 2008.

75. Utah Transit Authority, Seattle Sounder Commuter Rail, Nashville Music City Star, New Mexico Rail Runner Express from Wikipedia. Retrieved on July 22, 2006. http：//en.wikipedia.org/wiki/

76. Black, A. (1994) Urban Mass Transportation Planning, McGraw Hill, Inc., New York, New York.

77. Middleton, W. (1994a). "Urban Rail Planners Guide," Railway Age, February 1994, New York, New York.

78. Rogers, L. H. (1985). "Brazil's Innovation in APM Technology", *Automated People Movers I,* American Society of Civil Engineers (ASCE), Miami, Florida.

79. APM I, Automated Transit Systems, AEG Transportation Systems, Inc.

80. U.S. Department of Transportation (DOT), Characteristics of Urban Transportation Systems, US DOT, 1992, Washington, D.C.

81. MATRA, Summary of VAL Systems Under Contract or in Service, France.

82. Federal Transit Administration (1993b). Transit Profiles Agencies in Urbanized Areas Exceeding 200,000 Population, 1992 Section 15 Report, Washington, D.C.

83. Las Vegas Monorail, http：//www.lvmonorail.com/ , Las Vegas, Nevada.

84. A Brief Seattle Monorail History, http：//www.seattlemonorail.com /history.php , Seattle, Washington.

85. Chongqing Monorail, http：//www.urbanrail.net/as/chon/chongqing.htm .

86. Tokyo Monorail, http：//www.tokyo-monorail.co.jp/chinese/ , Tokyo, Japan. From Wikipedia, the free encyclopedia http：//en.wikipedia.org /wiki/Tokyo_Monorail

87. Monorail Newsletter, Spring 1994, http：//www.monorails.org/ tmspages/ special.html .

88. Hallman J. G. (1989). "Monorail Operating Experience at Walt Disney World", Automated *People Movers 11,* ASCE, New York, New York.

89. Von Roll Manual,　http：//www.monorails.org/tMspages/TPVon.html.

90. Kokura Line,　http：//www.kitakyushu-monorail.co.jp/ .

91. Citizens Committee for Monorail, http：//www.kingcountymonorail.org/ , Nov 1992.

92. American Society of Civil Engineers (ASCE), 1997 APM Conference Proceedings, Las Vegas, Nevada.

93. KLAS-TV, 27 January 2005; Las Vegas Sun, 27 January 2005.

94. Light Rail Progress, November 2002, http：//www.lightrailnow.org/

95. The Monorail Society, 2009, http：//www.monorails.org/

96. Transportation Research Board (TRB), In Pursuit of Speed： New Options For Intercity Passenger Transport, Special Report 233, pp. 25 35, 1991, National Research Council, Washington, DC,

97. Vranieh, J. (1991). Supertrains Solutions To America's Transportation Gridlock. St. Martin's Press, New York.

98. Moore, Taylor. (1994). "High Speed Rail Heading Down the Track." EPRI Journal, March, pp.24 32.

99. Ohyama, T. (1994). "Research and Development for the Speedup of Shinkansen ATLAS Project in RTRL" Japanese Railway Engineering, No. 128129, pp. 6 9.

100. Akiyama, Y. (1994). "High Speed Railways in the World." Japanese Railway Engineering, No. 128 129, pp. 34 37.

101. Silica, J. S. (1993). "The Technology of X20W ABB's High Speed Tilting Train". High Speed Ground Transportation Systems 1, Proceedings of the First International Conference on High Speed Ground Transportation Systems•1992. ASCE, New York, NY, pp. 735 742.

102. Taylor, Colin. (1993). "TGV Heads Nozomi as AVE Speeds From Behind." Railway Gazette International, Vol. 149, No. 10, pp. 675 684.

103. Bernard, K. (1993). "Eurotunnel Design and Implementation". High Speed Ground Transportation Systems I, Proceedings of the First International Conference on High Speed Ground Transportation Systems 1992. ASCE, New York, NY, pp. 405 416.

104. Laurence Arnold (2001). "Fast train begins service with Washington-Boston roundtrip". Associated Press, 2001-12-11.

105. Acela Express From Wikipedia. Retrieved on July 22, 2009. http：//en.wikipedia.org/wiki/Acela_Express

106. Timesonline, China inaugurates 220mph fastest rail service in world in time for Olympics, August 2, 2008. http：//www.timesonline.co.uk/tol/sport/olympics/article4442873.ece, Hannah Fletcher in Beijing http：//www.timesonline.co.uk/tol/sport /olympics/ article4442873.ece

107. Railway Gazette International, Vol. 149, No. 11, "Beijing Shanghai will be China's First High Speed Line." (Nov. 1993). Railway Gazette International, Vol. 149, No. 11, pp. 765-766.

108. The Transport Politic, High-speed rail in China, January 12, 2009. http：//www.thetransportpolitic.com/

109. The Korea Train Express (KTX), "KTX Overview". http：//ktx.korail.go.kr/overview2/index.html

110. Korea Research Insitute for Human Settlements, "High Speed Rail Construction of Korea and Its Impact", 2008. http：//168.126.177 .50/pub/docu/en/AD/ZA/ADZA2008AAN/ADZA-2008-AAN.PDF

111. Korea Train Express, From Wikipedia, the free encyclopedia. Retrieved

on October 21, 2009. http：//en.wikipedia.org/wiki/Korea_Train_Express

112. Korea Times , "Budget Carriers Gear Up to Challenge KTX, 2008-12-25. https：//www.koreatimes.co.kr/ www/news/nation/2008/ 12/119_36749.html

113. Taiwan High Speed Rail, fom Wikipedia, the free encyclopedia. Retrieved on 2009-10-21. http：//en.wikipedia.org/wiki/Taiwan _High_ Speed_Rail

114. Taipei Times, Derailment of train project feared", 2004-04-04.

115. High-speed rail, From Wikipedia, the free encyclopedia. Retrieved on 2009-10-21. http：//en.wikipedia.org/wiki/High-speed_rail

116. Paul Glader, "High-Speed Rail Keeps Train Makers on Track," Wall Street Journal, October 21, 2009, B1, New York, New York.

117. David Briginshaw, (2007), "KTX takes the lead in Korea", International Railway Journal, January, 2007.

118. David Briginshaw, (2008), "Korea's railways face a bright future", International Railway Journal, July, 2008.

119. Taiwan Journal, (1997-5), "High-speed rail bidders confident", Taiwan Journal, 1997-05-09.

120. Taiwan Journal, 2004-7, "High-speed rail to give birth to new towns", Taiwan Journal, 2004-07-23.

121. Taipei Times, 2007-9, "Ten millionth passenger takes ride on bullet train", Taipei Times, 2007-09-27.

122. China Post, 2008-4, "HSR passenger volume hits record new high", The China Post, 2008-04-08.

123. Taipei Times, 2008-1, "THSRC aims to double revenues", Taipei Times, 2008-01-18.

124. Transportation Research Board (1991). In Pursuit of Speed： New Options For Intercity Transport. Special Report 233. National Research Council, Washington, DC, pp. 36 41.

125. Transrapid, What is the difference between the Japanese and the German superspeed maglev system？http：//www.tri.de/

126. Vranieh, J. (1991). Supertrains Solutions To America's Transportation Gridlock. St. Martin's Press, New York.

127. Magnetic levitation, From Wikipedia, the free encyclopedia. Retrieved on 2009-10-18. http：//en.wikipedia.org/wiki/Magnetic_levitation

128. Shanghai Daily, Maglev project to begin construction in 2010, ,August 18, 2008. http：//www.chinadaily.com.cn/bizchina/ 2008-08/18/content_ 6945773.htm

129. Caijing.com, Shanghai Suspends Maglev Project, 2009-03-10 15 http：//www.caijing.com.cn/2009-03-06/110114072.html

130. Raschbichler, H. G. (1986). "Current State of Development in the Magnetic Levitation High¬Speed Technique," High Speed Traffic On The Railway Network Of Europe. ECMT, France, pp 80 86.

131. Maglev (transport). From Wikipedia, the free encyclopedia http：//en.wikipedia.org/wiki/Maglev_(transport)

132. Shanghai Maglev Train. From Wikipedia, the free encyclopedia http：//en.wikipedia.org/wiki/Shanghai_Maglev

133. Asia Times, China's dented image projects, Jun 13, 2007

134. "Churned Consortia Eye Autumn Start of U.K. Tender Evaluation.". Jul. 11. 1994, Maglev News, Vol. 2, No. 19, pp. 1 4.

135. Railway Technology Avalanche No. 7, "Our Manned Maglev System Attains Maximum Speed Record of 581 km/h" (1 January 2005). Retrieved on 16 November 2008.

136. International Railway Journal, Nagoya builds Maglev Metro, May, 2004

137. "Freight maglev on test". Railway Gazette International. 2009-02-09. http：//www.railwaygazette.com/news_view/article/2009/02/9313/ freight_maglev_on_test.html .

138. "New York State Unveils Plan for $5.9 Billion Maglev Line." (1993), Maglev News, Vol. 2, No. 3, pp. 1 5 (Nov. 15, 1993).

139. Maglev News, May 16, 1994.

140. High Speed Transport News, August 8, 1994.

141. Speed Lines, Vol. 10, September, 1993.

142. U.S. Army Corps of Engineers (USACE), Final Report on the National Maglev Initiative, Washington, D.C., 1993.

143. High Speed Transport News, Vol. 2, No. 20, 1994.

144. High Speed Transport, October 31, 1994.

145. Railway Technology, Shanghai-Hangzhou Maglev, China, March 2006. http：//www.railway-technology.com/projects/shanghai-maglev/

146. Vuchic and Casello in 2002 (Vuchic and casello, Transportation

Quarterly, Vol. 56, No. 2, Spring 2002)

147. Regional Transit Authority (RTA). "Personal Rapid Transit", Regional Transit Report. Winter 1995, Chicago, Illinois.

148. Peter Samuel (1999), Raytheon PRT Prospects Dim but not Doomed, ITS International.

149. Palle R Jensen , RUF Dual Mode Public Transport, RUF Denmark. http：//faculty.washington.edu/jbs/itrans/rufpublictrans.htm

150. Automated Guideway Transit： An Assessment of PRT and Other New Systems, U.S. Congress, Office of Technology Assessment, June, 1975

151. Cabinentaxi From Wikipedia, the free encyclopedia. http：//en.wikipedia.org/wiki/Cabinentaxi

152. Galen J. Suppes , A Perspective on Maglev Transit and Introduction of the PRT Maglev, Department of Chemical & Petroleum Engineering, The University of Kansas 4006 Learned, Lawrence, KS 66045-2223.

153. Advanced Transit Systems Inc, ULTra for London Heathrow Airport, 2009. http：//www.ultraprt.com/heathrow.htm

154. Advanced Transit Systems Inc, What is ULTra, 2008-12 http：//www.atsltd.co.uk/prt/faq/

155. The Guardians, Welcome to the transport of tomorrow, The Guardian, Thursday 11 October 2007. http：//www.guardian.co.uk/technology/2007/oct/11/guardianweeklytechnologysection.news1

156. Steve Raney and Stanley E. Young, Morgantown People Mover – Updated Description, Paper presented at the Transportation Research Board Annual Meeting, Washington, D.C., January 2005. This paper has been revised in accordance with the TRB peer review process, ending November 15, 2004.

157. Amodei, R. M. and Schneck, D. (1994). Fixed Guideway Capital Costs Heavy Rail and BuswaylHOV Lane, Technical Report, FTA, September' 1994.

158. "Rail Transit Capacity." (1994). Interim Report, Transit Cooperative Research Program, Vancouver, Canada.

159. Federal Transit Administration (1992). Characteristics of Urban Transportation Systems. U.S. Department of Transportation (DOT), Washington, D.C.

160. NJ Transit website. Retrieved on 2001-02-03, http://www.njtransit. state.nj.us
161. Shen, L. D., （2009）." Mass Transit Planning." Lehman Center for Transportation Research, Florida International University, Miami, FL.

國家圖書館出版品預行編目

大眾運輸規劃——理論與實務=Mass Transit Planning :
tools to solve urban Transportation Problems /
沈龍利、許浚嘉著. -- 一版. -- 臺北市 : 秀威資訊科
技, 2010.06
　　面 ;　公分.--(社會科學 ; AF0139)
BOD 版
參考書目 : 面
ISBN 978-986-221-447-3(平裝)
1.大眾運輸　2.運輸系統

557　　　　　　　　　　　　　99005758

社會科學類　AF0139

大眾運輸規劃——理論與實務

作　　　者 / 沈龍利、許浚嘉
發 行 人 / 宋政坤
執行編輯 / 邵亢虎
圖文排版 / 郭雅雯
封面設計 / 蕭玉蘋
數位轉譯 / 徐真玉　沈裕閔
圖書銷售 / 林怡君
法律顧問 / 毛國樑　律師
出版發行 / 秀威資訊科技股份有限公司
　　　　　台北市內湖區瑞光路 583 巷 25 號 1 樓
　　　　　電話：02-2657-9211　　　傳真：02-2657-9106
　　　　　E-mail：service@showwe.com.tw

2010 年 6 月 BOD 一版
定價：440 元

國家圖書館出版品預行編目

大眾運輸規劃——理論與實務=Mass Transit Planning：
tools to solve urban Transportation Problems /
沈龍利、許浚嘉著. -- 一版. -- 臺北市：秀威資訊科
技, 2010.06
　　面；　公分.--(社會科學；AF0139)
BOD 版
參考書目：面
ISBN 978-986-221-447-3(平裝)
1.大眾運輸　2.運輸系統

557　　　　　　　　　　　99005758

社會科學類　　AF0139

大眾運輸規劃——理論與實務

作　　　者 / 沈龍利、許浚嘉
發 行 人 / 宋政坤
執行編輯 / 邵亢虎
圖文排版 / 郭雅雯
封面設計 / 蕭玉蘋
數位轉譯 / 徐真玉　沈裕閔
圖書銷售 / 林怡君
法律顧問 / 毛國樑　律師
出版發行 / 秀威資訊科技股份有限公司
　　　　　　台北市內湖區瑞光路 583 巷 25 號 1 樓
　　　　　　電話：02-2657-9211　　　傳真：02-2657-9106
　　　　　　E-mail：service@showwe.com.tw

2010 年 6 月 BOD 一版
定價：440 元

讀者回函卡

感謝您購買本書，為提升服務品質，請填妥以下資料，將讀者回函卡直接寄回或傳真本公司，收到您的寶貴意見後，我們會收藏記錄及檢討，謝謝！如您需要了解本公司最新出版書目、購書優惠或企劃活動，歡迎您上網查詢或下載相關資料：http:// www.showwe.com.tw

您購買的書名：＿＿＿＿＿＿＿＿＿＿＿＿＿＿＿＿＿＿＿＿＿＿

出生日期：＿＿＿＿＿年＿＿＿＿＿月＿＿＿＿＿日

學歷：□高中 (含) 以下　　□大專　　□研究所 (含) 以上

職業：□製造業　□金融業　□資訊業　□軍警　□傳播業　□自由業

　　　□服務業　□公務員　□教職　　□學生　□家管　□其它＿＿＿

購書地點：□網路書店　□實體書店　□書展　□郵購　□贈閱　□其他

您從何得知本書的消息？

　　□網路書店　□實體書店　□網路搜尋　□電子報　□書訊　□雜誌

　　□傳播媒體　□親友推薦　□網站推薦　□部落格　□其他＿＿＿＿＿

您對本書的評價：(請填代號　1.非常滿意　2.滿意　3.尚可　4.再改進)

　　封面設計＿＿＿　版面編排＿＿＿　內容＿＿＿　文／譯筆＿＿＿　價格＿＿＿

讀完書後您覺得：

　　□很有收穫　□有收穫　□收穫不多　□沒收穫

對我們的建議：＿＿＿＿＿＿＿＿＿＿＿＿＿＿＿＿＿＿＿＿＿＿

11466
台北市內湖區瑞光路 76 巷 65 號 1 樓

秀威資訊科技股份有限公司 　　收

BOD 數位出版事業部

....

（請沿線對折寄回，謝謝！）

姓　　名：＿＿＿＿＿＿＿＿＿　年齡：＿＿＿＿　性別：□女　□男

郵遞區號：□□□□□

地　　址：＿＿＿＿＿＿＿＿＿＿＿＿＿＿＿＿＿＿＿＿＿

聯絡電話：(日) ＿＿＿＿＿＿＿＿＿＿　(夜) ＿＿＿＿＿＿＿＿＿＿

E-mail：＿＿＿＿＿＿＿＿＿＿＿＿＿＿＿＿＿＿＿＿＿